Helen Schüngel-Straumann

Feministische Theologie und Gender

AF720833

Internationale Forschungen in Feministischer Theologie und Religion

Befreiende Perspektiven

herausgegeben von

Prof. Dr. Renate Jost

(Augustana Hochschule Neuendettelsau)

Prof. Dr. Elisabeth Schüssler Fiorenza

(Harvard University)

Prof. Dr. Susannah Heschel

(Dartmouth College)

Band 4

LIT

Helen Schüngel-Straumann

Feministische Theologie und Gender

Interdisziplinäre Perspektiven

LIT

Gedruckt auf alterungsbeständigem Werkdruckpapier entsprechend
ANSI Z3948 DIN ISO 9706

Bibliografische Information der Deutschen Nationalbibliothek
Die Deutsche Nationalbibliothek verzeichnet diese Publikation in der Deutschen Nationalbibliografie; detaillierte bibliografische Daten sind im Internet über http://dnb.d-nb.de abrufbar.

ISBN 978-3-643-80191-3

© LIT VERLAG GmbH & Co. KG Wien,
Zweigniederlassung Zürich 2015
Klosbachstr. 107
CH-8032 Zürich
Tel. +41 (0) 44-251 75 05 Fax +41 (0) 44-251 75 06
E-Mail: zuerich@lit-verlag.ch http://www.lit-verlag.ch

Auslieferung:
Deutschland: LIT Verlag Fresnostr. 2, D-48159 Münster
Tel. +49 (0) 2 51-620 32 22, Fax +49 (0) 2 51-922 60 99, E-Mail: vertrieb@lit-verlag.de

Österreich: Medienlogistik Pichler-ÖBZ, E-Mail: mlo@medien-logistik.at
E-Books sind erhältlich unter www.litwebshop.de

Inhalt

Überblicke

Gedruckte Beiträge zu Einzelfragen in Sammelwerken

Vorträge (unveröffentlicht)

Vorwort

Seit Ende des 20. Jahrhunderts und vor allem im neuen Jahrtausend sind ganz neue Zugänge zur Bibel entstanden. Auch eine andere Sprache, die sich u.a. aus Quellen der Soziologe, der Geschichtswissenschaft und philosophischen Ansätzen der Moderne/Postmoderne speist, ist entstanden. So bringen neue Methoden immer wieder andere Ansätze und Zugänge hervor, die die Grenzen einzelner Fachgebiete überschreiten.

Vor allem seit sich die Genderforschung etabliert hat, ist eine größere Breite entstanden. Anders als die Feministische Theologie, die sich anfangs mit der Aufarbeitung der so wichtigen Fragen der Benachteiligung von Frauen in Theologie und Religion widmete, betrachtet sich Genderforschung als eine Wissenschaft von Frauen-, Männer- und Geschlechterforschung. Sie nimmt die gesamten historischen, philsophischen und soziologischen Zuschreibungen und Entwicklungen in den Geschlechterzuweisungen und ihren Auswirkungen von Tradition und Geschichte in den Blick. Dabei ist immer die Unterscheidung zwischen Sex und Gender bestimmend. Unter Gender wird all das verstanden, was die Geschichte, Tradition usw. den unterschiedlichen Geschlechtern an Rollen und Eigenschaften zugewiesen hat. Nicht die biologischen Gegebenheiten, sondern die sozialen und gesellschaftlichen Zuschreibungen sind dabei im Blick.

Trotzdem ist Feministische Theologie nicht überflüssig. Die Benachteiligung von Frauen in fast allen Bereichen ist noch ganz und gar nicht behoben, nicht einmal in den westlichen Ländern. Vieles steht lediglich auf dem Papier, die Wirklichkeit hinkt weit hinterher. Dies ist in anderen Regionen der Welt noch viel gravierender, bedenkt man, dass Frauen immer noch um die gleiche Würde und die gleichen Rechte kämpfen müssen, wie sie für Männer schon längst selbstverständlich sind (Menschenrechte für Frauen!).

Feministische Theologie und Genderforschung arbeiten oft Hand in Hand. Der weitere Blick, auch über die Grenzen der Theologie hinaus, wird überall deutlich. Die Arbeiten werden immer interdisziplinärer, aber auch über die Grenzen der christlichen Religion hinaus interreligiös. Der Dialog mit anderen Religionen ist ganz zentral. Interreligiösität und Interdisziplinarität sind sehr bestimmend geworden.

Die hier gesammelten Aufsätze sind darum auch sehr zerstreut erschienen, zumeist nicht in biblischen Fachzeitschriften. Sie sind darum nicht leicht aufzufinden. Besonders an den Überlegungen zum Anfang der Welt (Schöpfung) wurde häufig bemerkt, dass man beispielsweise bei einer umfassenden Diskussion über das Thema „Paradies“ nicht darum herum kommt, sich mit dem Anfang der Bibel zu beschäftigen. Die Erzählungen von Schöpfung, „Paradies und Sündenfall“ haben in einem so hohen Maße die westliche Tradition beeinflusst, dass ihre Kenntnis auch für nicht-theologische Bereiche schlechthin unverzichtbar ist. – So steht in der Feministischen Theologie nicht mehr die Frage eines männlichen oder weiblichen Gottesbildes im Zentrum wie häufig in vergangenen Jahrzehnten, sondern es kommen ganz neue Fragestellungen und Impulse zum Zuge. Sie kommen zumeist nicht aus der Theologie selbst, sondern werden von außen an sie herangetragen.

Die meisten Beiträge in diesem Band handeln in irgendeiner Weise vom „Anfang“. Nicht nur hat praktisch jedes Volk eine Geschichte davon, wie die Welt entstanden ist. Es geht dabei nicht um naturwissenschaftliche Erklärungen, sondern es sind Erzählungen, die die eigene Identität stärken sollen. So wie der/die Einzelne wissen will, woher er/sie kommt („Wer ist mein Vater?“), so ist die Frage nach dem Woher und Wohin der Welt für die menschliche Identität von ganz großer Wichtigkeit. Ein Baum ohne Wurzeln muss verdorren. Darum sind die biblischen Wurzeln unserer jüdisch-christlichen Tradition immer wieder neu in Erinnerung zu rufen.

Basel, Weihnachten 2014
Helen Schüngel-Straumann

Überblicke

1 Die Kirche und die Frauenfrage – aufgezeigt an der Frage der Gottebenbildlichkeit der Frau[1]

Ich wurde gebeten, diesen Vortrag im Rahmen von Diskriminierungen in der Kirche u.a. auch mit biographischen Teilen zu verbinden. Das habe ich zwar so noch nie gemacht, ich werde aber versuchen, einige Szenen aus meinem schwierigen Lebenslauf einzuschieben, die mit meinem Status als Frau in der kath. Kirche zu tun haben. – Ich bin gegen alle Diskriminierungen von Minderheiten in der Kirche, die Diskriminierung von Frauen ist aber davon die weitreichendste. Denn Frauen sind ja gar keine Minderheit, sondern überall, in Gesellschaft und Kirche, die Mehrheit. Sie werden aber behandelt wie eine Minderheit, häufig wie eine minderbemittelte Minderheit.

Ich möchte mich kurz vorstellen: als Schweizerin bin ich 1940 in St. Gallen geboren und später Exegetin geworden (Altes Testament). Meines Wissens war ich die erste Schweizerin, die in katholischer Theologie promoviert hat, noch in den 60er Jahren, und zwar in Bonn. Bis 2001 war ich Professorin für Biblische Theologie an der Universität Kassel, jetzt im sog. Ruhestand.

Ich stamme aus einer Familie mit fünf Kindern und wurde als Älteste schon früh zu harter Arbeit herangezogen und hatte nicht die geringste Chance, ein Gymnasium zu besuchen. Für meine Eltern kam dies für ein Mädchen nicht in Frage, obwohl ich in allen Klassen und Schulen immer nur die besten Zeugnisse hatte. So ging ich schließlich mit einem Handelsdiplom mit 18 Jahren von Luzern nach Zürich, wo ich ein Abendgymnasium besuchte und tagsüber als Sekretärin mein Geld verdiente.

Nun zum thematischen Teil.

1.1 Einführung

Zunächst möchte ich über die Grundlagen dessen sprechen, was man als „christliches Frauenbild“ bezeichnet, dann über den Zusammenhang mit der Bibel. Denn das, was gemeinhin als „christliches Frauenbild“ gilt, ist in der Theologie sehr stark von der Auslegung der beiden Kapitel der Genesis (2 und 3), der Geschichte von der Erschaffung der Frau aus einer Rippe des Menschen und der sog. Sündenfallerzählung geprägt. Die Frau wurde abgewertet: als zweit-erschaffen, aber

[1] Vortrag gehalten an der „Tagsatzung“ des Bistums Basel am 17.-19. Mai 2007 in Allschwil BL.

als erste Sünderin und Verführerin wurde sie zumeist verantwortlich gemacht für Sünde und Tod sowie für alle Übel der Welt. Die Frau hatte sich nach dieser Auslegung dem Manne unterzuordnen, sie war zweitklassig in der Schöpfungsordnung, aber erstklassig in der Sündenordnung. Ich erspare es mir, Stellen hierzu aus berühmten Kirchenvätern zu zitieren, damit kämen wir an kein Ende. Die Fülle der Literatur über die Abwertung von Frauen in der christlichen Tradition ist immens.[2]

Erst in neuerer Zeit hat man vermehrt wieder auf das erste Kapitel der Bibel zurückgegriffen, auf Gen 1, wo von der Würde des Menschen, seiner Gottebenbildlichkeit, seiner Größe die Rede ist. Diese Rede über den Menschen, wie sie von keinem andern Lebewesen überliefert ist, auch nicht von der Schöpfung als ganzer, möchte ich zur biblischen Grundlage meiner Ausführungen machen.

Es ist ja sehr bedauerlich, dass in weiten Kreisen der christlichen Tradition das Beklagen der Sünde, der Erde als Jammertal u.ä. mehr Raum eingenommen hat als die Freude über die Schöpfung, das Loben Gottes wegen der Schönheit, die er geschaffen hat, auch über die Würde und Größe des Menschen wie sie z.B. in Ps 8 so großartig zum Ausdruck kommt. Für das Böse, das im Denken so sehr im Vordergrund stand, brauchte man einen Sündenbock, und dieser Sündenbock war über Jahrhunderte hin die Frau.

Für diese negative Tradition füge ich ein Zitat aus einer Außensicht an, um zu zeigen, wie dies von einer nichtchristlichen feministischen Wissenschaftlerin, und zwar von einer Islamwissenschaftlerin, wahrgenommen wird. Der Dialog mit dem Islam, der ja heute so wichtig ist, ist unter Frauen inzwischen rege im Gange. Die Probleme, die dort am drängendsten sind, sind oder waren auch in unseren Breiten teilweise die unsrigen. So hat Riffat Hassan schon vor zehn Jahren nach längerem Studium der christlichen Auslegungsgeschichte von Gen 1-3 folgendes als Quintessenz angeführt (sie spricht von „drei theologischen Grundannahmen“):

> „Diese drei Annahmen sind, dass das erste Wesen, das Gott erschaffen hat, ein Mann und nicht eine Frau war, da die Frau angeblich aus der Rippe des Mannes geschaffen wurde, daher abgeleitet und ontologisch sekundär ist; dass die Frau und nicht der Mann das Hauptwerkzeug dessen war, was meist als ‚der Sündenfall‘ oder ‚die Vertreibung aus dem Paradies‘ bezeichnet wird und daher allen Evastöchtern mit Hass, Misstrauen und Verachtung begegnet werden muss; und dass die Frau nicht nur aus dem Mann, sondern auch für den Mann geschaffen wurde, was ihre Existenz nur instrumental, nicht fundamental macht.“[3]

Nun zur Frage der Gottebenbildlichkeit des Menschen in der Bibel.

---

[2] Vgl. hierzu Helen Schüngel-Straumann, Die Frau am Anfang. Eva und die Folgen, Freiburg 1989, 3. Auflage Münster 1999.

[3] Riffat Hassan, Feministische Interpretationen des Islams,in: Feminismus – Islam – Nation (Hg. Claudia Schöning-Kalender/Ayla Neusel), Frankfurt 1997, 217-233, Zitat S. 220.

Die Aussagen dieses prägnanten Textes sind insgesamt nicht auf dem Hintergrund ihrer langen Interpretationsgeschichte, sondern zunächst auf ihrem eigenen zu lesen. Die Verfasser wollten nicht metaphysische Aussagen über den Menschen machen, sondern Stellung und Aufgabe des Menschen auf dem Hintergrund altorientalischer Welt- und Menschenvorstellungen angeben. Dabei sagt der Text selbst, was unter „Bild Gottes" zu verstehen ist: Der Finalsatz V 26 gibt das *Herrschen* an, und dies ist am Schluss, in V 28, wiederholt. Hier ist die altorientalische Königsideologie im Blick, wo der König als Stellvertreter der Gottheit auftritt. Solche Vorstellungen waren vor allem in Ägypten ausgeprägt: König oder Königin traten dort als Repräsentanten der Gottheit auf.[8]

In Ägypten wird der König als Bild eines Gottes bezeichnet, weil er als dessen „lebendiges Kultbild" gilt.

Während es sich in Israels Umwelt jedoch immer um herausragende Einzelpersonen handelt, ist in unserem biblischen Text der Mensch *als Mensch* Stellvertreter Gottes. Dies wird besonders darin deutlich, dass das *Herrschen* als die besondere Füllung dieser Aussage zu sehen ist. Nicht in seinem „Geist", auch nicht in seiner „Seele" oder in seiner „aufrechten Gestalt" ist der Mensch Bild Gottes, sondern in seiner *Funktion*[9] als Verwalter/in der Welt. Solches „Herrschen" bedeutet dann nicht willkürliches Verfügen, sondern es heißt Verantwortung übernehmen: Die Menschen als Stellvertreter Gottes sind für die Geschöpfe zuständig wie Gott für die Schöpfung insgesamt.

Wichtig ist zu betonen, dass hier die Menschen nur über die übrige Schöpfung herrschen, also nicht über andere Menschen! Das Herrschen über Menschen – wie es auch die altorientalischen Könige tun – ist Gott allein vorbehalten. Der Verfasser von Gen 1 hat somit Vorstellungen, die er aus seiner Umwelt übernommen hat, in gezielter Weise verschoben: einmal ist das Herrschen über Menschen ausgeschlossen, weiter sind die Menschen, die herrschen sollen, klar als männlich und weiblich qualifiziert. *Damit ist in dieser Aussage auch die Herrschaft des Mannes über die Frau ausgeschlossen!* Dass dies bis heute nie explizit ausgesprochen wurde, ist mehr als erstaunlich. Eine genaue Analyse der Formulierung von Gen 1,26-28 ergibt nämlich genau dies: Mann und Frau beherrschen/leiten die übrige Schöpfung, und dies schließt überaus deutlich aus, dass sich eines der Geschlechter die Herrschaft über das andere anmaßen darf. Wenn also der Mann über die Frau herrscht und diese unter solcher Herrschaft und ihrer Bezogenheit auf den

---

8 Vgl. Eberhard K. Otto, Der Mensch als Geschöpf und Bild Gottes in Ägypten (Probleme biblischer Theologie, FS Gerhard von Rad, Hg. Hans Walter Wolff), München 1971, 335-348

9 Vgl. hierzu die zahlreichen Beiträge von Walter Gross, z.B. Gen 1,26.27; 9,6: Statue oder Ebenbild Gottes? Aufgabe und Würde des Menschen nach dem hebräischen und dem griechischen Wortlaut, in: Menschenwürde (Jahrbuch für Biblische Theologie 15), Neukirchen 2001, 11-38.

Mann zu leiden hat, so ist dies nach Gen 1 *nicht* schöpfungsgemäß, dann handelt es sich um eine Perversion der ursprünglichen Ordnung.

Bei der Redeweise „der Mensch" oder „die Menschen" gerät häufig aus dem Blick, dass es sich immer um *beide* Geschlechter handelt, von denen hier die Rede ist. Ausdrücklich wird *beiden* diese Leitungsfunktion übertragen, Mann und Frau. Die letzte Zeile des Mittelstücks („männlich und weiblich erschuf er sie") ist nicht nur für den Fruchtbarkeitssegen notwendig. Hier ist freilich die Frau unverzichtbar, aber der Auftrag des Herrschens wird in V 28, und zwar im Plural, wiederholt! Mann und Frau haben somit gemeinsam den Auftrag, die Welt verantwortlich zu leiten. Dies heißt aber auch – betrachtet man dies von der anderen Seite –, dass Mann und Frau nur dort als Repräsentanten, als Bild Gottes fungieren, wo sie gemeinsam die Verantwortung tragen. Dies ist nicht individuell gemeint, als könnten die Menschen nur noch paarweise auftreten, sondern *grundsätzlich.* Wenn ein Geschlecht allein die Welt be*herrscht*,[10] kommt es zu einer Perversion der gemeinten theologischen Aussage. Die allgemeine Redeweise vom *Herrschafts*auftrag an den Menschen hat jedoch praktisch nur für den Mann Wirkungen gezeigt.

Wichtig ist noch anzumerken, dass die Gottebenbildlichkeit der Menschen – aller Menschen – etwas Dauerndes und Bleibendes ist. Sie geht nicht verloren, etwa durch einen irgendwie vorgestellten Sündenfall. Auch die große Flut, die wegen der Verderbtheit der Menschheit über die Erde kommt, ist nicht geeignet, irgendetwas an dieser gegebenen Würde des Menschen zu ändern: Nach der Flut wird ausdrücklich festgestellt, dass die Menschen nach dem Bilde Gottes geschaffen sind und dass deswegen die Tötung eines Menschen nicht erlaubt ist (Gen 9,6).

1.2.2 Weiterentwicklung in alttestamentlicher Zeit

Ich muss leider hier diese interessanten Zusammenhänge aus der Genesis verlassen, um die Kernfrage zu stellen: Wie ist es dann gekommen, dass man in der späteren Tradition diese so klare und eindeutige Aussage über die Gottebenbildlichkeit der Menschen, beider Geschlechter, Männer und Frauen, eingeebnet, eingeschränkt hat auf den Mann? Schon in dem Ausdruck „Herrschaftsauftrag" steckt ja, wie gesagt, eine klare männliche Vorstellung. Beides, Gottebenbildlichkeit und Herrschaftsauftrag hängen ja eng und unzertrennbar zusammen. Was ist also geschehen bei den verschiedenen Übertragungen und Auslegungen der hebräischen Texte in der Spätzeit – etwa ab dem 4./3. Jh.v.Chr., wo die ganze gebildete Welt anfing, griechisch zu sprechen?

Nach dem theologisch-programmatischen Text von Gen 1,26-28 ist heute unbestritten, dass Mann und Frau als Bild Gottes geschaffen sind, beide gleichzeitig

[10] Man beachte hier die Sprache! In *herrschen* steckt ja das Wort *Herr*, genauso wie im sog. *Herr*schaftsauftrag. In der Praxis wurde dieser so gut wie immer auf den Mann allein bezogen.

und ohne Unterschied. Trotzdem hat die apokryphe Tradition bereits in vorchristlicher Zeit begonnen, die Gottebenbildlichkeit der Frau einzuschränken. Einmal geschah dies wegen der Reihenfolge (erst der Mann, dann die Frau, nach dem antiken Prinzip: der Erste ist der Beste), dann durch den Wechsel zwischen Singular und Plural in der zweiten und dritten Zeile von Gen 1,27. Nach der hebräischen Grammatik muss, da es *ʿadam* nur in der singularischen Form gibt, ein Singular stehen (Gott erschuf *ʿadam* als sein Bild), in der Ausführung „männlich und weiblich erschuf er sie", muss dann logischerweise ein Plural kommen. Das haben die späteren Interpreten – natürlich ausschließlich Männer – so verstanden, dass nur der Mann eigentliches Bild Gottes sei, die Ausfaltung „männlich – weiblich" sei nur wegen der später erwähnten Fruchtbarkeit nötig. Dies war eine Interpretationsmöglichkeit, die Gottebenbildllichkeit der Frau einzuschränken.

Es kommt aber noch schlimmer. Theologisch bedeutender und gravierender war die spätere Fehlinterpretation, dass man in der griechischen Übersetzung *ʿadam* (Mensch/Menschheit) zumeist als Eigennamen verstand und mit **Adam** (groß geschrieben) wiedergab. So wird dann der Gattungsbegriff „Mensch" häufig nur auf den Mann eingeschränkt, *ʿadam* als ein männliches Individuum verstanden. Aus dieser Zeit stammt auch unsere heute noch gängige Rede von „Adam und Eva" als zwei Individuen, obwohl doch in Gen 2 von Mann und Frau (*,iš* und *,iššah*) ohne Eigennamen die Rede war: ein exemplarisches Menschenpaar. Interessant ist ja, dass in der ganzen Hebräischen Bibel „Adam und Eva" als Eigennamen nie vorkommen!

Meist ist nicht bewusst, dass hier der Knackpunkt aller weiteren Fehlinterpretationen vorliegt!

Bis jetzt bin ich in der vorchristlichen Zeit geblieben, nun entwickelt sich die Sache weiter.

1.2.3 Weiterentwicklungen im Neuen Testament

Mit diesen oben genannten Voraussetzungen hat man dann auch den Herrschaftsauftrag, der an alle Menschen erging, auf den Mann eingeschränkt. Das Tragische an dieser Entwicklung ist nun, da sie fast ausschließlich in griechischer Sprache vorliegt, dass sie auch ins NT gelangte. Alle neutestamentlichen Schriftsteller schrieben griechisch, und so haben diese Fehlinterpretationen der Antike Eingang gefunden in die neutestamentliche Anthropologie, vor allem in die Briefe des Paulus. Von Jesus selbst ist in dieser Frage nichts überliefert.

Von Paulus möchte ich nur kurz zwei Gedankenkomplexe anführen, die Weichen für eine zukünftige Interpretation gestellt haben: einmal seine Typologie in der Entgegensetzung von *Adam und Christus* im Römerbrief, sodann seine langen Ausführungen in 1 Kor 11, wo er ausdrücklich Gen 1 auslegt.

Röm 5

Paulus hat eine Typologie entwickelt, die bis heute lebendig ist, die aber für Frauen sehr negativ gewirkt hat, was ihre Symbolik angeht: Röm 5 stellt er die Adamsgestalt als Typos des ersten (sündigen) Menschen der Christusgestalt als Typos des erlösten Menschen gegenüber. Selbstverständlich sind für Paulus die Frauen ein-, nicht ausgeschlossen. Adam meint die gesamte sündige Menschheit, Christus umfasst die gesamte erlöste Menschheit. Aber es lässt sich nicht leugnen, dass beide Symbole männlich sind. Adam (als Eigennamen) entspricht Christus (als Eigennamen). Aus dieser theologischen Typologie fällt die Frau schlicht heraus, ohne dass dies zunächst auffällt. Es fällt allerdings dann auf, wenn man dies bildlich darstellt. (Ich denke z.B. an die schönen Skulpturen von Adam und Christus an manchen Kathedralen und Kirchen.) Diese Typologie kann ich hier nicht weiter entwickeln, ich möchte aber darauf hinweisen, weil sie in der Folgezeit so zahlreiche und weit reichende Konsequenzen hatte.

1 Kor 11

Expliziter auf die Frauen geht 1 Kor 11 ein, allgemein bekannt als der Text, der den Frauen gebietet, einen Schleier auf dem Kopf zu tragen, wenn sie im Gottesdienst prophetisch reden. In diesem sehr komplexen Text – es ist der längste Abschnitt des Paulus, der von Frauen handelt – kann ich nur die Aussagen heranziehen, die sich auf Gen 1 beziehen. Paulus fängt in V 3 mit einer Grundsatzerklärung an:

> Ich will, dass ihr wisst:
> Jedes Mannes Haupt ist Christus.
> Das Haupt der Frau ist der Mann,
> Das Haupt Christi aber ist Gott.[11]

Paulus geht es hier deutlich um eine *Rangordnung*, er bringt eine absteigende Linie:

> Gott
> Christus
> Mann
> Frau,

[11] Übersetzung nach Max Küchler, Schweigen, Schmuck und Schleier. Drei neutestamentliche Vorschriften zur Verdrängung der Frauen auf dem Hintergrund einer frauenfeindlichen Exegese des Alten Testaments im antiken Judentum (NTOA 1), Göttingen 1986, S. 75. Ganzer Text wurde auf einem Blatt zur Verfügung gestellt.

wobei die Frau die letzte Stelle einnimmt. „Haupt“ sein bedeutet, einen Vorrang haben, es bezeichnet Über- bzw. Unterordnung. Daran kann wohl kein Zweifel bestehen, auch wenn man den gesamten Text des Paulus unterschiedlich auslegen kann, denn am Schluss hebt er alles auf: In Christus gilt dies nicht mehr! (V 11) Paulus fordert aus dieser Unterordnung der Frauen, dass der Mann, wenn er betet oder prophezeit, dafür seinen Kopf nicht bedecken muss. Vielmehr „beschämt“ er seinen Kopf, wenn er ihn bedeckt. Umgekehrt ist es bei der Frau: sie „beschämt“ ihren Kopf, wenn sie mit unbedecktem Haupt betet oder prophezeit (V 4-6). Zwischen den Zeilen wird hier deutlich, dass es für Paulus selbstverständlich war, dass Frauen im Gottesdienst aktiv beteiligt waren, u.a. (laut) beteten oder prophetisch redeten. Für unseren Zusammenhang wichtig sind nun aber die Begründungen. V 7 rekurriert auf Gen 1:

> Denn: Der Mann ist Gleichbild und Abbild Gottes
> (und deshalb nicht verpflichtet, seinen Kopf zu bedecken).
> Die Frau aber ist Abbild des Mannes.

Dieser Text, wenn auch griechisch, verweist deutlich auf die Sprache von Gen 1. Der Mann – und nur der Mann! – ist dagegen *eikon* (Bild) und *doxa* (Herrlichkeit) Gottes. Die Zweiheit der Begriffe von Gen 1 ist hier von Paulus aufgenommen, während dann für die Frau nur der zweite, die *doxa* (Herrlichkeit) wiederholt wird, aber nicht als *doxa* Gottes, sondern sie ist *doxa* des Mannes! Der Ausdruck wird zumeist mit „Abglanz“ übersetzt. Der Mann ist also „Abbild und Abglanz Gottes“, die Frau nur noch „Abglanz des Mannes“. Der lateinische Text übersetzt dann für den Mann (vir): *imago et gloria Dei est, mulier autem gloria viri est.* Das ist der Text der Vulgata, der für das ganze Mittelalter bestimmend wurde. Es handelt sich um eine klare Missdeutung und Fehlinterpretation von Gen 1. Der deutliche hierarchische Unterschied, der damit in der Gottebenbildlichkeit der Frau formuliert wird, entspricht nicht dem hebräischen Urtext. Paulus folgt hier der Septuaginta, der griechischen Übersetzung des Alten Testaments, die ihrerseits mit ihrem hellenistischen Hintergrund die Gleichwertigkeit in der Gottebenbildlichkeit von Mann und Frau bereits eingeschränkt hatte. Die Septuaginta hat den allgemeinen Begriff *ʿadam* (Mensch/Menschheit), wie er in den Erzählungen der hebräischen Urgeschichte immer kollektiv gebraucht wird, an vielen Stellen bereits mit dem Eigennamen *Adam* wiedergegeben, so dass vieles, was im Hebräischen für beide Geschlechter ausgesagt wurde, in der späteren hellenistischen Interpretation nur noch für den Mann Gültigkeit hatte, wie es auch in zahlreichen Apokryphen zum Ausdruck kam.[12]

[12] Vgl. z.B. Helen Schüngel-Straumann, „Von einer Frau nahm die Sünde ihren Anfang, ihretwegen müssen wir alle sterben“ (Sir 25,24). Zur Wirkungs- und Rezeptionsgeschichte der ersten drei

Solcher hellenistisch gefärbten philosophischen Interpretation der Spätzeit liegt die Auffassung zugrunde, dass der eigentliche Mensch nur der Mann sei, was ungeheure Konsequenzen für ein christliches Frauenbild gehabt hat – bis heute. Die falsche Wiedergabe von *ʿadam* (Mensch/Menschheit) ist der Knackpunkt so gut wie aller späteren Fehlinterpretationen.

1.3 Folgerungen und Schlussbemerkungen

Wie kann eine ver-kehrte Interpretation der Aussagen von Gen 1 korrigiert werden? An der modernen exegetischen Auslegung kann es nicht liegen, hier gibt es kaum Dissens. Auch kann die lange frauenfeindliche Rezeptionsgeschichte nicht rückgängig gemacht werden. Die crux liegt an einer anderen Stelle.

Meiner Meinung nach ist ein Großteil der heute noch andauernden Fehlinterpretationen einer Vernachlässigung des Alten Testaments zuzuschreiben. Weil das AT in seiner Eigenständigkeit, in seinen wertvollen anthropologischen Grundaussagen nicht ernst genommen wird, konnten sich solche Fehlinterpretationen so lange halten.[13]

Umgekehrt stammen zahlreiche rezeptionsgeschichtliche Festlegungen frauenfeindlicher Art aus einer Überbewertung des NT, speziell des Paulus. Dies gilt besonders für die protestantische Theologie. Aber in beiden Kirchen sind die Diskussionen ähnlich verlaufen. Karl Barth hat noch im 20. Jh. in seiner Kirchlichen Dogmatik die Unterordnung der Frau, ihre Zweitrangigkeit aus der Schöpfungsordnung von Gen 1-3 abgeleitet.

Aus der kath. Tradition möchte ich ein Beispiel aus einem dogmatischen Werk anführen, das noch in meiner Studienzeit anfangs der 60er Jahre empfohlen und benutzt wurde, wo die Minderbewertung der Frau in der Gottebenbildlichkeit sehr deutlich ausgesprochen wurde: Joseph Matthias Scheeben zeigt hier eine für die Frau eingeschränkte Gottebenbildlichkeit, wie sie in der gesamten offiziellen katholischen Tradition von fast zweitausend Jahren vertreten wurde.

Die entscheidenden Sätze lauten:

„... Dass der Mann, wie er als Mann der ursprünglichere und vorzüglichere, zunächst und unmittelbar von Gott intendierte und hervorgebrachte Inhaber und Repräsentant der menschlichen Natur und darum der Mensch schlechthin ist, so auch das in der menschlichen Natur liegende Bild Gottes in sich vollkommen verwirklicht, also Bild Gottes schlechthin ist; dass dagegen das Weib, weil ihm die menschliche Natur erst sekundär und mittelbar,

Kapitel der Genesis in biblischer Zeit, in: Bibel und Kirche 53 (1998), Heft 1, 11-20.

13 Vgl. z.B. Herbert Haag, Das Plus des Alten Testaments, in: Das Buch des Bundes, Düsseldorf 1990, 289-305. Für die Predigtpraxis: Othmar Keel, Politisches in der Predigt, in: Orientierung 49 (1985) 252-256, auch nach gut zwanzig Jahren noch überaus lesenswert!

vermittels des Mannes und um seinetwillen mitgeteilt wird, ..., nicht in dem vollen Sinne Bild Gottes ist wie der Mann."[14]

Der zitierte Text geht klar auf die Tradition zurück, die den ersten Schöpfungsbericht der Bibel mit dem zweiten, mit der Erzählung aus dem Garten Eden, vermischt hat. Diese Tradition hat bereits das NT, so Paulus in 1 Kor 11 verarbeitet. Dass diese Sichtweise, die Frau in Wertung und Stellung dem Mann nachzuordnen, in der allgemeinen und in der theologischen Tradition fest zementiert ist, wird an diesen Beispielen deutlich.

Sie haben sich vielleicht gefragt, warum ich die biblischen Beispiele und ihre Fehl-Interpretation so ausführlich gebracht habe. Dies ist nötig, da die Bibel die Grundlage unseres Glaubens ist – sein muss! Es ist wichtig, die Wurzeln von dem zu kennen, *wofür* oder *wogegen* man kämpft!

Hier möchte ich nochmals eine Zwischenbemerkung zu meinem persönlichen Lebenslauf einfügen: Schon sehr früh habe ich mich für den wissenschaftlichen Weg entschieden. Vielleicht war es nicht immer ganz bewusst, sondern vieles hat sich auch so ergeben. Meine Begeisterung für das AT verdanke ich übrigens meinem ersten Lehrer Herbert Haag, mit dem ich 1960 nach Tübingen gegangen bin. Ich habe nie zu denen gehört, die mit allen Kräften für das Amt der Frau kämpften. Ich kenne jene Frauen gut, die sich seit Jahrzehnten damit aufreiben. Dies ist eher nicht meine Art. Weil so viel an den „wissenschaftlichen Argumenten" liegt, die u.a. für die Amts*un*fähigkeit der Frau angeführt werden, war es mir immer wichtiger, diese und andere Argumente genau unter die Lupe zu nehmen. Sie tragen das nämlich ganz und gar nicht, was sie zu beweisen versuchen.

Im übrigen bin ich dann im weiteren Verlauf meiner Kämpfe um eine Position in der Theologie mehr mit den androzentrischen Strukturen an den Universitäten in Konflikt gekommen als mit den kirchlichen Amtsträgern. Die Strukturen in der Universität und Wissenschaft sind nämlich genau so auf Männer zugeschnitten wie die kirchlichen. Man darf ja nicht vergessen, dass Frauen erst seit gut 100 Jahren überhaupt ein akademisches Studium möglich ist, zuerst wurden sie wie exotische Zoo-Tiere bestaunt. Die kirchlichen Instanzen sind nur ein halbes bis ein ganzes Jahrhundert hinter der üblichen Entwicklung zurück. Solche grundlegenden neuen Weichenstellungen brauchen immer sehr lange, so darf man sich nicht wundern, mit welchen untauglichen Mitteln versucht wird, hier das, was klar zutage liegt, auch umzusetzen.

Inzwischen gibt es zahlreiche Frauen auf theologischen Lehrstühlen. Vor 20 Jahren war ich im deutschen Sprachraum die erste kath. Exegetin an einer Universität. Dies bedeutet, dass sich zunehmend durch den anderen Blickwinkel die Lage verändert. Alte frauenfeindliche Argumente werden so immer seltener; jedoch ist es immer noch so, dass feministische Theologie von vielen Männern noch nicht so wahr-genommen (und auch zitiert wird), wie

[14] Joseph Matthias Scheeben, Handbuch der Katholischen Dogmatik, Freiburg 1878, dritte Auflage Wien 1961, 3. Buch, Nr. 366.

sie es verdient. Aber die Theologie aus der Sicht von Frauen ist heute nicht mehr wegzudenken! Inzwischen sind auch zahlreiche Männer beteiligt!

Noch einmal zurück zu der traditionellen Argumentation. An allen Schaltstellen, die wiederum wichtig für die Folgezeit wurden, saßen immer Männer, die ihre Schwierigkeiten hatten, *Macht* zu teilen! So sind inzwischen die faktischen Grundlagen längst bekannt, aber die *Folgerungen*, die man aus den falschen Interpretationen gezogen hat, sind nicht behoben; sie leben munter weiter und werden von männlichen Autoritäten immer noch weiter verschärft.[15]

Anhand der Amtsfrage möchte ich dies noch mal verdeutlichen: Denn die Abwertung der Frau in der Frage der Gottebenbildlichkeit, und die Ableitung der Unterordnung der Frau aus der sog. Schöpfungsordnung hat bis heute Konsequenzen: *Weil* die Frau zur Unterordnung bestimmt ist qua Schöpfungsordnung, kann sie nicht dazu taugen, ein Amt zu übernehmen, das explizit zu Führungsaufgaben führt. So argumentiert Thomas von Aquin. Zudem hat er mit einem biologisch vollkommen verkehrten Frauenbild gearbeitet (das ist inzwischen bekannt).

Obwohl man also heute genau weiß, dass seine Prämissen nicht stimmen, leben die Folgerungen weiter. Dass Thomas mit einem Menschenbild des Aristoteles arbeitete, das biologisch nicht stimmt, kann man ihm nicht vorwerfen. Dass man aber 800 Jahre später die Folgerungen für die Frau, die daraus gezogen wurden, noch immer nicht berichtigt hat, ist unverzeihlich!

Ich will darum das zentrale Zitat des Thomas auch einmal lateinisch anführen: *Vir est principium mulieris et finis, sicut Deus est principium et finis totius creaturae!* (STh I 93 a 4.ad 1) – übersetzt:

> Der Mann ist Anfang/ Prinzip der Frau und ihr Ziel,
> so wie Gott Anfang/Prinzip und Ziel der gesamten Schöpfung ist.

Setzt man die beiden Sätze parallel, denn so sind sie aufgebaut, so stellt sich der Mann an die Stelle Gottes: er ist schöpferisch, genau wie dieser, die Frau kommt auf die Seite der „übrigen Kreaturen". Dieser Satz ist in seiner männlichen Überheblichkeit letztlich gotteslästerlich!

Noch päpstlichen Verlautbarungen wie Mulieris Dignitatem (1988) liegt dieses Denken zugrunde.[16]

---

[15] Gottfried Bachl, katholischer Dogmatiker an der Universität Salzburg, äußerte an den Salzburger Hochschulwochen 1988 (!) sein Befremden darüber in folgenden Worten: „Was mich beim Studium theologischer und spiritueller Texte in wachsendem Maß verblüfft, ist der enorme intellektuelle Aufwand für den Überlegenheitsbeweis, den die männlichen Theologen für den Primat des Mannes bringen, bis hin zu Karl Barth und Hans Urs von Balthasar." (in: Gott schuf den Menschen als Mann und Frau, Hg. Paulus Gordan, Salzburg 1989, S. 48.)

[16] Zitate anderer mittelalterlicher Theologen in dieser Sache finden sich bei Elisabeth Gössmann, Art. Gottebenbildlichkeit in: WFTh 2. Aufl. 2002, S. 262.

(Bereits die erste Schweizer Frau, eine Nicht-Theologin, die sich mit diesen Texten bezüglich der Amtsunfähigkeit von Frauen befasst hat, die verstorbene Juristin Gertrud Heinzelmann, hat sich über diesen und andere Texte des Thomas ausführlich ausgelassen.[17])

Erlauben Sie mir noch einige Schlussworte.

Um die Gottebenbildlichkeit der Frau, ihrer Beschränkung/Minderung und deren Konsequenzen für die Amtsfrage haben sich meine Ausführungen bewegt.

Ich hätte sie auch aus dem Postulat der *Gerechtigkeit*, einem Kernbegriff der biblischen Propheten, entwickeln können. Nun ist die Weihe von Frauen nur die Spitze eines Eisbergs. Unter feministischen Theologinnen ist umstritten, ob man sich direkt für das Amt von Frauen einsetzen soll – das ist eher eine Minderheit – oder ob erst die Strukturen sich ändern müssten, das ist wohl die Mehrheit (wobei sich ein größerer Teil feministischer Theologinnen damit gar nicht mehr befasst, weil es kaum mehr neue Argumente gibt).

Auf jeden Fall ist diese Frage ein Katalysator für zahlreiche andere Probleme.

Bei der Gleichstellung von Frauen in allen Bereichen geht es nämlich nicht um ein Frauenproblem und nicht um ein Randproblem. Vielmehr bin ich der Ansicht, dass bei allen aktuellen Weltproblemen, sei es Gewalt, Terror, Krieg (aber auch die so aktuell verhandelten Umweltprobleme wie Erderwärmung, Luftverschmutzung, Energien usw.), dass bei all diesen Problemen die Unterdrückung bzw. Benachteiligung von Frauen eine zentrale Rolle spielt. Je weniger Bildung und Mitsprache-recht Frauen haben, desto größer sind die Probleme. Dabei ist eine der größten Ursache unserer heutigen Situation, vor allem in der Dritten Welt, so ziemlich aus dem Blick geraten: nämlich die rasante Vermehrung der Menschen (seit ich geboren wurde ist die Zahl der Menschen auf dieser Erde etwa auf das Dreifache gestiegen!). Überall jedoch, wo Frauen mehr Bildung und Rechte haben, gehen die Geburtenraten zurück, in Europa sogar so sehr, dass es wieder Unruhe auslöst.

Überall auf der Welt, sogar unter Lebensgefahr, gibt es sehr aktive und mutige Frauenbewegungen. Aber dies alles ist nicht allein und zuerst ein Problem von Frauen, und auch so viele Appelle nützen oft nichts, *es ist vor allem ein Männerproblem.* Wenn sich das Bewusstsein von Männern nicht ändert, sie nicht bereit sind, ihre Macht in allen Bereichen zu teilen, wird es weder in der Welt noch in der Kirche eine lebenswerte Zukunft geben.

Darum ist die Männerforschung, wie sie inzwischen auch in der Theologie gerade aktuell wird, ein richtiger Weg. An allen Zentren für *Gender Studies* geht es ja nicht mehr um isolierte Frauenforschung, sondern um Männer-, Frauen- und

[17] Vgl. Barbara Kopp, Die Unbeirrbare. Wie Gertrud Heinzelmann den Papst und die Schweiz das Fürchten lehrte, Zürich 2003.

Geschlechterforschung.[18] Hier sind inzwischen zahlreiche Männer beteiligt. Denn nur gemeinsam, nicht ein Geschlecht gegen das andere, kann ein Weg aus den vielen Problemen gefunden werden!

Ich danke Ihnen!

---

[18] So am *Zentrum Gender Studies* der Universität Basel, wo ich eine Bibliothek für feministische Theologie aufbaue (Helen Straumann-Stiftung für Feministische Theologie). Es ist dies das einzige Gender-Zentrum, das neben profanen Fächern wie Geschichte, Soziologie, Philosophie, feministische Theorien usw. auch Theologie enthält. Vgl. www.feministische-theologie.de

2 Feministische Re-Vision der Religion[1]

2.1 Androzentrismus in der christlichen Tradition

In allen Hochreligionen sind Frauen theoretisch und. praktisch benachteiligt; dies liegt u.a. daran, daß diese in einer Zeit entstanden sind, die extrem patriarchalisch orientiert war. Alle Machtstrukturen – politisch, gesellschaftlich, soziologisch, philosophisch/wissenschaftlich und religiös – waren männlich. In diesem Androzentrismus (von griech. aner = Mann, d. h. auf den Mann zentriert) ist der Mann das *Maß und* die Frau das Andere. Dieses „Andere" ist so gut wie. immer zweitrangig oder minderwertig. Jedenfalls orientieren sich alle wichtigen Belange und Entwicklungen am männlichen Maß, Frauen haben sich dann danach auszurichten oder mit dem zweiten Platz zufriedenzugeben.

Dies ist nicht nur im Christentum so, auch andere Weltreligionen wie Buddhismus, Hinduismus und in christlicher Zeit dann der Islam haben streng androzentrische Strukturen und benachteiligen damit Frauen und das weibliche Element überhaupt. Das Christentum hat somit diese Strukturen.nicht geschaffen, aber es entstand in einer Zeit, in der sie besonders ausgeprägt waren. Die hellenistische Epoche, etwa ab dem 3. Jh. v. Chr. bis in die ersten nachchristlichen Jahrhunderte hinein, war besonders von dieser Vorherrschaft männlicher Elemente geprägt, was sich auf Philosophie, Gesellschaft und natürlich auf die Theologie auswirkte. Für den Anfang und den Aufbau einer christlichen Theologie und Dogmatik in den ersten Jahrhunderten sind diese Einflüsse nicht zu unterschätzen. Was wichtig, was maßgebend ist, ist das Männliche, und so kann es nicht ausbleiben, daß auch das Gottesbild so gut wie ausschließlich männlich gedacht wurde, auch wenn man nicht sagen kann, Gott sei ein Mann. Wenn jedoch alle höchsten Werte männlich sind, kann das höchste denkbare Gut, Gott als das Vollkommene schlechthin, nicht anders als männlich gedacht werden.

Diese männliche Prägung in der Entstehungszeit sämtlicher Hochreligionen hat dann ihre weitere Entwicklung bestimmt. Ich will mich jedoch auf die christliche Religion beschränken, da ich in anderen Sparten nicht kompetent bin. Die christliche Geschichte ist nunmehr fast zweitausend Jahre lang androzentrisch ausgerichtet. Nicht nur die Geschichte, die Politik, die Gesellschaft, auch die Philosophie, die Theologie und nicht zuletzt die Kunst des sog. christlichen Abendlandes

---

[1] veröffentlicht in: Heinrich Schmidinger (Hg.), Religion am Ende der Moderne. Krise oder Aufbruch? Innsbruck/Wien 1999. Für den Druck gekürzte Fassung von 3 Vorträgen an den Salzburger Hochschulwochen 1999.

sind ein Produkt männlichen Denkens und Handelns, wenn auch in jeder Epoche einzelne Frauen oder Gruppen von Frauen, vor allem im Mittelalter (Mystik) gegen den Stachel gelöckt haben. In der Regel hat sich die härtere Linie durchgesetzt, die Frauen zeitweise noch stärker aus dem Blickfeld und dem Wirkungsfeld rückte als die hellenistische Zeit. Eine wichtige Wendemarke auf dem Weg der Frauenbenachteiligung war im Hoch- und Spätmittelalter die Gründung der Universitäten. Dies wird immer als großer Fortschritt gepriesen, was es in vieler Hinsicht auch war, aber nur für Männer! Denn zu den Universitäten waren Frauen von Anfang an nicht zugelassen, im Gegensatz zu dem regen philosophischen und theologischen Diskurs, der in Frauen- und Männerklöstern bislang üblich gewesen war. Hier standen Frauen und Männer in regem Kontakt und Austausch, und gebildete Frauen, von denen es in diesem Stand zahlreiche gab, tauschten sich mit gleichrangigen Männern aus. Die Einseitigkeit war somit wesentlich weniger ausgeprägt als später an den Universitäten, wo ausschließlich männliche Wissenschaft gelehrt wurde und Männer unter sich diskutierten. Der Austausch zwischen den Klöstern wurde dadurch beschnitten und hörte mit der Zeit fast ganz auf. Wir wissen heute, wie lange es gedauert hat, bis die ersten Frauen an Universitäten studieren konnten, es ist genau hundert Jahre her, daß z. B. die erste Juristin an der Universität Zürich sich einen Studienplatz erkämpfen konnte. Bei den Theologinnen hat es noch länger gedauert.

Anders als bei einzelnen Frauen und Frauengruppen im Mittelalter und später ist die Kritik in unserem Jahrhundert von einer größeren Bewegung getragen, die vermutlich nicht mehr zum Schweigen gebracht werden kann. Erst seit Frauen in größerer Zahl auch in der Lage sind, Theologie zu studieren, alte Sprachen zu lernen und die Grundlagen unserer heutigen Auffassungen zu überprüfen, ist es möglich, Fehlentwicklungen zu benennen, einseitige Bibelübersetzungen zu kritisieren und zu korrigieren und falsche Interpretationen, die männliche Machtansprüche stärken, kritisch in den Blick zu nehmen. Gleichzeitig mit diesen kritischen Ansätzen, die die Grundlagen jeder Theologie, vor allem die Bibel und ihre Interpretationen und die geschichtlichen Entwicklungen insgesamt betrachteten, haben Frauen aus der Praxis viele Beispiele aus der Liturgie, der Kirchensprache, der Texte und Lieder zusammengetragen, wo männliche Sprache und androzentrische Bilder Frauen benachteiligen und sogar verletzen.

Zwei Beispiele aus Bibel und Theologiegeschichte und aus der liturgischen Praxis sollen dies verdeutlichen.

2.1.1 Die Gottebenbildlichkeit des Menschen und ihre frauenfeindliche Rezeptionsgeschichte

Zur Zeit wird sehr stark mit dem Begriff der „Menschenrechte“ operiert, und zwar nicht nur in Politik und Gesellschaft allgemein, sondern auch in der Theologie. In zahlreichen Schriften und Tagungen zur Gleichstellung von Frauen wird daraufhingewiesen, daß die Ungleichbehandlung von Frauen in der Öffentlichkeit und auch in gewissen Bereichen der Kirche gegen diesen modernen Grundsatz verstößt. Wenn wir hier etwas tiefer nach dem Zusammenhang forschen, stellt sich heraus, daß diese wichtige Errungenschaft der Französische Revolution und der Aufklärung ihre Wurzeln in einer zentralen biblischen Aussage hat, die zudem auf der ersten Seite der Hebräischen Bibel steht. Ich meine die Aussage, *der Mensch sei als Bild Gottes geschaffen.*

> „Wir dürfen den Begriff der Gottebenbildlichkeit getrost als einen Vorläuferbegriff zu dem der Menschenrechte ansehen, mit dem sich die Kirche anfangs so schwertat, denn wie dieser bringt er Rechte und Pflichten mit sich.“[2]

2.1.2 Gen 1,26-28

Die Aussagen über die Gottebenbildlichkeit des Menschen stehen nicht in einem alten Text, sondern in einem relativ jungen! Er hat seinen Entstehungsort im Babylonischen Exil (6. Jh. v. Chr.) und wird einer Quelle zugeschrieben, die Priesterschrift genannt wird, weil vermutlich priesterliche Kreise diese Texte verfaßt haben.

V. 26 führt die Erschaffung des Menschen mit einem eigenen Entschluß Gottes ein:

26 a Und ,elohim (Gott) sagte:
b Laßt uns Menschen machen als unser Bild: etwa in unserer Gestalt,
c damit sie herrschen über die Fische des Meeres, über die Vögel des Himmels und über das Vieh und über alles wilde Getier auf der Erde und über alles Kriechgetier, das auf der Erde kriecht.

[2] Elisabeth Gössmann, Theologiegeschichtliche Frauenforschung – eine Bedrohung für die etablierte Theologie? in: Hohenheimer Protokolle 51: Zäsur, Generationenwechsel in der kath. Theologie (Hg. Gebhard Fürst), Stuttgart 1997, 69-85, Zitat S. 83, vgl auch Helen Schüngel-Straumann/Elisabeth Gössmann, Art. Gottebenbildlichkeit in: Wörterbuch der Feministischen Theologie, Gütersloh 1991, 173-181.

Mit dem dreizeiligen, poetisch formulierten Mittelteil ist die Ausführung gegeben. Dieser Text bringt zweimal den Begriff „Bild“ und neu die Differenzierung in männlich und weiblich.

27 a und es erschuf ‚elohim den Menschen als sein Bild
b als Bild ‚elohims erschuf er ihn
c *männlich* und *weiblich* erschuf er sie.
(es stehen hier die Adjektive)

Die Differenzierung der menschlichen Geschlechter kommt genau in die Mitte dieses prägnanten Abschnitts zu stehen. Sie gehört somit zu der persönlich von Gott ausgeführten guten Schöpfung, wie es in diesem Vers dreimal (!) mit dem Verb *bara‘* = erschaffen ausgedrückt wird. Was in der älteren Erzählung vom Garten Gen 2 bildhaft erzählt wird – Gott selbst stellt fest, es sei nicht gut für *'adam,* allein zu sein –, wird hier in einem einzigen Satz in die Abbildlichkeit Gottes hinein gezogen. Der Mensch *als Ganzes in* seiner weiblichen und männlichen Ausprägung ist Bild Gottes. Eine Aufteilung des Menschen etwa in Geist und Körper oder eine Beschränkung der Aussage auf die Seele hätten die Verfasser von Gen 1 sicher gar nicht verstanden.

Der dritte Teil des Komplexes, V. 28, bringt dann den Segen Gottes über Mann und Frau, und zwar immer im Plural. Die Aussagen dieses Textes, die in der Theologie außerordentlich überfrachtet wurden, sind zunächst auf ihrem eigenen Hintergrund zu betrachten. Die Priesterschrift – so nennt man diese Quelle – gibt Stellung und Aufgabe des Menschen auf dem Hintergrund altorientalischer Welt- und Menschenvorstellung an (wo der Mensch als *Masse* geschaffen wird, um die Arbeit der Götter zu erleichtern, während er in der Genesis einen eigenen Wert hat). Dabei sagt der Text selbst, was unter Bild Gottes zu verstehen ist:

Der Finalsatz V. 26 gibt das *Herrschen* an, und dies ist am Schluß V 28 wiederholt. Die Priesterschrift hat die altorientalische Königsideologie im Blick, und solche Vorstellungen waren vor allem in Ägypten ausgeprägt: König oder Königin traten dort als Repräsentanten der Gottheit auf. Während es sich aber in Israels Umwelt nur um herausragende Einzelpersonen handelt, ist für die Priesterschrift der Mensch *als Mensch* Stellvertreter Gottes. Dieses Herrschen des. Menschen über die Schöpfung – so wie ein guter Hirte sein Volk leitet und schützt – heißt *Verantwortung* übernehmen. Die Menschen als Stellvertreter Gottes sind für die Geschöpfe zuständig wie Gott für die Schöpfung insgesamt. Die „Demokratisierung“ einer altorientalischen Vorstellung ist hier besonders eindrucksvoll. Wie in Gen 2, wo der Mensch den Garten bebauen soll, bekommt er auch hier eine *Aufgabe.* Arbeit und Aufgabe sind somit für beide, für Mann und Frau, in, der guten Schöpfung Gottes begründet. Da im Abbild das Abgebildete präsent ist, ist somit

Gott im Menschen anwesend, wenn dieser in Verantwortung seinem Gott gegenüber die Schöpfung leitet wie ein Hirte seine Herde. Wichtig ist zu betonen, daß die Menschen hier nur über die übrige Schöpfung herrschen dürfen – nicht einmal Tiere dürfen sie nach diesem Konzept töten –, vor allem aber *über Menschen* dürfen sie nicht herrschen! Das Herrschen über Menschen ist Gott allein vorbehalten. Der Verfasser von Gen 1 hat somit Vorstellungen seiner Umwelt in gezielter Weise verschoben: einmal wird das Herrschen über Menschen ausgeschlossen, weiter sind die Menschen klar als männlich und weiblich qualifiziert. Damit ist in dieser Aussage *explizit* auch die Herrschaft des Mannes über die Frau ausgeschlossen! Daß dies bisher nicht gesehen wurde, ist eigentlich erstaunlich. Eine Analyse der Formulierung von Gen 1,26-28 ergibt aber genau dies: Mann und Frau beherrschen/leiten die übrige Schöpfung, und dies schließt überaus deutlich ein, daß sich keines der Geschlechter die Herrschaft über das andere anmaßen darf. Damit sagt die Priesterschrift – wenn auch in ganz nüchterner und theologisch differenzierter Sprache – das Gleiche aus wie die ältere bildhaft/narrative Erzählung von Gen 2 und 3, die ihr sicherlich bekannt war: Wenn der Mann über die Frau herrscht und diese unter solcher Herrschaft zu leiden hat, dann ist dies *nicht* schöpfungsgemäß, dann ist dies eine Perversion der ursprünglichen Ordnung. Sollten also die älteren Geschichten in irgendeiner Weise noch mißverständlich gewesen sein in Bezug auf diese Ordnung, dann hat hier die Priesterschrift ganz gezielt *korrigiert* und *präzisiert.* Damit bestätigt diese jüngere Quelle auch die Auslegung von Gen 2 und 3, die heute von den meisten Exegeten geteilt wird: Während der Verfasser dieser älteren Erzählung die Herrschaft des Mannes über die Frau als *Folge* der Sünde sieht, hat die Priesterschrift, die ja eine solche Sünden-Erzählung nicht aufweist, diese Aussagen in die poetisch-rhythmisch formulierte Schöpfungs-Bild-Gottesaussage hineingenommen.

Bei der Redeweise „der Mensch“ oder „die Menschen“ gerät leicht aus dem Blick, daß es sich immer um *beide* Geschlechter handelt. Ausdrücklich wird in Gen 1 *beiden* diese Leitungsfunktion übertragen, Mann und Frau. Die letzte Zeile des Mittelstücks („männlich und weiblich erschuf er sie“) ist nicht nur für den folgenden Fruchtbarkeitssegen notwendig. Hier kann freilich die Frau nicht fehlen, aber der Auftrag des Herrschens wird im folgenden V. 28, und zwar im Plural, wiederholt. Mann und Frau haben somit gemeinsam den Auftrag, die Welt verantwortlich zu leiten und die noch leere Erde auszufüllen. Dies heißt aber auch – betrachtet man dies von der anderen Seite –, daß Mann und Frau nur dort als Repräsentanten, als Bild Gottes fungieren, wo sie *gemeinsam* diese Verantwortung tragen. Dies ist nicht individuell gemeint, so als könnten die Menschen nur noch paarweise ihren Auftrag ausführen, sondern *grundsätzlich.* Wenn ein Geschlecht *allein* die Welt *beherrscht,* kommt es zu einer verkehrten Ordnung, die letztlich zu einer Perversion des ursprünglich Intendierten werden kann. Die allgemeine

Redeweise vom *Herr*schaftsauftrag an den Menschen – man beachte die Formulierung! – hat in der Praxis jedoch meist nur für den Mann Wirkungen gezeigt.

Dabei sind die anthropologischen Aussagen in Gen 1 überaus klar: Bezüglich der Gottebenbildlichkeit gibt es keinerlei Unterschied zwischen Mann und Frau. Beide sind gleichzeitig von Gott geschaffen, beide sind gottebenbildlich und zur Leitung/Herrschaft über die Schöpfung begabt.

Was aber hat die christliche Tradition daraus gemacht? Warum wurde über die Gottebenbildlichkeit der Frau jahrhundertelang gestritten? Sie wurde ihr z. T. aberkannt, gemindert, eingeschränkt, jedenfalls selten in vollem Maße zuerkannt. Wie konnte es nach diesen überaus klaren Aussagen von Gen 1 zu einer solchen Tradition kommen? Denn nur über die Gottebenbildlichkeit der Frau wurde gestritten, die Gottebenbildlichkeit *des Mannes* stand zu allen Zeiten von vornherein fest und wurde auch nie in irgendeiner Form in Frage gestellt oder diskutiert. Die Gründe liegen in der bereits vorgestellten Androzentrik der hellenistischen Zeit. Hier galt der Mann, und nur der Mann, als Maß des Menschlichen und als Mensch im Vollsinn. Zusammen mit einem typisch hellenistischen Dualismus, der den Mann dem Geistigen zuordnete, die Frau aber dem Leiblich-Körperlichen, entstand eine Rangordnung, bei der die Frau immer auf die negative Seite zu stehen kam. Solche Listen oder Reihen, die die gesamte abendländische Geistesgeschichte beeinflußt haben, sind bekannt.[3]

Dazu kommt, daß bei der Übersetzung der Hebräischen Bibel ins Griechische schon in vorchristlicher Zeit eine für Frauen verhängnisvolle Verschiebung erfolgte. Der Begriff ʿadam = Mensch/Menschheit wird nun häufig mit Adam (groß geschrieben) als Eigenname wiedergegeben. Dadurch fällt die Frau aus dem Zusammenhang heraus. Übersetzt man nun die Texte mit der Aussage über die Gottebenbildlichkeit aller Menschen in dieser Weise, so wird diese nur auf Adam, den ersten Mann, bezogen. Diese späten Überlieferungsfehler hat vor allem Paulus übernommen, denn auch Paulus hat, obwohl Jude, die Schrift in der griechischen Übersetzung benutzt, und er selbst schrieb ja seine Briefe auch in griechischer Sprache. In diesen Traditionen gefangen, konnte er dann auch Adam als Typus für die ganze unerlöste Menschheit und Christus als Typus für die erlöste Menschheit gegenüberstellen, beide männlich. Daß die Frau hier nicht mehr vorkommt, war von Paulus wohl nicht beabsichtigt. Besonders verhängnisvoll wirkte sich aber diese Fehlinterpretation bei, den direkten Aussagen über die Gottebenbildlichkeit in 1 Kor 11 aus, wo Paulus eine klare Hierarchie aufbaut: Gott – Christus – Mann – Frau. Der Mann ist das Haupt der Frau, so wie Christus das Haupt des Mannes. Daß Paulus hier den biblischen Text von Gen 1 falsch, das heißt nicht sachgemäß auslegt, hat die spätere Tradition nicht gestört. Diese hat vielmehr die neutesta-

[3] Vgl. z. B. Herta Nagl-Docekal, Dualismus, in WFTh, 64-67.

mentlichen und andere zeitgenössische Texte ernster genommen als den biblischen Ursprungstext.

Die hellenistische Zeit hat zahlreiche fromme Schriften hervorgebracht, die sogenannten Apokryphen, die später nicht in die Bibel kamen. Sie haben aber die Zeit der Entstehung des Christentums stark beeinflußt. Besonders gern beschäftigte man sich mit dem Leben Adams und Evas. Hierzu gab es unzählige Schriften, die die Gottebenbildlichkeit nur auf Adam einschränkten. Als Gott Adam, den Mann, erschuf, weigerten sich einige Engel, vor allem Luzifer, vor dem Mann, dem Ebenbild Gottes, niederzufallen. Darum kam es dann zu dem berühmten Engelsturz. Eva ist nach diesen Vorstellungen nicht gottebenbildlich erschaffen, darum kann sich der Teufel dann ausgerechnet an sie heranmachen, denn sie gilt dieser Tradition als leichter verführbar und wird häufig allein verantwortlich gemacht für den sogenannten Sündenfall. Diese zahlreichen Schriften haben, obwohl sie nicht in der Bibel stehen, sowohl das Denken der neutestamentlichen Schriftsteller wie auch der abendländischen Literatur stark beeinflußt (bis zu Miltons „Paradise Lost“ oder auch Goethes „Faust“). Die Minderung der Gottebenbildlichkeit der Frau geht bis in unser Jahrhundert hinein weiter, und ich selbst habe sie noch in den theologischen Lehrbüchern, die in den sechziger Jahren zur Zeit meines Studiums gebräuchlich waren, zu spüren bekommen.

Noch der Dogmatiker Matthias Joseph Scheeben († 1888) gibt eine für die Frau eingeschränkte Gottebenbildlichkeit wieder, wie sie in der gesamten katholischen Tradition von fast zweitausend Jahren vertreten wurde:

> „... daß der Mann, wie er als Mann der ursprünglichere und vorzüglichere, zunächst und unmittelbar von Gott intendierte und hervorgebrachte Inhaber und Repräsentant der menschlichen Natur und darum der Mensch schlechthin ist, so auch das in der menschlichen Natur liegende Bild Gottes in sich vollkommen verwirklicht, also Bild Gottes schlechthin ist; daß dagegen das Weib, weil ihm die menschliche Natur erst sekundär und mittelbar, vermittels des Mannes, und um seinetwillen mitgeteilt wird ... , nicht in dem vollen Sinne Bild Gottes ist wie der Mann.“[4]

Der zitierte Text von Scheeben geht klar auf die Tradition zurück, die den ersten Schöpfungsbericht der Bibel mit dem zweiten vermischt, wie dies auch die gesamte Tradition getan hat. Dies war bereits im Neuen Testament eben auch Paulus in 1 Kor 11 geläufig. Daß diese Sichtweise die Frau in Wertung und Stellung dem Mann nachordnet, ist somit in der allgemeinen wie auch in der theologischen Tradition fest zementiert. Aus den neuesten Lehrbüchern ist solches verschwunden, aber die Ausläufer dieser Tradition sind nach wie vor vorhanden, denn die Argumentation von der Minderwertigkeit der Frau und ihrer minderen Stellung in der Gotteben-

[4] Handbuch der Katholischen Dogmatik, 3. Buch Nr. 366, Freiburg 1878, erschienen in der 3. Auflage Wien 1961 (!), zitiert bei Bachl, Der beschädigte Eros, Freiburg 1989, 90.

bildlichkeit hat stark eingewirkt auf die Weigerung, die Frauen für ein kirchliches Amt zuzulassen. Wenn also die Prämissen nicht stimmen, würde es langsam Zeit, die aus ihnen gezogenen Folgerungen in Zweifel zu ziehen!

2.1.3 Kirchensprache als männer-dominierte Sprache

Der Androzentrismus der gesamten abendländischen Tradition schlägt sich natürlich besonders in der *Sprache* nieder. Sprache ist immer ein Gradmesser für die Machtverhältnisse. Das kann gut daran gezeigt werden, daß bei vielen Formen staatlicher Unterdrückung verschiedensten Minderheiten verboten wird, *ihre* Sprache zu sprechen, in ihrer eigenen Sprache zu schreiben bzw. eigene Zeitungen oder eigene Schulen oder Universitäten zu betreiben.

Die Sprache der Liturgie und der kirchlichen Texte ist total männerdominiert. Das heißt, das Männliche bildet auch sprachlich das *Maß,* dem alles andere untergeordnet wird. Gläubige werden angeredet als „Brüder", es wird gesprochen von „Söhnen", von „Sohnschaft", von „brüderlichem Verhalten" usw. Als Beispiel will ich nur ein gern gesungenes Lied anführen, das erst 1948 (!) geschaffen wurde: „Laßt uns loben, Brüder, loben!".

Frauen werden nicht nur als „Brüder" angeredet, sie sollen sich auch selbst beim Beten und Singen als Brüder bezeichnen. Sie müssen sich also mit einem männlichen Maß identifizieren, das heißt, verschiedene Klimmzüge machen, ohne daß dies häufig mehr bewußt ist. – Nun war die Anrede „Brüder" z. B. in neutestamentlicher Zeit, im Griechischen, noch eine Form, beide Geschlechter, Männer und Frauen, anzureden. Auch im Lateinischen sind mit „fratres" die Frauen mit gemeint. Dies ist aber in der deutschen Sprache nicht der Fall, und seit der zunehmenden Kritik aus der feministischen Bewegung und von feministischen Theologinnen an der männlichen Dominanz in der Sprache, die Frauen schlicht einverleibt bzw. unsichtbar macht, nimmt hier das Unbehagen zu. Es wird daher eine *inklusive* Sprache, eine Sprache, die Frauen nicht diskriminiert und auch nicht als Nebensache „einschließt", sondern direkt anspricht, gefordert. Der Sammelband „Nennt uns nicht Brüder! Frauen in der Kirche durchbrechen das Schweigen", in dem zahlreiche prominente Frauen sich vehement und differenziert gegen eine androzentrische Sprache gewehrt haben, ist bereits über zwölf Jahre alt.[5] Ist diese Kritik ernst genommen worden? Haben sich daraus Konsequenzen ergeben? Ich denke, viel zuwenig. Sicher ist man an manchen Orten sensibler geworden, aber im Ganzen geht es sehr langsam voran, viel zu langsam...

Die Anrede in kirchlichen Kontexten ist jedoch nur die Spitze eines Eisbergs. Tatsächlich gibt es zahlreiche Stellen, an denen zur Zeit gearbeitet wird, um die

---

[5] Norbert Sommer (Hg.), Nennt uns nicht Brüder! Frauen in der Kirche durchbrechen das Schweigen, Stuttgart 1985.

Diskriminierung von Frauen zu vermindern; so werden beispielsweise die Lieder des Gotteslobs untersucht oder die Stellung der Frauen im kirchlichen Lektionar (in der Leseordnung) oder ihre Stellung bei Heiligenfesten. Hierzu ist zu verweisen auf Teresa Berger/Albert Gerhards, Liturgie und Frauenfrage.[6] Darin wird u.a. die Stellung der Frau im Trauungsritus wie auch die Leitung von Gottesdiensten durch Frauen behandelt. Schließlich werden auch feministische Liturgien, Frauengottesdienste mit integrativer Sprache vorgestellt.

Das Problem läßt sich jedoch nicht lösen durch äußere oder rein kosmetische Änderungen (als solche würde ich die Anrede „Schwestern und Brüder" betrachten, wenn sich sonst nichts ändert). Vielmehr liegt die eigentliche Problematik viel tiefer. Sprache ist ja viel mehr als ein Verständigungsmittel, es zeigt die Strukturen auf, in denen wir leben. Sprache drückt die bestehenden gesellschaftlichen Verhältnisse aus, Sprache ist daher auch ein *Machtmittel.* Und so ist die androzentrische Sprache im Grunde nichts anderes als der Ausdruck einer über zweitausendjährigen Vormachts- und Übermachtstellung der männlichen Seite, die es immer wieder verstanden hat, Ansätze zur Gleichheit und Gleichbehandlung wieder zu unterdrücken bzw. zurückzudrängen.

Sprache ist Machtmittel und Ausdruck einer gesellschaftlichen Ordnung, in der das Männliche alles bestimmt: Politik, Wirtschaft, weltweites Finanzsystem usw. und natürlich auch die Kirchen. Die Kirchen sind hier nicht einmal ein spezieller Fall, außer daß sie noch um einiges hinter der üblichen Entwicklung hinterherhinken; dies betrifft insbesondere die katholische Kirche. Aber die Fakten sind in allen Bereichen vergleichbar. Besonders gut konnte man dies in den verschiedenen Kriegen der letzten Jahre betrachten: Überall, wo wichtige Entscheidungen gefallen sind, waren Männer unter sich (politisch, wirtschaftlich, militärisch – und auch kirchlich)!

Neben der inzwischen vielfach bekannten Kritik sind die vielen Forderungen endlich in die Tat umzusetzen. Es fehlt nicht an Visionen, sondern an ihrer *Umsetzung* in die Praxis. Wenn wir z. B. wissen, daß im biblischen Text zahlreiche Übersetzungsfehler bezüglich der Benachteiligung von Frauen vorliegen, diese aber nicht korrigiert werden, zeigt dies ein männliches Beharrungsvermögen, das nicht bereit ist, die eigenen Positionen und Machtansprüche zu überdenken.

Ein ganz zentraler Bereich ist die Auswahl der Texte, die in den Sonntagsgottesdiensten vorgelesen werden. Nirgendwo wie hier können Frauen, die noch die sonntäglichen Gottesdienste besuchen, mit dem bekannt gemacht werden, was zählt, welche Texte maßgebend sind und welche nicht. Hierzu gibt es zahlreiche Anregungen in einem Artikel über das erneuerte Lektionar von Birgit Janetzky,

---

[6] Teresa Berger/Albert Gerhards (Hg.), Liturgie und Frauenfrage. Ein Beitrag zur Frauenforschung aus liturgiewissenschaftlicher Sicht, St. Ottilien 1990.

in dem oben erwähnten Band[7]. Leider ist das Fazit sehr deprimierend, Auswahlkriterien sind nirgendwo greifbar, warum so viele wichtigen Frauentexte schlicht fehlen:

„Selbständig denkende und handelnde Frauen sind in den verschiedenen Teilen des Lektionars wenig berücksichtigt. Darüber hinaus tragen die angewandten praktischen Prinzipien zur Abgrenzung und Kürzung von Perikopen noch zur Unsichtbarmachung biblischer Frauengestalten bei. Solche Erinnerung ist selektiv. Die schriftliche Fixierung der Heilsgeschichte ist insgesamt orientiert an männlichen Führergestalten, und die frühchristliche Mission erscheint als eine Sache der Männer. Dementsprechend haben Texte, die mit den amtskirchlichen Vorstellungen von der Stellung von Frauen in Kirche und Gesellschaft übereinstimmen, Eingang ins Lektionar gefunden. Bezüglich der Frauengeschichte zeigt sich deutlich die Tendenz, diejenigen Stellen der Schrift zu favorisieren und ins Lektionar aufzunehmen, die die gegenwärtige kirchliche Struktur bestätigen: Führungspositionen und Entscheidungsgewalt für Männer, Frauen in untergeordneter Stellung und als deren Zuträgerinnen."[8]

2.2 Feministische Re-Vision in der Exegese

Daß die Bibel ein patriarchales Buch ist, ist bekannt, dies gilt aber auch für ihre weitere Überlieferung. Der gesamte Auslegungsprozeß, und dazu gehören zuerst die alten Übersetzungen, ist ebenso androzentrisch verlaufen. Alle frühen Übersetzungen, zuerst die der Septuaginta, die Übersetzung des Alten Testaments vom Hebräischen ins Griechische, wurden von Männern verfaßt. Auch Hieronymus (340/50-420), der Übersetzer der für das Mittelalter maßgeblichen Vulgata, der Bibelübersetzung ins Lateinische, galt bisher als Alleinautor. Inzwischen wird aber immer mehr bekannt, auch durch feministische Arbeiten von Kirchenhistorikerinnen und Patristikforscherinnen, daß ihm ein sprachlich-literarisch gebildeter Frauenkreis zugearbeitet hat. Einige dieser Frauen, mit denen der berühmte Kirchenvater lange Reisen ins Heilige Land unternommen hat, sind sogar namentlich bekannt, z. B. Paula. Es ist aber schwierig, ihren Einfluß und ihren Anteil an dem so wirkungskräftigen Übersetzungswerk genau zu eruieren. Was für die androzentrische Prägung der Bibel und ihrer Übersetzungen gilt, und zwar bis in die neueste Zeit hinein – auch alle modernen Übersetzungen sind von Männern verfaßt –, gilt auch für die Auswahl. Was als kanonische Schrift als verbindlich für Kirche und Theologie schließlich ausgewählt wurde, wurde wiederum von Männern allein entschieden. Wir wissen nicht, was bei diesem Auswahlprozeß alles unter

7 Birgit Janetzky, in: Liturgie und Frauenfrage (s. o. Anm. 5), S. 415-431.

8 a.a.O., S. 427.

den Tisch gefallen ist. Sowohl für den jüdischen Kanon als auch für den christlichen geschah die Auswahl zudem in der hellenistisch-römischen Zeit, die, wie ich schon sagte, besonders frauenfeindlich war. Für die christliche Bibel war der Prozeß im vierten Jahrhundert im wesentlichen abgeschlossen. Sowohl die Autorschaft der biblischen Bücher (mit wenigen Ausnahmen) war männlich geprägt wie auch die gesamte Auswahl und der Übersetzungsprozeß. Auch die Wirkungs- und Auslegungsgeschichte der biblischen Texte wurde von Männern bestimmt. Dort, wo gelehrte Frauen – ich denke vor allem an Hildegard von Bingen und andere große Frauen des Mittelalters – eigene Akzente setzten, wurden sie nicht unter „wissenschaftlicher Theologie" rezipiert, sondern in die Kategorien „Mystik" oder „Frömmigkeit" abgeschoben und so für die weitere maßgebliche Diskussion neutralisiert.

Was von Verfasserschaft, Redaktion und Übersetzung der Bibel sowie Auswahl und Interpretation gesagt wurde, gilt auch für eine weitere Auswahl, nämlich für die Auswahl der Texte in der Liturgie. Die Liturgie hat das, was schließlich praktisch zum Zuge kam, nochmals gefiltert. Das kann neuerdings besonders gut sichtbar gemacht werden, wenn man verfolgt, wie viele neue, unbekannte Texte und Aspekte von feministischen Exegetinnen ans Licht gebracht werden, die bisher einfach „übersehen" wurden, obwohl sie an markanten Orten in der Bibel stehen. Die Bibel wurde und wird immer *selektiv* gelesen, wobei die Kriterien dieser Auswahl zumeist im Dunkeln bleiben. Sie werden nicht bewußt reflektiert und würden, wo man sie denn benennt, häufig auch nicht zugegeben.

2.2.1 Vergessene (verdrängte) Frauengestalten

Zu „Frauen in der Bibel" gibt es zahlreiche Studien, so daß ich mich sehr kurz fassen kann. Aus dem Alten Testament möchte ich zwei Frauen hervorheben, die in der späteren Tradition vernachlässigt wurden, obwohl sie an ganz prägnanter Stelle stehen, nämlich die Prophetin und Führerin *Mirjam,* die eine ursprünglich unabhängige Führergestalt aus der Zeit des Exodus war, die zusammen mit Mose und Aaron diese Grunderfahrung der Geschichte Israels geprägt hat, sodann auch die Prophetin *Hulda.*[9]

Das Grundbekenntnis des israelitischen Glaubens:

> Jahwe hat Israel aus Ägypten geführt,

ist von Mirjam offensichtlich zum erstenmal in Worte gefaßt und gesungen worden. Das sogenannte „Mirjamlied"

---

[9] Vgl. Helen Schüngel-Straumann, Große Frauengestalten im Alten Testament, in: Weil Gott nicht nur zu Mose sprach (Hg. M. Langer), Innsbruck 1996, 11-33.

> Singt Jahwe, denn hoch erhaben ist er,
> Roß und Reiter warf er ins Meer

ist vermutlich einer der ältesten Texte, wenn nicht sogar der älteste Text des Alten Testaments überhaupt. Mirjam hat eine entscheidende Rolle gespielt bei der Interpretation und theologischen Verarbeitung dieses wichtigsten Rettungserlebnisses der israelitischen Anfänge und hat dies auch als erste in theologische Worte gefaßt. In der späteren Tradition wurde sie zu einer Schwester des Mose gemacht, obwohl sie ursprünglich eine unabhängige Führergestalt aus der Wüste war und sowohl von Herkunft und Aufgabe her wenig mit Mose zu tun hat, der ja bekanntlich aus Ägypten kam.

Eine andere, sehr wenig bekannte Frau aus dem Alten Testament ist die Prophetin *Hulda,* eine Frau aus Jerusalem, die bei dem Vorgang der Schriftlichwerdung der alttestamentlichen Bibel, dem, was man auch als „Wiege des Alten Testaments als Buch“ bezeichnen kann, nämlich bei der Entstehung des Buches Deuteronomium in der Zeit unmittelbar vor dem Babylonischen Exil, eine maßgebliche Rolle gespielt hat. Die Prophetin Hulda wurde als bekannte und anerkannte Jahweprophetin bei diesen Vorgängen vom König offiziell angefragt, was mit der im Tempel aufgefundenen Rolle zu geschehen habe. Hulda verkündete daraufhin ein autoritatives Gotteswort: „So spricht Jahwe ... “. Hervorzuheben ist bei dieser Frau und ihrem Wirken, daß es sich dabei um ein hartes Gerichtswort handelt. Sie hat nämlich den Untergang Jerusalems als verdiente Strafe verkündet. Diese Prophetin könnte als warnende Stimme Vorbild sein für jene prophetischen Frauen heute, die wegen der Zerstörung von Welt und Umwelt ihre Stimme erheben, die die Vernachlässigung des Gotteswillens und der Schöpfung einklagen.

Im Neuen Testament ist die wichtigste Frauengestalt, die für die Anfänge des christlichen Glaubensbewußtseins eine Rolle gespielt hat, *Maria von Magdala,* die von der ganzen späteren (männlichen!) christlichen Tradition den Titel bekommen hat *apostola apostolorurn,* d. h. Apostolin der Apostel. Im ältesten Evangelium, bei Markus, wird im Kapitel über den Tod Jesu fast nebenbei erwähnt, daß Frauen da waren, die der Kreuzigung von weitem zuschauten (Mk 15,40). Es werden dann drei Frauen namentlich aufgezählt: Maria aus Magdala, Maria, die Mutter von Jacobus dem Kleinen und Joses, sowie Salome. Im folgenden Vers wird dann die erstaunliche Bemerkung gemacht:

> Sie waren ihm schon nachgefolgt und hatten ihm gedient (diakonein), als er in Galiläa war, und noch viele andere Frauen waren dabei, die mit ihm nach Jerusalem heraufgezogen waren.

Mattäus hat dieselbe Notiz (Mt 27,55f). In allen Erzählungen von der Passion erwähnen aber die beiden älteren Evangelisten Markus und Mattäus die Frauen nicht ausdrücklich. Da die Frauen alle aus Galiläa stammen und bei der Passion Jesu nicht einfach vom Himmel gefallen sind, ist es exegetisch sicher, daß sie Jesus von Anfang an gefolgt sind, von seinem öffentlichen Auftreten in Galiläa an, auf dem Weg nach Jerusalem und bis zu seinem Tod. Daß Jesus männliche *und* weibliche Jünger hatte, wird heute von niemand mehr ernsthaft bestritten, und deswegen muß überall im Neuen Testament folgerichtig, wo pauschal von „Jüngern" die Rede ist, immer die weibliche Form dazu genannt werden, d. h., es muß immer heißen „Jünger und Jüngerinnen". Dies gilt *nicht* für die Zwölf, diese Gruppe ist – analog zu den Zwölf Stämmen Israels – gebildet, und sie ist nicht identisch mit der weit größeren Zahl der Jünger und Jüngerinnen. Die Zwölfergruppe bestand ausschließlich aus Männern. Das ist zu beachten, und diese beiden Gruppen sind gelegentlich ausdrücklich voneinander abgehoben.

Maria von Magdala steht bei allen Aufzählungen von Jüngerinnen als erste. Sie hat in der Frauengruppe um Jesus die führende Rolle gespielt (offenbar gab es so etwas wie eine „Konkurrenz" zwischen Maria und Petrus, von der noch Joh 20 berichtet). Es gibt übrigens von beiden, von Petrus und von Maria von Magdala, je ein apokryphes Evangelium aus dem 2. Jh. Beide wurden nicht in den Kanon aufgenommen; aber wie ganz anders ist doch in der Folgezeit mit Petrus und mit Maria verfahren worden![10]

Von der Herkunft und Berufung Marias berichtet einzig Lukas in 8,1-3. Er erzählt die Heilung und Berufung von drei namentlich genannten Frauen und „vielen anderen". Von der erstgenannten, Maria, wird gesagt, daß von ihr sieben Dämonen ausgefahren seien; Heilung und Berufung fielen bei ihr zusammen. Die Krankheit, an der sie litt, kann man nur vermuten. Was Maria *vor* ihrer Begegnung mit Jesus tat oder was sie war, wird nicht erzählt. Weil aber Lukas unmittelbar vor dieser Berufungsgeschichte die Erzählung von der großen Sünderin bringt, die Jesus die Füße salbt, als er im Haus des Pharisäers Simon eingeladen ist, hat man später Maria Magdalena mit dieser Sünderin, die keinen Namen trägt, gleichgesetzt. Diese unheilvolle Vermischung hat sich überall, besonders in der Kunst, ausgewirkt. Maria von Magdala wird meist als bekehrte Dirne, jung, schön und mit aufgelöstem Haar, dargestellt. All dies hat in den Evangelien nicht die geringste Grundlage. Es wird auch nicht gesagt, Maria sei besonders jung gewesen, wahrscheinlich war sie jedoch unverheiratet, weil der *Ort* und nicht der Name eines Ehemannes angegeben ist. Sicher scheint, daß Maria von Magdala die Frau gewesen ist, die Jesus am nächsten stand, aber alles, was darüber hinausgeht, sind phantasievolle Spekulationen.

---

[10] Vgl. dazu ausführlich: Helen Schüngel-Straumann, Maria von Magdala – Apostolin und erste verkünderin der Osterbotschaft, in: Maria Magdalena – Zu einem Bild der Frau in der christlichen Verkündung (Hg. D. Bader), Freiburg 1990, 9-32.

Ihre entscheidende Rolle spielt Maria in den Berichten von Passion und Auferstehung Jesu. Alle männlichen Jünger sind am Karfreitag geflohen – so die übereinstimmende Aussage der Synoptiker. Einzig die Frauen halten den Anblick der Kreuzigung Jesu aus, wenn auch „von ferne“ (Markus 15,40), denn die Hinrichtungsstätte war von römischen Soldaten bewacht. Zwei Frauen achten darauf, wo Jesus begraben wird (Markus 15,47). Die männlichen Jünger haben mit dem Tod Jesu ihre Hoffnung auf ihn zunächst aufgegeben, wie es die beiden Emmaus-Jünger exemplarisch formulieren (Lk 24,21).

Während die Namen der anderen Frauen nicht übereinstimmen, steht Maria von Magdala auch an erster Stelle der Frauen, die am Ostermorgen zum Grab Jesu gehen (Markus 16,1 ff). Die Auferstehung Jesu selbst hat niemand gesehen, Gottes Handeln geht im verborgenen vor sich („in der Nacht“), wohl aber erscheint den Frauen bei Markus ein Engel, der ihnen die Auferstehungsbotschaft verkündet und Maria und den anderen Frauen den Auftrag gibt, diese Botschaft den Jüngerinnen und Jüngern, allen voran dem Petrus, zu verkünden. Damit werden die Frauen nicht nur die ersten Zeugen der Auferstehungsbotschaft, sondern auch die ersten Verkünderinnen. Das älteste christliche Glaubensbekenntnis besteht ja aus drei Gliedern:

- Gestorben (für unsere Sünden)
- Begraben
- Auferweckt (am dritten Tag)/erschienen (vgl. 1 Kor 15)

Dieses wichtige Ur-Bekenntnis muß glaubwürdig bezeugt werden. Da es keine männlichen Zeugen gab, mußte hier auf die historische Erinnerung an die Frauen zurückgegriffen werden, die sowohl Tod wie Grablegung Jesu gesehen haben und als erste Verkünderinnen der Osterbotschaft auftraten. So ist Maria aus Magdala der erste Mensch, der das grundlegende christliche Bekenntnis verkündet:

> Gott hat Jesus von den Toten auferweckt.

Wie Mirjam an den Anfängen der Geschichte Israels faßt auch am Beginn der christlichen Geschichte eine Frau das grundlegende Bekenntnis in Worte. Beide Bekenntnisse haben die gleiche geschichtliche Struktur: Gott ist ein Gott der Befreiung, der stärker ist als Sklaverei und Tod.

Von den zahlreichen Frauen aus der frühen Kirche seien zwei aus dem Römerbrief hervorgehoben.

In den ersten beiden Versen spricht Paulus eine Empfehlung für *Phoebe aus Kenchräa* aus. Ihre eigentlichen Funktionen werden von Paulus mit drei wichtigen Begriffen benannt, und damit stellt sie der Apostel den Römern vor. Einmal nennt er sie „unsere Schwester Phoebe". Wie die „Brüder" steht sie somit mit ihm auf der gleichen Ebene des christlichen Glaubens. Als zweites bekommt sie den Titel „*diakonos* der Kirche von Kenchräa". Der in der männlichen Form gehaltene Titel ist sicher eine Amtsbezeichnung. Er kann mit „Diakon" oder „Gemeindeleiterin" übersetzt werden. Dies ist der denkbar höchste Titel in dieser frühen Zeit, sei es für Mann oder Frau. Denn eine weitere Ausfaltung von Ämtern gibt es in der Mitte des ersten Jahrhunderts noch nicht. – Wie in Phil 1,1, wo der gleiche Titel *diakonos* verwendet wird, ist umfassende Tätigkeit in der Verkündigung und Gemeindeleitung gemeint. „Röm 16, lf erlaubt nicht, den Dienst Phoebes auf die Tätigkeit oder das spätere Amt einer Diakonissin im Sinne karitativer Hilfe und Krankenpflege einzuengen", sagt Alfons Weiser in seinem Beitrag über die Rolle der Frau in der urchristlichen Mission.

Phoebe bekommt aber noch eine dritte Bezeichnung, nämlich *prostasis,* diesmal in der weiblichen Form. Dieser Titel heißt „Anführerin, Vorstand, Vorgesetzte" und hat einen amtlichen Klang. Wo das gleiche Wort in anderen Briefen *männliche* Amtsträger bezeichnet, wird immer deutlich mit „Gemeindeleiter", Vorsteher" o. ä. wiedergegeben (vgl. z. B. 1 Thess 5,12; 1 Tim 3,4f und 5,17). Phoebe ist somit Vorgesetzte oder Führerin für viele geworden und hat darum einen Anspruch, von der Gemeinde in Rom in Ehren aufgenommen und unterstützt zu werden. Dies will Paulus mit seiner Empfehlung betonen! Nur noch einmal empfiehlt er einen Mitarbeiter in ähnlicher Weise, nämlich *Timotheus (vgl.* 1 Kor 16,10).

Es handelt sich bei Phoebe somit um eine der wichtigsten Frauen der frühchristlichen Missionsarbeit. Darum geht es nicht an, ihre Stellung aus einer späteren Sicht hinunterzuspielen. Dies geschieht meist bereits durch die Übersetzung. Die Einheitsübersetzung, die für längere Zeit in Liturgie und Verkündigung bestimmend sein wird, übersetzt:

> Ich empfehle euch unsere Schwester Phoebe, die *Dienerin* der Gemeinde von Kenchräa... (Röm 16,1).

Es ist eine gezielte Falschübersetzung, wenn der gleiche Begriff mit „Diakon" oder „Gemeindevorsteher" übersetzt wird, wenn er von einem Mann gebraucht wird (vgl. Phil 1,1; 1 Tim 3,8.12), jedoch mit „Dienerin", wenn er für eine Frau verwendet wird. Es ist ein wichtiges Anliegen feministischer Exegese, die ursprünglichen Aussagen der biblischen Texte – auch sprachlich! – wieder ins Bewußtsein zu bringen.

Ebenfalls im letzten Kapitel des Römerbriefes, und zwar in der Grußliste, findet sich *Junia,* die hier von Paulus selbst als „Apostel" (*apostolos*) bezeichnet wird. Leider wissen wir von ihr nicht viel, außer daß Paulus sie nicht nur Apostel, sondern sogar „hervorragend unter den Aposteln" nennt (Röm 16,7). Mit ihr zusammen wird auch ein Mann hervorgehoben, Andronikus, so daß vermutet werden darf, es handle sich bei den beiden um ein christliches Ehepaar wie bei Priska und Aquila, das in der Missionsarbeit mit und neben Paulus gewirkt hat. Da die entsprechenden Wörter im Plural stehen (Einheitsübersetzung: „Sie sind angesehene Apostel"), sind die Aussagen in jedem Fall auf *beide* Personen zu beziehen. Immerhin geht aus den Grüßen des Paulus noch hervor, daß sie schon vor seiner Bekehrung Christen waren. Das heißt aber, daß das christliche Wirken dieser beiden Apostel bis an die Zeit Jesu heranreicht.

Der Gruß im Römerbrief enthält darüber hinaus noch die Nachricht, daß die beiden mit Paulus zusammen im Gefängnis waren und daß sie „zu *meinem* Volk" gehören. Es handelt sich somit um Judenchristen, und die Vermutung legt sich nahe, daß Junia zu denen gehört, die bei der Erscheinung des auferstandenen Jesus dabei waren, wie sie 1 Kor 15 (vgl. bes. VV. 6 und 7!) von Paulus beschrieben wird, denn zu den Kriterien des Aposteltitels gehört es ja, dem auferstandenen Jesus selbst begegnet zu sein, wie es auch Paulus von sich behauptet (vgl. 1 Kor 15,8). Daß die Gruppe der „Apostel" und die Gruppe der „Zwölf ursprünglich zwei verschiedene Größen waren, ist bekannt. Paulus zählt sich ja selbst mit Vehemenz zu den Aposteln, gehörte jedoch nie dem Zwölferkreis an.

Seit dem späten Mittelalter wird der griechische Name Junia fälschlicherweise als *Männername* wiedergegeben. Auch noch die Einheitsübersetzung bringt Andronikus und *Junias* als zwei Männernamen, und zwar gegen die Einsicht präziser sprachlicher Untersuchungen und gegen die Tradition von dreizehn Jahrhunderten! Denn bis ins 14. Jahrhundert hinein gibt es keinen Beleg, daß ein Kommentator des Römerbriefes Junia nicht als Frauenname gelesen. Der griechische Kirchenvater Chrysostomus (354-407) sagt:

> „Ein Apostel zu sein, ist etwas Großes. Aber hervorragend unter den Aposteln – bedenke, welch wunderbares Loblied das ist. Sie waren hervorragend auf Grund ihrer Arbeit und ihrer rechtschaffenen Taten. Wie groß muß doch die Weisheit dieser Frau gewesen sein, daß sie für den Titel Apostel würdig befunden wurde."[11]

Aber auch schon Origenes (185-254) sowie der große Hieronymus (340/50-420), der Übersetzer der Vulgata, und im Mittelalter Petrus Abaelard (1079-1142), um nur einige der bekanntesten Theologen zu nennen, hatten nicht die geringsten Zweifel, daß es sich bei Junia um eine Frau handelt.

Wer darum aus dem Neuen Testament ableiten will, daß Frauen nicht für alle Ämter geeignet seien, hat nicht nur die Schrift, sondern im Falle der Junia und Maria von Magdala auch den größeren Teil der Tradition gegen sich. Wenn wider besseres Wissen an einer falschen Übersetzung festgehalten wird, ist dies eine

[11] In: Epistolam ad Romanos, Homilia 31,2 PG 60, 669f.

Verfälschung der biblischen Botschaft, die in ihrer Einseitigkeit einfach nicht mehr hingenommen werden kann.

Zum Schluß sei eine Bemerkung über die Funktion von Aposteln und Apostolinnen in der frühen Kirche erlaubt.

Der Apostelbegriff ist nicht eingegrenzt auf die Zwölf. „Die Zwölf und „die Apostel" sind vielmehr zwei verschiedene Größen, die man strikt auseinanderhalten sollte. Paulus, der als ältester Zeuge schriftlich über das Apostelsein reflektiert hat, zählt sich selbst mit Vehemenz zu den Aposteln, er hat aber nachweislich nie zu den „Zwölfen" gehört, hat er doch den irdischen Jesus nie gesehen, wie er selbst sagt. Zu seinen Kriterien für den Apósteltitel gehört, daß einer dem auferstandenen Jesus selbst begegnet ist und von ihm einen Verkündigungsauftrag hat. Dies gilt für ihn selbst, aber schließlich noch mehr für Maria von Magdala, die *als erste* dem auferstandenen Jesus selbst begegnet ist und von ihm den Auftrag erhalten hat, seinen Jüngerinnen und Jüngern zu verkünden, daß er lebe. – Wer also von den „Zwölf Aposteln" spricht, begeht eine unzulässige Vereinfachung. Die Zwölf-Zahl ist eine historische und symbolische Größe, analog zu den zwölf Stämmen Israels gebildet, und ist nicht imitierbar. Apostel hat es aber mehr als zwölf gegeben – oder wer würde Paulus das Apostelsein absprechen? Am deutlichsten läßt sich dies daran erkennen, daß die Liturgie sowohl der Ost- als auch der Westkirche mehr als zwölf Apostelfeste kennt, und zwar seit, ältester Zeit. Die Aussage, Apostel könnten nur Männer sein, ist historisch falsch und von der Exegese (und der Tradition) nicht abgedeckt, und zwar nicht nur von der feministischen. Solche Ergebnisse, die von feministischen Exegetinnen erarbeitet wurden, sind unterdessen auch in den neuesten (männlichen) Bibelkommentaren zu finden und in neueren Lexika.

2.2.2 Die Symbolik in der religiösen Rede

Die Konsequenzen von Bildern und Symbolen sind natürlich weitaus größer als z. B. beim Weglassen irgendeiner bedeutenden Frau aus der Bibel. Symbolische Sprache und Bilder durchdringen das gesamte theologische Denken und gehen auf die Wirklichkeit zurück, die sie abbilden. Ein Bild, das in der gesamten Auslegungsgeschichte der Bibel und in der Theologiegeschichte überhaupt eine wichtige Rolle gespielt hat, ist das Bild von Gott als dem treuen Ehemann und Israel als der treulosen Ehefrau. Diese Symbolik wurde von dem Propheten Hosea (8. Jh. v. Chr.) eigentlich „erfunden", er hat diese Redeweise erstmals verwendet, und sie wurde in der Folgezeit verschiedentlich abgewandelt.

Sprachlich steht Gott immer in der männlichen Form, Israel (bzw. das Land) ist grammatisch weiblich, so daß für hebräisch sprechende ZuhörerInnen das Bild „stimmt". An verschiedenen Stellen hat der Prophet diese Thematik verarbeitet.

Vor allem in den Kapiteln 1-3.[12] Dabei spielt auch seine eigene Ehe eine Rolle. Der. Prophet soll auf Befehl Gottes eine Frau heiraten, die hurt bzw. die Ehe bricht, um damit das wahre Verhältnis Israels zu seinem Gott darzustellen; dieses ist charakterisiert durch Untreue, was eben durch diese Symbolik ausgedrückt werden soll.

Von Anfang an sind die Aussagen beider Kapitel auf dieses theologische Ziel hin ausgerichtet: Hosea und seine treulose Frau sollen anschaulich darstellen, wie es um Jahwe und Israel tatsächlich steht. Jahwe ist der treue Ehemann, der sich immer wieder vergeblich bemüht, seine Ehefrau Israel für sich zu gewinnen und für sich allein zu behalten. Aber Israel wendet sich andern Kulten zu oder schwankt zwischen Jahwe und den Baalen hin und her, d. h. die Entschiedenheit in der Treue zu Jahwe fehlt.

Bemerkenswert an den Vorwürfen und Anklagen, die der Prophet seinem Volk vorhält, ist vor allem dies: Die Adressaten, die Angesprochenen der Unheilsbotschaft sind fast ausschließlich Männer; es sind die Priester, es sind die Ältesten, die Fürsten u. ä. Es gibt sogar Stellen, wo der Prophet die Frauen ausdrücklich *entschuldigt.* Sie sind für ihn die eigentlichen Opfer (z. B. Hos 4,14). Trotzdem wird nun aber in dem *Bild,* in der Metaphorik, die negative Haltung des Volkes in ein *weibliches* Bild gepackt, nämlich in das der treulosen Ehefrau Israel bzw. das Land.

Was bedeuten solche Aussagen für das Bild von Frauen? Jahwe wird in eine eindeutig *männliche* Rolle gebracht, er ist der Ehemann, genauer der *Eheherr* Israels. Damit hat er die alleinige Verfügungsgewalt über seine Frau. Die Frau ist somit in einer total unterlegenen Position. Der Ehemann kann nach den damaligen. Gesetzen seine Frau demütigen, sie bestrafen, ja sie verstoßen, ohne sie zu fragen. MarieTheres Wacker sagt hierzu:

> „Gottes Herrschaft ist hier durch männliche Herrschaft über die Frau definiert, und umgekehrt wird die inferiore Position der israelitischen Frau gegenüber dem Mann unendlich gesteigert in der hoseanischen Analogie, die allein den männlichen Part auf Gott, den weiblichen auf das schuldige Israel bezieht. Wenn die Spitze hoseanischer Polemik sich gegen angemaßte menschliche Macht im Namen Baals richtet, dann hat Hoseas Alternative im. Namen Jahwes den Machtmißbrauch Frauen gegenüber nicht mitbedacht."[13]

Wie sieht nun dieser Machtmißbrauch in der weiteren Entwicklung aus? Hosea ist derjenige, der dieses Bild von Ehemann und Ehefrau „erfunden" hat. Nach ihm

---

[12] Vgl. Marie-Theres Wacker, Figuration des Weiblichen im Hosea-Buch (Herders Biblische Studien 8), Freiburg 1996.

[13] Marie-Theres Wacker, Frau – Sexus – Macht. Eine feministisch-theologische Relecture des Hoseabuches, in: Der Gott der Männer und die Frauen (Hg. Marie-Theres Wacker), Düsseldorf 1987, 101-125.

verwenden andere Propheten, besonders Ezechiel, diese Metaphorik. Sodann wird es im Neuen Testament in verschiedenen Briefen neu interpretiert, indem es nun auf *Christus* und die *Kirche* übertragen wird. Damit will ich nur die große Wirkung andeuten, die Hoseas Metaphorik ausgelöst hat...

Besonders frauenfeindlich sind die Stellen bei Ezechiel, der nunmehr, analog dem alttestamentlichen Eheverständnis – ein Mann konnte mehrere Frauen haben – die beiden Reiche Israel und Juda dem Ehemann Jahwe zuordnet und ihre Treulosigkeit ausführlich beschreibt. Ez 16 schildert die Treulosigkeit Jerusalems, der einen Frau, in z. T. pornographisch anmutenden Bildern. Ez 23 werden Israel und Juda als „Schwestern" bezeichnet, und die beiden Reiche in der Symbolik der treulosen Ehefrauen, Jahwe aber als der treue und verläßliche Herr, vorgestellt.

Was macht diese Symbolik aus den Frauen, und was macht sie aus dem Gottesbild? In allen Fällen muß die Frau die schlechtere, die unterlegene Rolle spielen. Zwar zielt der Prophet *in der Sache,* in seiner Kritik, überwiegend männliche Adressaten an, aber das Bild wirkt auf die Sache zurück, und die negativen Züge dieser Hurerei oder Ehebrecherei werden in allen Texten außerordentlich detailliert beschrieben. Es sieht fast so aus, als hätten die (männlichen) Verfasser ihre heimliche Freude an der Ausmalung solcher Szenerie.

Das Bild von Gott als Ehemann und Israel als treuloser Ehefrau wirkt in vielfacher Weise negativ auf ein gleichberechtigtes Frauenbild zurück. Einmal wird in dieser Symbolik Gott unbestreitbar *männlich* gesehen; für Frauen aber noch verheerendere Folgen hatte, daß das Weibliche immer auf die negative Seite zu stehen kommt. Diese Bilder, in der Männer und das Männliche auf der positiven Seite stehen – dies ist immer die bessere, die rühmlichere Rolle – haben sich ganz stark weiterentwickelt, so dann z.B. in dem Bild von Christus – Kirche. Auch hier ist die Verteilung so, daß die positive Rolle dem männlichen Teil, die negative, die sündige Kirche, in der Symbolik dem weiblichen Teil zugeordnet wird. Dies hat zur Folge, daß Männer sich immer identifizieren können mit der positiven, der göttlichen Rolle, während für Frauen die negative Färbung in der Symbolik auf sie selbst zurückfällt, ohne daß dies u. U. jedesmal auffällt. Die *Folgen* für das Selbstbewußtsein von Männern und Frauen sind jedoch enorm, und in diesem Bereich hat eine Aufarbeitung aus feministischer Sicht gerade angefangen. Daß diese Symbolik in unzähligen Liedern, Bildern und Texten einen großen Raum einnimmt, möchte ich zum Schluß nur noch erwähnen.

Bilder und Symbole kann man nicht gewaltsam ändern. Denn sie entstehen ja aus der *Wirklichkeit,* die sie abbilden. Darum arbeiten feministische Theologinnen auf allen Ebenen, so auch an der Verbesserung einer Wirklichkeit, in der das Männliche immer noch als das Maß und das Maßgebende gesehen wird.

2.3 Feministische Kritik am männlichen Gottesbild

Alle Probleme einer androzentrischen Weltdeutung gipfeln theologisch im Gottesbild. Immer hat der Mensch Gottesbilder gebraucht und gemacht – gegen die ausdrückliche Weisung des biblischen Bilderverbots! In der christlichen Tradition sind Gottesbilder, ob vorgestellte oder künstlerisch gestaltete, so gut wie immer männlich. Die Redeweise von Gott als Vater, die im Vaterunser ihre Wurzel hat, ist die Begründung für ein so gut wie ausschließlich männliches Gottesbild.

Nun haben schon die Aussagen über die Gottebenbildlichkeit des Menschen gezeigt, daß Gott nicht ausschließlich männlich gesehen werden kann. Wenn der Mensch als Mann und Frau nach dem Bild Gottes geschaffen ist, dann muß auch das Gottesbild Männliches und Weibliches enthalten. Urbild und Abbild entsprechen sich, ein rein männlich vorgestellter Gott wäre demnach ein Götze.

In der Bibel selbst haben wir vielfältige Zeugnisse einer nicht männlich vorgestellten und nicht nach männlicher Vorstellung handelnden Gottheit. Obwohl im Alten Testament von Gott fast ausschließlich in der dritten Person maskulin gesprochen wird, gibt es zahlreiche Stellen, wo er nicht nur wie eine Mutter handelt, sondern auch in weiblichen Bildern und Symbolen dargestellt wird.

2.3.1 Hosea 11

In den ersten vier Versen werden Aussagen gemacht, wie diese Gottheit mit dem Sohn Israel umgeht. Es liegt ein durchgängiges Bild vor: das Bild einer Mutter, die ihren Sohn großzieht, wörtlich „durchbringt“. Bei der großen Kindersterblichkeit in alter Zeit ist das wesentlichste Moment hervorgehoben, nämlich das Essen. Kinder wurden im alten Orient und auch im alten Israel rund drei Jahre lang gestillt, anders hätten sie gar nicht überleben können. Und in diesem ersten Teil des Textes geht es schlicht ums Überleben.

Im zweiten Teil, ab V. 8, ringt Gott mit sich selbst, weil er/sie es nicht übers Herz bringt, dieses Israel („mein Volk“) dem Untergang preiszugeben. Dies wird begründet in V. 9, dem Höhepunkt des Textes:

> Denn Gott bin ich und nicht *Mann,*
> in deiner Mitte heilig,
> und nicht komme ich, um zu zerstören.

JHWH handelt so, weil er Gott ist (*’el*) und nicht Mann (*’iš*). Gott setzt sich darum von einem Verhalten ab, wie es gerecht wäre und erwartet wird. Nicht von einem *menschlichen,* sondern von einem spezifisch *männlichen* Verhalten setzt sich diese Gottheit ab. Die meisten Übersetzungen – außer Martin Buber! – bringen aber an dieser Stelle „Denn Gott bin ich, und nicht *Mensch*“ wegen der späteren Gleichsetzung Mensch = Mann. Hosea schildert hier jedoch eine Gottheit, die kein Richter, kein gerechter, strafender oder zürnender Gott ist, sondern „ganz anders“ („heilig“ heißt es im Text, d.h. abgehoben, andersartig). Dieser Gottheit geht es um die Rettung ihrer Beziehung, mehr als um Selbstdarstellung, Stolz oder Rechthaben, Sichdurchsetzen, konsequent sein, Macht zeigen. Ja, JHWH erweist sich hier geradezu als maßlos inkonsequent.

Jahwe als Mutter stellt somit für diesen Propheten ein gültiges Gottesbild dar, genau wie er an anderen Stellen das problematische Bild von Jahwe als Ehemann verwendet. Hosea arbeitet sehr gern mit *Gegensatzpaaren.* Hier hat er die männlich-weibliche Polarität so verteilt, daß Jahwe als Mutter dem männlichen Kind (Knabe, Sohn) gegenübersteht. Auch an anderen Stellen, z.B. Hos 13,8, wo Jahwe von sich spricht als von einer Bärin, der man die männlichen Jungen geraubt hat, verwendet er ähnliche Bilder.

Offenbar hat gerade dieser Prophet am Ende seines langen Wirkens die Tragfähigkeit männlicher Gottesbilder bezweifelt. In der ausweglosen Situation vor dem endgültigen Zusammenbruch des Nordreichs greift der Prophet auf Bilder zurück, die besser geeignet sind, seine letzten und tiefsten Erfahrungen mit Jahwe, dem Gott Israels, auszudrücken. Nur in der Mutterliebe Jahwes sieht der Prophet noch eine letzte Chance für sein Volk! – Auch rund zweihundert Jahre später, nach dem Zusammenbruch des Südreichs Juda, läßt sich ähnliches beobachten: Deuterojesaja verwendet ebenfalls weiblich-mütterliche Bilder, um sein Volk wieder aufzurichten; Diese sind für ihn besser geeignet als männliche Metaphern, in einer Zeit der Katastrophe *Hilfe,* Hoffnung und Trost anzubieten (Jes 49,15; 54,6; 66,13 u.a.).[14]

2.3.2 Andere weibliche Gottesvorstellungen

Ein ganz anderer Strang, vor allem aus der nachexilischen Zeit, bringt eine Fülle von weiblichen Gottesbildern, die mit den Begriffen *rûaḥ* (Geistkraft)[15] und *ḥokmah* (Sophia/Weisheit)[16] verbunden sind. Diese näher zu betrachten würde sich lohnen, läßt sich aber in der kurzen Zeit nicht durchführen. Während der erste Begriff, *rûaḥ*, im Alten Testament immer eine Kraft ist, die sich bewegt und anderes in Bewegung setzt, ist die zweite Gestalt, Sophia, auch tatsächlich an vielen

[14] Die Ausführungen zu Hos 11 wurden stark gekürzt, sie sind veröffentlicht in: Helen Schüngel-Straumann, Denn Gott bin ich, und kein Mann. Gottesbilder im Ersten Testament – feministisch betrachtet, Mainz 1996, bes. S. 33-47.

[15] Vgl. Helen Schüngel-Straumann, Rûaḥ bewegt die Welt. Gottes schöpferische Lebenskraft in der Kriesenzeit des Exils (SBS 151), Stuttgart 1992.

[16] Vgl. oben Anm. 13 und die dort angegebene Literatur, bes. S. 121ff.

Orten als *Frau* dargestellt worden. Sie ist Partnerin Gottes bei der Weltschöpfung und verkörpert insgesamt das menschenfreundliche Antlitz Gottes in der Spätzeit. Diese Figur wird zur Zeit in der feministischen Theologie außerordentlich stark bearbeitet. Leider kann ich dies aus Platzgründen nicht ausführen, möchte aber noch einen ganz anderen Aspekt des Gottesbildes anfügen, der in der *Praxis* eminent wichtig ist, nämlich die Frage nach dem Gottesnamen. Dieser ist sowohl der ursprünglichen Bedeutung nach als auch in seiner Übersetzung deshalb so wichtig, weil es schließlich nicht gleichgültig ist, wie und mit welchem Namen ich Gott anrede, in Gebet und Lied anrufe. Auch dieses Problem des Gottesnamens JHWH gehört in die Spätzeit Israels, in der zahlreiche Verengungen stattgefunden haben. Das heilige Tetragramm (so genannt, weil es aus vier hebräischen Konsonanten besteht) wird nach dem Exil aus übergroßer Ehrfurcht vor dem Gottesnamen nicht mehr ausgesprochen. Man liest überall, wo es in der hebräischen Bibel vorkommt, ‚*adonaj* = Herr. Das Griechische übersetzt dies konsequent mit Kyrios, d. h. auch „Herr". Othmar Keel sagt zu dieser Verschiebung durch die Übersetzung „Kyrios":

> „Durch diese stille Revolution sind zahlreiche Facetten Jahwes rabiat eingeebnet und nivelliert worden. Der Sturmgott, der leidenschaftliche Kämpfer, der solidarische Bruder, die Ordnung schaffende und Gerechtigkeit verwirklichende Sonnengottheit, die bedingungslose Liebe derer, die geboren hat, und vieles, was mit dem ‚Er wird da sein' eng verbunden war, wurde nun dem 6800mal repetierten ‚Herr' zu- und untergeordnet. Auf einem Throne sitzend, beherrschte der Herr weitgehend den Horizont. Dieses hierarchische und starre Bild erwies sich im Gegensatz zum Eigennamen ‚Jahwe' neuen Erfahrungen gegenüber als weitgehend immun, denn es war nicht nur ein Name, sondern vor allem eine Gestalt."[17]

Diese Übersetzung „der Herr" ist sehr stark in die Kirchensprache und in zahlreiche Lieder eingegangen. Von der ursprünglichen Bedeutung des Gottesnamens ist sie aber weit entfernt.

2.3.3 Der Gottesname JHWH

Was heißt nun ursprünglich JHWH? In einer der wenigen Interpretationen, die wir für den Gottesnamen haben, in der Erzählung über Mose vor dem brennenden Dornbusch (Ex 3), wird eine theologische Deutung gegeben. JHWH wird abgeleitet von dem Verb *hjh,* d. h. „sein", „werden", „wirksam sein", „da sein für". JHWH stellt sich Mose demnach vor als ICH BIN DA (für euch). Mose bekommt den Auftrag, diese Gottheit dem Volk mit ihrem Namen vorzustellen. Damit will sie angerufen werden. JHWH ist ein hilfreicher Anrufname des rettenden Gottes. Wie bei einem kleinen Kind, das Angst hat, sagt die Mutter: „Ich bin doch da!"

[17] Othmar Keel, Wie männlich ist der Gott Israels?, in: Diakonia 24 (1993) 179-186, hier: 185.

Im alttestamentlichen Gottesnamen ist somit weder die Männlichkeit festgeschrieben noch die *Herrschaft.* Der Gottesname in der Deutung „Ich bin da" ist nicht auf Über- und Unterordnung aus, sondern auf den hilfreichen Beistand dieser Gottheit, die sich an allen heilbringenden zentralen Stellen im Alten Testament mit diesem Namen vorstellt, so z. B. in der Einleitung zum Dekalog, den Zehn Geboten:

> Ich bin Jahwe, dein Gott, der ich dich herausgeführt habe aus dem Lande Ägypten, aus dem Sklavenhaus. (Ex 20,2/Dtn 5,6)

Nie wird die Herrschaft oder die Männlichkeit mit dem Gottesnamen JHWH betont, wie dies in der Übersetzung „der Herr" durchgehend und monoton der Fall ist, sondern die hilfreiche Nähe und Menschenfreundlichkeit dieses Gottes Israels kommt darin zum Ausdruck.

Darum wende ich mich vehement gegen die überall gebräuchliche Übersetzung mit „der Herr", auch wenn ich damit alle Bibelübersetzungen einschließlich der Luther-Bibel gegen mich habe. Aber was im 16. Jh. richtig und einleuchtend war, muß es heute nicht mehr sein. Das Argument, daß Frauen sich an dieser Bezeichnung stoßen, weil die Anrede „der Herr" ein männliches Gottesbild weiter zementiert, reicht mir allerdings noch nicht aus. Vor allem ist von der hebräischen Bedeutung und Sinnfüllung der JHWH-Name damit schlicht falsch, d. h. irreführend wiedergegeben. Zudem ergibt sich bei dieser Gottesbezeichnung noch eine ganz verhängnisvolle Verwechslung mit der Bezeichnung Kyrios = der Herr für Jesus. Im ganzen Neuen Testament bekommt Jesus als der Christus die Ehrenbezeichnung Kyrios, das griechische Wort für „Herr", was wir ja am deutlichsten im „Kyrie eleison" jeder Messe beten und singen. Eine andere Wiedergabe des hebräischen Gottesnamens, damit in der Praxis nicht Jesus und Gott beständig in eins gesetzt werden, wäre auch von hier aus sehr zu begrüßen.

Wie soll man nun den JHWH-Namen in der Praxis übersetzen? Meine bisherige Lösung, den Gottesnamen *nicht* zu übersetzen, sondern als JHWH stehen zu lassen, damit er auf Interpretation hin offen bleibt, geht nur für den schriftlichen Gebrauch. Dies würde ich jedenfalls für künftige Bibelübersetzungen vorschlagen. Aber in der Liturgie, beim Vorlesen von Texten sowie bei zahlreichen Liedern müßte nach anderen Lösungen gesucht werden.

2.3.4 Die Gerechtigkeit (*ṣ^{e}daqah*)

Zum Schluß möchte ich auf den Anfang zurückkommen, auf die Gleichheit und Gleichwertigkeit von Mann und Frau und das Stichwort „Menschenrechte". Ausgeführt habe ich dies an dem theologischen Begriff der Gottebenbildlichkeit aus Gen 1. Nun ist der Begriff der Gottebenbildlichkeit theologisch schwer belastet.

Auch ist er nur zu vermitteln, wenn ich mich auf die Bibel einlasse und den recht mühsamen Weg einer exegetischen Aufarbeitung von mehr als zweitausend Jahre alten Texten auf mich nehme. Für Menschen, die in der christlichen Geschichte nicht mehr stark verwurzelt sind, gibt es aber einen anderen Begriff, der sich eignet, das genannte Anliegen auszudrücken. Es ist der Begriff der *Gerechtigkeit.* Dieser wird dann auch in zahlreichen neueren Dokumenten und Anfragen von Frauen benutzt, um den Androzentrismus in Theologie und Praxis zu kritisieren. Der Begriff „Gerechtigkeit“ stammt zwar auch aus der Bibel, aber er ist für eine nicht-biblisch orientierte Öffentlichkeit weniger belastet als der Begriff der Gottebenbildlichkeit. *ṣ*^{e}*daqah*, Gerechtigkeit, ist ein zentraler Begriff des Alten Testaments. Zuständig für Gerechtigkeit, für das Gleichgewicht auf Erden, ist überall im Alten Orient die höchste Gottheit. „Gerechtigkeit“ ist damit nicht auf die Bibel beschränkt, es ist ein umfassender Begriff der altorientalischen Weltdeutung und geht auf den Sonnengott zurück. So wie die Sonne alles durchleuchtet und sich vor ihr nichts verbergen läßt, so ist die Gerechtigkeit Gottes überall, und vor ihr liegt alles in hellem Licht. Auf der Stele des Codex Hammurapi von Babylon, einer Gesetzessammlung, die fast tausend Jahr älter ist als die Bibel, übergibt der Sonnengott dem König Hammurapi die Gesetzestafeln. Der König ist also stellvertretend für die Sonnengottheit zuständig für Gerechtigkeit auf Erden, eine Gerechtigkeit, die sich besonders für die Benachteiligten und Rechtlosen einsetzen muß. Diese alten Vorstellungen sind so tief in unsere Traditionen eingegangen, daß wir noch heute Kirchenlieder singen wie „Sonne der Gerechtigkeit, gehe auf in unserer Zeit ... “, obwohl wir nicht mehr eine Sonnengottheit verehren!

Was heißt nun im Alten Testament „*ṣ*^{e}*daqah*, Gerechtigkeit“? Zunächst ist sie nicht ein juristischer Begriff, sondern beschreibt ein Verhältnis zwischen Personen. Wenn einer/eine dem Anspruch aus einem bestimmten Verhältnis nachkommt, ihm gerecht wird, dannn ist sein/ihr Verhalten gerecht.

Gerechtigkeit ist darum nicht in erster Linie an eine *Norm* gebunden, sondern an ein persönliches Verhältnis. „Gerecht sein“ heißt gemeinschaftstreu handeln. Wenn das vom Menschen ausgesagt ist, heißt dies vor allem, daß der Mächtigere sich für den Schwachen und Unterdrückten einsetzen muß und dadurch das richtige Gleichgewicht in der Welt wiederhergestellt wird. Gottes Gerechtigkeit zeigt sich vor allem daran, daß Gott Partei ergreift für die Schwachen, genannt werden häufig die Gruppen der „Armen, Witwen und Waisen“, das ist eine Zusammenstellung derer, die keinen Rechtsbeistand haben und darum besonders auf die Hilfe Gottes angewiesen sind.

In allen diesen Gruppierungen bilden Frauen regelmäßig die Mehrheit. Die Gerechtigkeit Gottes anrufen heißt darum in den meisten Fällen nichts anderes, als seine Hilfe erbitten. Denn normalerweise betet ja nicht der Unterdrücker, sondern der Unterdrückte, der für sich oder Andere um Hilfe aus der Not ersucht, um ein

Eingreifen Gottes und um Wiederherstellung eines gestörten Gleichgewichts. Ziel ist dabei ein partnerschaftliches Verhältnis zwischen einzelnen und Gruppen.

Dieses Gleichgewicht, die gerechte Weltordnung, wird z. B. in Ägypten durch eine Göttin, *Ma'at*, vorgestellt. Überall, wo ein gerechtes Gleichgewicht gestört ist, gerät die ganze Weltordnung durcheinander. Interessanterweise wird noch im Römischen Reich und im römischen Recht *Iustitia* mit einer Waage dargestellt, ein Zeichen, wie wichtig diese Vorstellung von einem gerechten Abwägen, vom Gleichgewicht in der Welt, ist.

Wendet man dies alles auf die Frage der Gerechtigkeit für Frauen an, so ergibt sich hier ein wichtiges Stichwort für die aktuellen Forderungen nach Gerechtigkeit und Gleichbehandlung.[18] Denn es besteht doch kein Zweifel, daß überall dort, wo Männer und männliche Strukturen dieses Gleichgewicht stören und Frauen unterdrücken, häufig sogar mit direkter Gewalt, die gerechte Weltordnung gestört ist. So haben denn auch viele der neusten Papiere von Frauen aus der Basis das Stichwort „Gerechtigkeit" gewählt, um ihre Kritik und ihre Desiderate zu formulieren, ich nenne nur als letztes Beispiel das Arbeitspapier des kfd „Herausforderung Gerechtigkeit" vom Mai 1999.[19] Könnte die Vision einer umfassenden Gerechtigkeit im Sinne der alttestamentlichen *ṣ^{e}daqah* verwirklicht werden, wären alle Kritikpunkte der feministischen Theologie erledigt. die Realisierung solcher Visionen erscheint mir allerdings wie eine Utopie. Aber die beste und für mich wünschenswerteste Variante feministischer Theologie wäre die, daß sie überflüssig wird, weil ein Gleichgewicht von Gerechtigkeit auf allen Gebieten erreicht wäre, von dem wir zur Zeit nur träumen können.

[18] Vgl. dazu Denise Buser/Adrian Loretan (Hg.), Gleichstellung der Geschlechter und die Kirchen. Ein Beitrag zur menschenrechtlichen und ökumenischen Diskussion, Fribourg 1999.

[19] Leitlinien 99 – Herausforderung Gerechtigkeit, 12.-15. 5. 1999. Delegiertenversammlung der Kath. Frauengemeinschaft Deutschlands, kfd.

Gedruckte Beiträge zu Einzelfragen in Sammelwerken

3 Genesis 1-11 Die Urgeschichte[1]

3.1 Vorbemerkung zum methodisch-hermeneutischen Ansatz

Meine exegetische Arbeit ist der historisch-kritischen Methode verpflichtet, die mit einem spezifisch feministischen Blickwinkel kritisch geschärft wird. Dabei richtet sich diese Kritik besonders gegen den Androzentrismus der bisherigen Auslegung, d.h dagegen, daß de facto der männliche Maßstab in der Auslegung der maßgebende war und ist. Dazu gehört auch, daß die Bibel immer *selektiv* gelesen und interpretiert wurde, wobei diese Auslegung die Bibel auch häufig zur Zementierung männlicher Herrschaft/Überlegenheit mißbraucht hat. Deswegen ist es unbedingt erforderlich, immer konsequent zwischen biblischen Texten selbst und ihrer *Wirkung* in der *Rezeptionsgeschichte* zu unterscheiden. Unter Rezeptionsgeschichte verstehe ich alle Formen der Aneignung bzw. Umsetzung biblischer Texte, nicht nur die exegetisch-wissenschaftlichen, sondern auch die in Kunst, Liturgie und Literatur sowie in der im engeren Sinne theologischen, z. B. bei den Kirchenvätern. Häufig war die Rezeptionsgeschichte bestimmter biblischer Motive – zu denken ist im Zusammenhang dieses Beitrags vor allem an die erste Frau – negativer ausgefallen als die Aussagen der Bibel selbst. Das heißt aber nicht, daß die biblischen Texte, die unbestritten in einer patriarchalen Gesellschaft entstanden sind, von der feministischen Kritik ausgenommen seien. Auch hier ist eine Schwarz-Weiß-Malerei, etwa in der Art: positive biblische Texte – negative Rezeptionsgeschichte, zu vermeiden.

3.2 Die verhängnisvolle Einengung der Urgeschichte auf „Frau“ und „Sündenfall“ in der christlichen Überlieferung

In einer rund zweitausendjährigen Tradition sind die Aussagen der ersten elf Kapitel der Genesis sehr stark auf bestimmte Themen eingeengt worden, die in der *christlichen* Theologie eine beherrschende Rolle gespielt haben, so auf die Rolle der Frau, vor allem ihrer Zweitrangigkeit und ihrer Unterordnung unter den Mann, dann die Fixierung auf den sog. Sündenfall (Gen 3), in dem die Frau als der aktivere Teil, als sog. Verführerin, stark herausgestellt wurde. Diese beiden Probleme,

---

[1] veröffentlicht in: Kompendium Feministische Bibelauslegung (Hg. Luise Schottroff/Marie-Theres Wacker), Gütersloh 1998,1-13. Englische Übersetzung in: Feminist Biblical Interpretation. A Compendium of Critical Commentary on the Books of The Bible and Related Literature, Cambridge 2012, 1-14.

die regelmäßig dem weiblichen Teil der Menschheit die belastetere Rolle zuweisen und damit den Mann in der Frage des Bösen entlasten, haben in einem großen Maß das sog. christliche Frauenbild bestimmt. Viele Frauen haben diese einengende Interpretation auch verinnerlicht. Erschwerend kommt hinzu, daß einige neutestamentliche Schriftsteller eine solche Sicht, die sich bereits im Zusammenhang der antiken Auslegung herausgebildet hat, übernommen haben und damit über die Kirchenväter das ganze Mittelalter bestimmten. Dagegen hat die jüdische Tradition die frauenfeindliche Rezeptionsgeschichte weitgehend links liegen gelassen. Durch die Höherbewertung der neutestamentlichen Aussagen gegenüber den alttestamentlichen ist dagegen das christliche Frauenbild weitaus negativer ausgefallen als das nachchristlich-jüdische.

Gegenüber diesen selektiven Wahrnehmungen muß die Urgeschichte *als ganzes* wieder in den Blick genommen werden. Sie ist ein Komplex, der von den biblischen Schriftstellern in ihrem Ablauf weitgehend von der altorientalischen Umwelt übernommen wurde. Die einzelnen Erzählungen sind wesentlich älter als die Bibel, und der Spannungsbogen von der Schöpfung bis zur Flut war *allen* biblischen Schriftstellern vorgegeben. Interessant ist nun vor allem, wie diese das vorgegebene Material übernehmen, verändern und ihrer eigenen Glaubenssituation anpassen. Dabei soll in meinen Ausführungen das Menschenbild im Vordergrund stehen.

Die „Urgeschichte“ kann man als eigenen Komplex von der späteren Geschichte des Volkes Israel abheben, die mit Sara und Abraham beginnt (Gen 12). Dabei wollen ihre Aussagen Menschheitsprobleme ansprechen, nämlich all das, was vor und außerhalb des geschichtlich Greifbaren eine Rolle spielt, wie etwa: Woher kommt der Mensch, was ist der Mensch, was ist seine Bestimmung, wieso das Böse, wenn doch Gott eine gute Welt geschaffen hat, wieso die Auseinandersetzungen zwischen den Menschen, zwischen Mann und Frau, zwischen Brüdern, zwischen dem Menschen und seiner Umwelt usw. Alle diese Menschheitsfragen sind natürlich grundlegend für jede Theologie. Darum hat die Auslegung der ersten Genesiskapitel auch immer eine herausragende Stellung eingenommen.

3.3 Der ältere Teil der Urgeschichte (Gen 2-11)

Die Quelle, der man historisch-kritisch die älteren Bestandteile von Gen 1-11 zuweist, der sog. Jahwist, ist heute stark umstritten, vor allem, was seine Datierung betrifft. Sicher scheint aber, daß die mehr narrativen Teile, die ihm zugeschrieben werden, älter sind als die späteren, im Exil und danach entstandenen Kapitel der Priesterschrift (P), und daß man ihre Niederschrift in der sog. Königszeit Israels (10.-6.Jh. v. Chr.) ansetzen kann.

Dem Jahwisten zuzurechnen sind die beiden Kapitel über die Erschaffung des Gartens und des Menschen, die Erschaffung der Frau und die Übertretung des von Gott gegebenen Gebots (Gen 2 und 3), die Erzählung von Kain und Abel und die über Lamech (Gen 4), die mythische Geschichte über die Göttersöhne und die Menschentöchter (Gen 6,1-4) sowie die älteren Teile der Sintflutgeschichte (Gen 6-9) und nach der Sintflut noch die Erzählung vom Turmbau (Gen 11).

Für die Frauen negativ ausgewirkt hat sich die Weichenstellung seit der hellenistischen Zeit, weil hier ausgerechnet jene Texte ausgewählt wurden, die Frauen oder einer Frau eine besondere Rolle zuweisen. Das sind aus der Urgeschichte Gen 2 und 3 sowie Gen 6, 1-4.

In Gen 3 steht die Frau im Zentrum des Geschehens und spielt die aktive Rolle, während der Mann in dieser Erzählung völlig passiv ist. In Gen 6,1-4 sind zwar die Frauen passiv, werden aber in der Spätzeit zu aktiven Verführerinnen (s.u.). Daß die christliche Tradition ausgerechnet die Geschichte von Gen 3 ausgesucht hat, um den sog. Sündenfall daran festzumachen, hat seine Vorläufer in der spätantiken Rezeption dieser Geschichte. In der alttestamentlichen Bibel selbst ist diese nur an einer einzigen Stelle greifbar, Sir 25,24:

> Von einer Frau nahm die Sünde ihren Anfang,
> ihretwegen müssen wir alle sterben. (EÜ)

Dieser Satz, der in der Folgezeit in allen frauenfeindlichen Auslegungen vorkommt, bezieht sich eindeutig auf Gen 3. Für die katholische und orthodoxe Tradition steht dieser Satz im Kanon der Heiligen Schrift, während das Buch Sirach in den Kirchen der Reformation ein apokryphes Buch ist; auch im jüdischen Kanon fehlt es.

So ist die frauenfeindliche Linie von Gen 3 bis Sir 25,24, die in dem spätnachpaulinischen Brief 1 Tim 2,8-15 weitergeht, ein besonderes katholisches Problem. Daß im ganzen übrigen Alten Testament, vor allem bei den Propheten, die ja häufig über Schuld und Sünde reflektieren, keine einzige Anspielung auf die Frau von Gen 3 zu finden ist, sollte zu denken geben. Die Identifikation von Frau und Sünde (meist noch verbunden mit Sexualität und Leiblichkeit) stammt somit nicht aus den Genesistexten, sondern ist das Produkt einer tendentiösen Interpretation, die von der christlichen Tradition, besonders von asketischen Kreisen, übernommen und weiter ausgebaut wurde.

Erschwerend kommt für das christliche Frauenbild hinzu, daß bereits im 2. Jh. analog zu der paulinischen Typologie Adam – Christus die typologische Entgegensetzung Eva – Maria eingeführt wurde. Dabei kam die sündige Eva als negative Folie gegenüber der vollkommenen Maria zu stehen (Belege zu den ersten Jahrhunderten s. Leisch-Kiesl 40 ff). Auch diese Weichenstellung wirkte sich in der katholischen Kirche stärker aus als in der reformatorischen, in der Maria nicht diese Vorbildfunktion hat. Nochmals anders ist es in der jüdischen Entwicklung, die diese Entgegensetzung gar nicht kennt, wohl aber Eva eine andere Frau entgegenstellt, Lilit, die erste Frau Adams, die hier die negative Rolle spielt (s. Radford Ruether 1987, 123 ff), während Eva als die „Mutter aller Lebendigen" hohe Achtung genießt. Da die jüdische Theologie auch keinen „Sündenfall" und keine Erbsünde kennt, entfallen die stark negativen Entwicklungen der Eva-Figur, wie sie im christlichen Bereich eine Rolle spielten, fast ganz.

3.3.1 Gen 2 und 3

Die beiden Kapitel Gen 2 und 3 gehören zusammen, sie sind eng aufeinander bezogen durch ihren Inhalt, aber auch durch zahlreiche Stichworte bzw. Wortspiele, die z.T. in der deutschen Übersetzung verloren gehen. Nun dürfen diese urgeschichtlichen Erzählungen nicht als historische Aussagen gelesen werden. Dies hat die christliche Tradition bis zur Durchsetzung der historisch-kritischen Methode weitgehend getan und sehr viel Mühe darauf verwandt, die zahlreichen Unstimmigkeiten und Widersprüche in den Erzählungen auszugleichen. An eine historische Abfolge ist aber Gen 2 und 3 nicht gedacht, sondern die Kapitel sind als *parallele* Erzählungen nebeneinander zu lesen: Gen 2 schildert, wie Gott die Erschaffung von Mann und Frau geplant hat, d.h. das gottgewollte Miteinander des Menschen als Paar wird beschrieben, Gen 3 dagegen schildert die Verhältnisse, wie sie de facto sind. Sobald nach „vorher" und „nachher" gefragt wird (z.B. nach einem „Urzustand"), wird die ursprüngliche Intention der Erzählung verfehlt.

Der biblische Erzähler hat ganz eindeutig ein besonderes Interesse an der Frau, denn er erzählt die Erschaffung der Frau in einem eigenen Akt, während altorientalische Vorlagen dies nicht tun. Die anzunehmenden Vorlagen der biblischen Erzählungen haben denn auch nur von der Erschaffung des Menschen (*ʿadam*) gesprochen. Dieser *ʿadam* (Erdling) ist aus der *ʿadamah* (Ackererde) genommen und muß dann am Schluß auch zu ihr zurück, d.h. sterben. *ʿadam* wird in den Garten gesetzt und am Schluß aus dem Garten vertrieben. Das Gerippe der Erzählung hat somit *ʿadam* (Mensch) als Gattung zum Inhalt. Wäre *ʿadam* nicht *jeder* Mensch, Mann und Frau, wäre die Frau unsterblich, ein absurder Gedanke! Mit *ʿadam* und *ʿadamah* liegt das erste Wortspiel von Gen 2f vor, mit *,iš* und *,iššah* ein anderes, das im Zentrum von Gen 2, bei der Erschaffung der Frau, eine Rolle spielt.

Aus dem offensichtlich noch unfertigen oder auch androgynen *ʿadam* baut Gott eine Frau; daraus entsteht die geschlechtlich differenzierte Menschheit, *,iš* und *,iššah*. Höhepunkt dieses Textes ist der poetische Spruch in 2,23, die Verwandtschaftsformel

> Diese ist nun endlich Bein von meinem Bein
> und Fleisch von meinem Fleisch!

Damit drückt *ʿadam* seine Freude aus, eine Partnerin gefunden zu haben, die ihm entspricht. Wie das Hohelied, das beschreibt, wie das unbefangene Miteinander von Mann und Frau nach Gottes Willen auszusehen habe, so gibt hier der Jahwist eine Darstellung, wie das Leben von Mann und Frau in der guten Schöpfung Gottes auszusehen hätte. Eine Aussage über die Ehe ist hier nicht gemacht, es wird ganz grundsätzlich der Mensch als Paar in der idealen Beziehung geschildert. Die zahlreichen Parallelen zum Hohenlied, auch mit der Metaphorik des Gartens, wurden zuerst von Phyllis Trible herausgearbeitet. Für den männlichen Verfasser der Erzählung wird aus *ʿadam*, sobald er die Frau hinzufügt, selbstverständlich ein *Mann.* Dies kann Anlaß zu Mißverständnisssen bereits in der Erzählung selbst geben.

In der christichen Tradition wurden besonders die Begriffe „Rippe“ und „Hilfe“ herangezogen, um die Zweitrangigkeit und Minderwertigkeit der Frau zu belegen. Dies ist vom hebräischen Text nicht gedeckt. Der masc. Begriff *‚ezer k^{e}negdo* (eine Hilfe, ihm gegenüber) bedeutet nicht eine untergeordnete Hilfe im Sinne einer Dienstmagd, sondern geradezu eine besonders *qualifizierte* Hilfe: das masc. *‚ezer* wird an fast der Hälfte aller vorkommenden Stellen von Gott gebraucht, wenn es um den Beistand geht, den der Mensch selbst nicht leisten kann. Es geht auch nicht um die Hilfe bei der Kinderzeugung, wie etwa der Kirchenlehrer Augustinus meinte (De genesi ad litteram XI, 5), sondern um eine ganz substantielle Hilfe für den Menschen selbst (vgl. Schüngel-Straumann, Frau am Anfang 30 f.).

Gen 3 zeigt nun die Verhältnisse, wie sie in Wirklichkeit sind: Das Vertrauen zwischen den Geschlechtern ist gestört, die Menschen werden weder ihrer Beziehung zu Gott noch zueinander gerecht. Ausgedrückt wird die Störung durch die Scham, wobei etwas viel Grundsätzlicheres als das sexuelle Sich-Schämen voreinander gemeint ist. Der Verfasser macht hier ein Wortspiel mit der Wurzel *‚arom/’arum* (nackt/klug), das die beiden Kapitel verbindet. Kap. 2 hört mit der Bemerkung auf, daß die Menschen *nackt* (*‚arom*) sind, aber sich nicht voreinander schämen. In Gen 3 schämen sie sich dann voreinander – und vor Gott! – und verstecken sich. Die Schlange wird in Gen 3,1 neu eingeführt und beginnt einen Dialog mit der Frau. Sie ist klüger (nackter?) als alle Tiere des Feldes, sie verheißt der Frau Klugheit, aber was die Menschen nachher entdecken, ist nur ihre Nacktheit (Gen 3,7). So windet sich die Schlange um die Begriffe *‚arum/’arom*, indem sie die Frau irreführt, wörtlich „täuscht“.

Für die Schlange – sie ist sowohl ein Symbol der Weisheit wie auch ein Symbol für in der Sicht alttestamentlicher Autoren verpönte Kulte – gibt es unzählige Erklärungsversuche. Nach dem Text ist sie ein *Geschöpf,* nicht wie in der späteren Auslegung eine teuflische Gegenmacht. Sie stellt das dar, was Israel immer wieder dazu bringt, nicht auf die Stimme Jahwes, sondern auf andere Stimmen zu hören, wenn diese ihr Anliegen nur geschickt genug vorbringen.

Schwieriger ist die Frage nach der Rolle der Frau. Warum läßt der biblische Verfasser diese *allein* mit der Schlange diskutieren – wo bleibt der Mann? Alle gängigen traditionellen Deutungen, daß die Frau verführbarer, anfälliger für die Sünde und fleischlicher sei, sind abzulehnen. Daß der Verfasser die Frau und nicht den Mann unter den Baum stellt, ist im Zusammenhang der altorientalischen Ikonographie zu sehen: Oft sind Baum und Frau, Baum und Göttin miteinander verbunden, und der Akt des Zu-Essen-Gebens ist eine Sache der Frauen; sie sind für die Ernährung zuständig. Der Jahwist war also einem bestimmten Formzwang unterworfen, er *konnte* gar nicht anders, als die Frau unter den Baum zu stellen. Mit einer größeren Affinität von Frau und Sünde hat dies nichts zu tun. Die Zusammenstellung ist zunächst wertfrei. Der Jahwist gibt somit in Gen 3 keine Erklärung für das Böse – das tut auch die ganze Bibel nicht –, er zeigt die Tatsache auf: Das Böse ist in der Welt, aber er benennt dafür keinen Sündenbock, wie es eine frauenfeindliche Auslegung getan hat.

Ein besonderes Problem in Gen 3 sind die ätiologischen Zustandsschilderungen, die Aussagen über die Schlange, die Frau und den Menschen machen. Es ist verhängnisvoll, diese poetischen Sprüche als „Strafen“ zu interpretieren, wie dies häufig der Fall war und ist. Die Folge der Übertretung ist die Vertreibung aus dem Garten durch Gott, analog dem Hineinsetzen des Menschen in den Garten (Gen 2,8//3,23f). Der Verfasser beschreibt in diesen Sätzen ätiologisch das, war er in seiner Zeit vorfindet: die mühselige und oft vergebliche Arbeit auf dem Ackerboden und die Beschwerden der Frau bei Schwangerschaften und Geburten, sodann die Herrschaft des Mannes über die Frau. Die Formulierung zeigt, daß diese Zustände *nicht* gottgewollt sind. Wie Gott das Verhältnis zwischen Mann und Frau wollte, war Gen 2 beschrieben. Daß es nun pervertiert ist, das Vertrauen zerstört, anstatt Freude aneinander, Herrschaft des einen über das andere, bringt der Verfasser mit aller Deutlichkeit zum Ausdruck. Jedoch gibt schon die Übersetzung der Sprüche über die Frau Anlaß zu Fehlinterpretationen: Häufig werden sie als *Gebotssätze* übersetzt, so als handle es sich um Vorschriften, die einzuhalten sind.

> Mit Schmerzen sollst du Kinder gebären!
> Nach deinem Mann wirst du verlangen;
> er aber soll dein Herr sein! (Zürcher Bibel)

Daß diese Sätze jedoch ätiologische Zustandsschilderungen sind, keine Gebote, ist heute bei Exegeten und Exegetinnen unbestritten. Sie wären demnach im Präsens oder Futur zu übersetzen:

> „Er herrscht über dich“ oder „Er wird über dich herrschen“.

Die erste Aussage über die „Schmerzen“ beim Kindergebären, die viele Frauen auch heute noch veranlaßt, alle Erniedrigungen, die mit dem sexuellen Bereich zusammenhängen, als verdiente Strafe für den „Sündenfall“ zu verinnerlichen, steht so gar nicht im Text. Gen 3,16 spricht lediglich von Mühsal/Beschwer, und zwar mit den gleichen Termini wie bei der Arbeit des Menschen und der damit verbundenen Mühsal. Die Übersetzung mit „Schmerzen“ ist ein Hineininterpretieren, das dem Text nicht gerecht wird. Es soll nicht bestritten werden, daß Gebären mit Schmerzen verbunden ist, doch steht dies nicht im Text. Die meisten Übersetzungen sind hier typisch für den rein männlichen Blick von außen. Die Ambivalenz gerade dieses Vorgangs, wie Frauen ihn erleben – Schmerz *und* Freude –, kommt so gar nicht in den Blick.

Zum Schluß sei noch etwas über die Benennung der Menschen, besonders der Frau, gesagt. Außer der geschlechtlich differenzierenden Bezeichnung von *,iš* und *,iššah* enthält Gen 2f nur noch eine Benennung, nämlich am Schluß von Kap. 3 die Bezeichnung der Frau als *ḥawwah* (abgeleitet von *ḥaj* = Leben, „Mutter aller Lebendigen“). Diese Bezeichnung hat im Text keinen Anhalt, denn erst in Gen 4,1 wird von der ersten Geburt berichtet. Dort hat der Name *ḥawwah*, der später dann mit *Eva* wiedergegeben wird, einen viel besseren Platz. Da der Name sonst in der ganzen hebräischen Bibel nicht mehr vorkommt, ist wohl an einen Zusatz zu denken. Die jüdische Interpretation hat aber gerade hier angesetzt, um die erste Frau als „Mutter aller Lebendigen“ positiv hervorzuheben.

Diese Verklammerung der beiden Kapitel Gen 3 und 4 durch den Namen der ersten Frau zeigt die enge Verbindung dieser beiden Verfehlungsgeschichten. Auch sonst sind sie inhaltlich und terminologisch eng aufeinander bezogen. Am Schluß von Gen 4,1-16 erfolgt ebenso eine Vertreibung wie am Ende von Gen 3, Kain wird vom Ackerboden verwiesen, ja er wird verflucht, während in Gen 3 keiner der Menschen verflucht wird, einzig die Schlange trifft dort der Fluch (Gen 3,14). Man kann also in Gen 4 eine Steigerung zu Gen 3 sehen.

3.3.2 Die männlichen Gewalttaten in Gen 4-11

Der jahwistische Verfasser setzt unmittelbar an die Geschichte vom sog. Sündenfall die Erzählung von Kain und Abel und damit den ersten Mord. Im Verlauf der weiteren Urgeschichte zeigt er eine Anhäufung von männlicher Gewalttat, die mit Gen 4 beginnt. Sobald zwei Männer in Konkurrenz zueinander treten, bringt der eine den anderen um. Für den Verfasser ist die Sündenverfallenheit der Menschheit ein so umfassendes Phänomen, daß er sie nicht an *einer* Erzählung allein festmachen kann, sondern daß er unterschiedliche Ansätze braucht, um diese Facetten zu umschreiben. In Gen 4 taucht nun auch das erstemal in der hebräischen Bibel ein Wort für „Sünde“ auf. Interessant ist ja, daß in Gen 3 ein solcher Terminus fehlt, und dies bei der Tatsache, daß das Hebräische über ein halbes Dutzend Begriffe für Sünde und Schuld kennt. Erst Gen 4,7 finden wir erstmals einen Hinweis, und zwar bezeichnenderweise in der Warnung Gottes an Kain, sich dieser Sünde zu widersetzen, d.h. seinen Bruder nicht zu töten. „Sünde“ ist hier etwas Dämonisches, das auf den Menschen lauert, und Kain ist aufgefordert, dagegen anzugehen, was er schließlich nicht tut, ja auch nicht versucht. Sünde wird hier gleichgesetzt mit Gewalttat gegen den Bruder.

In Gen 4,23f, bei der Beschreibung Lamechs, wird die Gewalt noch fast unendlich gesteigert, wenn dieser seine Rachsucht besingt. Schließlich erhält die Auflehnung gegen Gott noch eine andere Variante in der Turmbauerzählung Gen 11,1-9. Hier geht es darum, „sich einen Namen zu machen“ und von Gott unabhängig zu werden. Die Männer, die den Turm bauen, planen eine besondere Art von Aufstand gegen Gott. Möglicherweise zeigt diese letzte Erzählung der jahwistischen Urgeschichte, daß auch nach der Sintflut (s.u.) die Menschheit in keiner Weise anders oder besser geworden ist als vorher.

Frauen spielen in all diesen Erzählungen keine Rolle außer als Mütter der aufgezählten Männer. Anders ist dies in Gen 6,1-4.

3.3.3 Gen 6,1-4

Unmittelbar vor der Sintfluterzählung hat der Jahwist ein wohl altes mythisches Stück eingefügt, das von einer Verbindung der „Göttersöhne“ mit irdischen Frauen berichtet. Diese (sexuellen) Verbindungen werden nicht gebilligt, sie dienen als ätiologische Erklärung für eine bestimmte Sorte von Helden oder Riesen, die wegen ihrer Größe oder Kraft auf eine besondere Verbindung zum „Himmel“ schließen lassen. In diesen kurzen vier Versen, die offenbar zeigen wollen, wie die Sündenverfallenheit immer größer wird, wenn sogar die „Himmlischen“ daran teilnehmen, spielen die Frauen eine rein passive Rolle.

Interessant für eine feministische Auslegung ist nicht nur dieser kurze biblische Text, sondern die Rezeption, die er in zahlreichen Apokryphen erfahren hat. In den letzten Jahrhunderten vor der Zeitenwende war das Interesse an allen Arten von Himmelswesen (Engel) äußerst ausgeprägt (-> Tob), und die kurze Erzählung hat zahlreiche apokryphe Schriften und Kommentare hervorgebracht, die in den schillerndsten Farben die Verbindung der „Engel“ mit den Erdenfrauen ausmalen. Da es nicht möglich ist, sie umfassend zu zitieren, sei der ganz andere Blickwinkel und damit auch eine viel negativere Sicht der Frauen nur kurz zusammengefaßt. Während in Gen 6,1-4 die Frauen rein passiv waren – sie sind die Opfer der Göttersöhne, eigentlich handelt es sich um Vergewaltigungen –, wandert in den Apokryphen die Aktivität immer stärker zu den Frauen über: Sie sind es, die die

Himmlischen verführen, von ihren Höhen herabziehen, durch ihre Schönheit betören (vgl. bes. drastisch äthHen 6-11). Die Texte sind nun auch durchgehend mit Wertungen verbunden. Ein anderer Aspekt kommt noch hinzu: Die Engel werden durch die irdischen Frauen „verunreinigt", sexuelle Begierde wird mit den Frauen gleichgesetzt, und durch diese Begierde kommt letztlich das Böse in die Welt. In allen diesen Texten, die hellenistisch beeinflußt sind, findet sich eine stark dualistische Entgegensetzung von Geist und Fleisch, wie sie in der hebräischen Bibel nicht vorhanden ist. Die Menschentöchter von Gen 6,1-4 repräsentieren in diesen Auslegungen das Fleisch, das Niedrigere, die sexuelle Begierde, das Böse.

Diese zahlreichen Schriften der hellenistisch-römischen Zeit, die sowohl von neutestamentlichen Schriftstellern, bes. Paulus, wie auch später von nicht wenigen Kirchenvätern aufgenommen wurden, stammen aus männlich-asketischen Kreisen und spiegeln eine typisch männliche Angst vor Sexualität wieder, die in den Himmel projiziert wird. Da die Tendenz dieser Schriften so viel Unheil angerichtet hat – ein unterirdischer Strom geht von hier bis zum „Hexenhammer" im 15. Jh. – ist es unbedingt nötig, sie heranzuziehen und aufzuarbeiten (vgl. die Arbeit von Küchler).

3.3.4 Die Sintflut

Die ältere Variante der Sintfluterzählung in der Quelle J läßt an zahlreichen Stellen die orientalischen Vorlagen noch durchschimmern. Deshalb gibt es in dieser Erzählung eine Reihe von Widersprüchen, die durch den langen Entwicklungsprozeß verständlich werden. Daß die Götter als Strafe für menschliches Fehlverhalten eine Flut schicken, ist gemeinorientalisch. Die *Begründung* für die Strafe ist aber bei J mehr auf den Menschen bezogen: Der Mensch ist für seine Taten und deren Folgen *verantwortlich,* das betont der biblische Verfasser mit aller Deutlichkeit bei seiner Einleitung in die Sintflutgeschichte (Gen 6,5-7).

In diesen drei Versen findet sich viermal der Begriff *ʿadam* für die Menschheit. Zuerst wird auf ihre Bosheit verwiesen, dann beruft sich Jahwe auf die Erschaffung der Menschen. Mit dem Kollektivbegriff *ʿadam* ist somit wie in Gen 2 und 3 alles eingeschlossen, was menschlich ist und was von der Tierwelt abgehoben wird, Frauen und Männer und natürlich auch Kinder. Alles, was menschlich ist, muß in der Sintflut ertrinken. Würde *ʿadam* nur Männer bezeichnen, wie eine spätere Fehlinterpretation immer wieder glauben machen wollte (s.u. zu Gen 1), wären in der Flut die Frauen nicht ertrunken, ein genauso absurder Gedanke wie in Gen 3, nur die Männer seien sterblich (vgl. Gen 3,19). Für die Menschen wird somit keinerlei Unterschied gemacht, weder was ihre Verderbtheit betrifft noch für die Konsequenzen, die daraus entstehen: *alle* sind in gleicher Weise schuldig, alle kommen auf die gleiche Weise um.

Etwas schwieriger wird es beim Gottesbild. Das Gottesbild der jahwistischen Sintflutgeschichte ist ambivalent. Am Ende der Flut verspricht Jahwe, daß er nie mehr eine solche Katastrophe über die Menschheit kommen lassen werde, und zwar unabhängig vom Verhalten der Menschen (Gen 8,21f). Jahwe, der nach der Sintflut spricht, erscheint als ein anderer, völlig verwandelt, die Menschen aber sind die gleichen geblieben, sie haben sich durch die Katastrophe nicht gebessert. Dieser Wandel kann durch die Texte der vorbiblischen Sintflutgeschichten, vor allem des Gilgameschepos, religionsgeschichtlich profiliert werden. So ist es im Gilgameschepos der Sturm- und Staatsgott Enlil, der die Sintflut anregt und in Gang setzt. Am Ende jedoch ist es die große Muttergöttin Ischtar, auch Schöpferin der Menschen, die es nicht ertragen kann, daß „ihre" Menschen ertränkt worden sind, und sie bricht am Ende der Flut in eine laute Klage aus (Gilgameschepos Tafel 11). Am Schluß wird wie in der biblischen Geschichte ein Opfer dargebracht, vom Genuß des Opfers schließt jedoch Ischtar den Verursacher der Flut, Enlil, aus. Das, was in den altorientalischen Erzählungen auf verschiedene Gottheiten verteilt war, wird beim Jahwisten nun in den einen und einzigen Jahwe zusammengefaßt. Die „einfachen" Charaktere des polytheistischen Kontextes werden zu einem „komplexen" Charakter des einen Gottes Jahwe, der sich von Enlil zu Ischtar wandelt (vgl. Keel 1989).

Auf dem Weg zum Monotheismus wird versucht, die verschiedenen Eigenschaften einer polytheistischen Götterwelt in diesem *einen* Jahwe zu verbinden. Die menschenfreundliche Seite der sumerisch-akkadischen Muttergottheit macht also die barmherzige Seite Jahwes aus. Für die Sintflutgeschichte heißt dies, daß am Schluß die mütterliche Seite diesen Kampf gewinnt, ein Kampf, der sich nach diesem Text unausgesprochen in Jahwe selbst vollziehen muß. Das Gottesbild des J ist damit auf dem Weg zu einer ganzheitlichen Sicht, in der männliche und weibliche Züge, die in anderen Kulturen auf mehrere Gottheiten verteilt sind, miteinander verbunden werden. Ein rein männlich verstandener Gott in der jahwistischen Urgeschichte – auch wenn Jahwe grammatisch immer in der männlichen Form genannt wird – würde dem Befund der Erzählungen nicht gerecht. So wie der Jahwist auf dem Weg ist zu einem ganzheitlichen Menschenbild, so versucht er auch, im Gottesbild die Züge männlicher und weiblicher Gottheiten auszugleichen, was freilich nicht ohne Härten gelingt.

3.4 Die priesterschriftliche Urgeschichte, bes. Gen 1,1-2,4a

3.4.1 P als Rahmen und als Korrektiv

Die Urgeschichte von Gen 1-11 enthält Bestandteile, die später verfaßt sind als das Werk des Jahwisten. Zu den priesterschriftlichen Anteilen, die besonders gut herauszuheben und zu datieren sind, weil sie wegen ihrer stereotypen Sprache, ihrer Vorliebe für Zahlen (Genealogien) und ihres systematischen Aufbaus gut zu erkennen sind, gehört vor allem der bekannte Schöpfungstext am Anfang der Bibel, Gen 1. Die Quelle P ist im Babylonischen Exil (587-538 v. Chr.) entstanden, einer Zeit starker Verunsicherung, in der man sich seines Glaubens und seiner Tradition neu bewußt werden wollte. Daß die ganze hebräische Bibel mit Gen 1 beginnt, zeigt die Bedeutung dieses Werkes, das wie ein Rahmen um den ganzen Pentateuch, die fünf Bücher Mose, gelegt ist. Da anzunehmen ist, daß die Priesterschrift die früheren Überlieferungen kannte, sind auch bewußte Korrekturen am Menschenbild und Gottesbild der älteren Texte anzunehmen.

Neben der Erschaffung des Menschen enthält Gen 1 noch andere Elemente, die für eine feministische Exegese von Interesse sind. So tritt in Gen 1,2 der grammatisch feminine Begriff *rûaḥ* auf, jene Geistkraft Gottes, die vor und bei der Schöpfung anwesend ist. Es ist davor zu warnen, Gen 1 als *den* biblischen Schöpfungstext zu nehmen, es gibt daneben zahlreiche Psalmen und andere poetische Texte, die ältere Schöpfungsvorstellungen enthalten als die gängige „Schöpfung durch das Wort“ (vgl. Ps 33 und 104), wie sie in Gen 1 zentral ist (vgl. ausführlich Schügel-Straumann 1992).

3.4.2 Das Menschenbild von Gen 1

Der Bericht von Gen 1 ist nach einem klaren Schema abgefaßt, den Verfassern war die Verteilung der mindestens acht Schöpfungswerke auf sechs Tage wichtig, denn Höhepunkt des Textes ist nicht die Erschaffung des Menschen, sondern der Sabbat. Gott ruht am siebten Tag, auf dieses Ziel hin ist der ganze Text ausgerichtet.

Für das Menschenbild und für eine feministische Exegese ist entscheidend, was über die Erschaffung des Menschen als Mann und Frau ausgesagt ist. Darum sollen die Ausführungen sich darauf konzentrieren, obwohl auch andere Aspekte, z.B. die ökologischen, gerade bei Gen 1 einen wichtigen Ausgangspunkt haben (vgl. Zenger 1987).

Am letzten Tag wird mit den Landtieren auch der Mensch geschaffen. Ganz grundsätzlich wird in diesen Versen Gen 1,26-28 die Stellung des Menschen in der Schöpfung, das Verhältnis zwischen Gott und Mensch, der Menschen untereinander und zur Schöpfung *theologisch* begründet. Anders als bei den übrigen Werken wird der Entschluß Gottes, Menschen zu schaffen, eigens genannt ("Laßt uns Menschen machen ... “ V. 26). Bereits in diesem Entschluß ist das Ziel angegeben, nämlich das Herrschen über alles vorher Geschaffene. Kern ist der poetische dreizeilige Mittelteil V. 27, der die Durchführung dieses Entschlusses berichtet:

27 a Und es erschuf Gott den Menschen als sein Bild:
b als Bild Gottes erschuf er ihn,
c männlich und weiblich erschuf er sie.

Die Differenz der menschlichen Geschlechter kommt genau in die Mitte dieses prägnanten Abschnittes zu stehen. Sie gehört somit zu Gottes guter Schöpfung und wird mit den Adjektiven „männlich und weiblich“ ausgedrückt. Wie Gen 2, wo bildhaft erzählt wurde, daß es nicht gut sei für *ʿadam*, den Menschen, allein zu sein, wird hier die Differenzierung der Geschlechter in einem einzigen Satz in die Abbildlichkeit Gottes hineingezogen. Der Mensch als ganzes, in seiner weiblichen und männlichen Ausprägung, ist Bild Gottes. Eine Aufteilung des Menschen etwa in Geist und Seele oder eine Beschränkung der Aussage auf die Seele, wie sie die christliche Anthropologie durchzieht, hätten die Verfasser von Gen 1 sicher gar nicht verstanden.

Der dritte Teil, V. 28, bringt den Segen über die so geschaffene Menschheit. Stellung und Aufgabe des Menschen auf dem Hintergrund altorientalischer Menschenvorstellungen werden hier formuliert. Der Mensch soll *herrschen,* und zwar als Stellvertreter Gottes, wie es im Alten Orient die Könige tun. Nach dem Ideal des guten Hirten, der sein Volk führt und leitet, soll der Mensch als Stellvertreter Gottes für die übrige Schöpfung Verantwortung tragen wie Gott für die Welt insgesamt. Der Mensch hat somit wie Gen 2 eine *Aufgabe*, Arbeit und Aufgabe gehören zur guten Schöpfung und sind nicht etwa eine Strafe. Wenn die Menschen aber nur über die übrige Schöpfung herrschen dürfen – nach dem Konzept von P dürfen sie ja nicht einmal Tiere töten, sondern ernähren sich vegetarisch –, heißt dies implizit und explizit: Der Mensch darf nicht über andere Menschen herrschen, das Herrschen über Menschen ist Gott *allein* vorbehalten. Damit ist ganz deutlich auch das Herrschen des Mannes über die Frau ausgeschlossen, denn beide, Mann und Frau, beherrschen/leiten die übrige Schöpfung; dies schließt überaus deutlich ein, daß sich keines der Geschlechter die Herrschaft über das andere anmaßen darf. Damit sagt die P etwas ähnliches wie die ältere Erzählung von Gen 3: Wenn der Mann über die Frau herrscht, dann ist dies *nicht* schöpfungsgemäß, dann ist dies eine Perversion der ursprünglichen Ordnung. Nur sagt es die P noch schärfer. Da diese Quelle keine Sündenerzählung kennt, nimmt sie diese programmatische Aussage zum Verhältnis der Geschlechter in die Aussage der Gottebenbildlichkeit hinein.

Bei der Redeweise „der Mensch“ gerät häufig aus dem Blick, daß immer *beide* Geschlechter gemeint sind. Beiden wird diese Leitungsfunktion übertragen, Mann und Frau, was allerdings im deutschen Wort „herrschen“ schon schwierig zu erkennen ist, weil es sprachlich eigentlich nur auf den Mann hinweist. Wenn aber der Mann *allein* die Welt beherrscht, kommt es zu einer ver-kehrten Ordnung, zu einer Perversion des ursprünglich Intendierten.

In den priesterschriftlichen Texten, die in der Urgeschichte auf die Gottebenbildlichkeit zurückkommen, wie Gen 5 und 9, wird ebenfalls deutlich, daß sie für *alle* Menschen gilt, und daß sie auch nach der Sintflut nicht verloren geht. In dem zentralen Satz Gen 9,6, wo dem Menschen (*ʿadam*) verboten wird, Menschenblut zu vergießen, wird ausdrücklich auf die Erschaffung des Menschen als Bild Gottes zurückverwiesen. In diesem Satz findet sich dreimal der Begriff *ʿadam,* der für *alle* Menschen gilt, anders wäre es ja erlaubt, Frauen zu töten! Die schlimmste Form, Herrschaft über andere Menschen auszuüben, nämlich ihn zu töten, wird hier mit der Berufung auf die Aussage, der Mensch sei Bild Gottes, untersagt.

Wie konnte es dazu kommen, daß man in der christlichen Auslegungsgeschichte die Aussage über die Gottebenbildlichkeit der Frau immer wieder abgeschwächt, ja, teilweise sogar geleugnet hat, und zwar noch bis ins 20. Jh. hinein? In der Spätzeit des AT wurde bereits begonnen, den Begriff *ʿadam*, wie er in Gen 1 für beide Geschlechter steht, auf den *Mann* einzuengen. Die frühjüdische Interpretation (z.B. in den verschiedenen Leben Adams und Evas VitAd, die vor allem in christlicher Zeit immer wieder neu aufgelegt wurden) las *ʿadam* häufig als Eigenname (*Adam*), was zu einer völlig einseitigen Interpretation der urgeschichtlichen Texte führte, wo *ʿadam* immer Mensch, Menschheit als Kollektiv bedeutet. Auch bei der Übersetzung ins Griechische spielten solche Umdeutungsprozesse eine Rolle: Der Mensch im Vollsinn ist nach populär hellenistischer Anschauung eigentlich nur der Mann. So kommt es, daß Aussagen, die von Mann und Frau in gleicher Weise gemacht wurden, häufig auf den Mann allein bezogen wurden. Bereits in vorchristlicher Zeit wurden deswegen die Aussagen über die Gottebenbildlichkeit nur für den Mann als gegeben betrachtet. Bild im Vollsinn kann nur der Mensch im Vollsinn sein, und das ist der Mann.

Eine Reihe von Apokryphen (Quellen s. Schüngel-Straumann, Frau am Anfang, bes. 54-78) begründen anschaulich und wortreich, warum Frauen *nicht* gottebenbildlich wie der Mann seien oder evtl. nur mit dem Mann zusammen, der Mann jedoch auch für sich allein. Andere Apokryphen verlangen von der Frau, daß sie den Kopf verschleiert, der Schleier ist dann Ersatz für die fehlende Gottebenbildlichkeit. Solche spätantiken Traditionen sind in den langen Ausführungen des Paulus in 1 Kor 11 rezipiert, in denen er für die Frauen eine klare Zweitrangigkeit feststellt, eine Unterordnung unter den Mann und eine mindere Ordnung in der Gottebenbildlichkeit. Auch der Schleier findet sich in diesem Text (V. 5f). Daß eine so klare Aussage wie die von der Gottebenbildlichkeit von Mann und Frau in Gen 1 später so frauenfeindlich interpretiert wurde, bedarf noch einer langen feministischen Aufarbeitung.

3.5 Der Eigenwert der alttestamentlichen Aussagen gegenüber den späteren Interpretationen

Wenn auch die biblischen Texte zahlreiche Momente enthalten, die heute von feministischer Exegese kritisch betrachtet werden müssen, da sie *alle* in einer patriarchalen Gesellschaft entstanden sind, darf doch nicht *hinter* die Aussagen der Texte selbst zurückgegangen werden, wo sie eine klare Gleichwertigkeit der Geschlechter aussprechen. Wenn darum manche neutestamentlichen Schriftsteller auf dem Hintergrund einer spätantiken frauenfeindlichen Rezeption der Genesistexte sogar die klaren Aussagen über die Gottebenbildlichkeit der Frau abschwächen und eine Unterordnung der Frau unter den Mann fordern, die „schöpfungsgemäß" genannt wird, dann sind solche Interpretationen zurückzuweisen und zu korrigieren. Das Problem in einer christlichen Interpretation war und ist dabei häufig, daß i.a. das NT höher gewertet wird als die Aussagen der hebräischen Bibel, so daß sich neutestamentliche Entgleisungen über Stellung und Aufgabe von Frauen fast zweitausend Jahre halten konnten und als „gottgewollt" vorgestellt und verinnerlicht wurden.

Deswegen ist die dornenvolle Arbeit einer Aufarbeitung der frauenfeindlichen Rezeptionsgeschichte noch lange nicht beendet – an vielen Orten ist sie noch gar nicht begonnen –, und sie ist genau so wichtig wie das Entwerfen eigener, neuer feministischer Vorstellungen.

Literatur

KARI ELISABETH BØRRESEN (ed.), Image of God and Gender Models in Judaeo-Christian Tradition, Oslo 1991.

ELISABETH GÖSSMANN (Hg.), Eva Gottes Meisterwerk (Archiv für philosophie- und theologiegeschichtliche Frauenforschung Bd. 2), München 1985

DIES., Art. Anthropologie, in: WbFTh, Gütersloh 1991, 16-22.

OTHMAR KEEL, Jahwe in der Rolle der Muttergottheit, in: Orientierung 53 (1989) 89-92.

MAX KÜCHLER, Schweigen, Schmuck und Schleier. Drei neutestamentliche Vorschriften zur Verdrängung der Frauen auf dem Hintergrund einer frauenfeindlichen Exegese des Alten Testaments im antiken Judentum (NTOA 1), Fribourg/Göttingen 1986.

MONIKA LEISCH-KIESL, Eva als Andere. Eine exemplarische Untersuchung zu Frühchristentum und Mittelalter, Köln 1992.

CAROL MEYERS, Discovering Eve. Ancient Israelite Women in Context, New York 1988.

PNINA NAVÈ LEVINSON, Eva und ihre Schwestern. Perspektiven einer jüdisch-feministischen Theologie, Gütersloh 1992

ROSEMARY RADFORD RUETHER, Frauenbilder – Gottesbilder, Gütersloh 1987.

THEODOR SCHNEIDER (Hg.), Mann und Frau – Grundproblem theologischer Antropologie (Quaestiones Disputatae 121), Freiburg 1989.

SILVIA SCHROER, In Israel gab es Bilder. Nachrichten von darstellender Kunst im Alten Testament (OBO 74), Fribourg/Göttingen 1987.

HELEN SCHÜNGEL-STRAUMANN, Die Frau am Anfang. Eva und die Folgen, Freiburg 1989; 2. Aufl. Münster 1997.

DIES., Mann und Frau in den Schöpfungstexten von Gen 1-3 unter Berücksichtigung der innerbiblischen Wirkungsgeschichte, in: Theodor Schneider (Hg.), Mann und Frau – Grundproblem theologischer Anthropologie (Quaestiones Disputatae 121), Freiburg 1989, 142-166.

DIES., Rûaḥ bewegt die Welt. Gottes schöpferische Lebenskraft in der Krisenzeit des Exils (Stuttgarter Bibelstudien 151), Stuttgart 1992.

DIES., Denn Gott bin ich, und kein Mann. Gottesbilder im Ersten Testament – feministisch betrachtet, Mainz 1996.

DIES., Art. Bibel, in WbFTh, Gütersloh 1991, 49-54.

DIES., Art. Eva, in: a.a.O., 90-95.

DIES., Art. Geist, in a.a.O., 146-147.

DIES., Art. Gottebenbildlichkeit, in: a.a.O., 173-177.

PHYLLIS TRIBLE, Gegen das patriarchalische Prizip in Bibelinterpretationen, in: E. Moltmann-Wendel (Hg.), Frauenbefreiung. Biblische und theologische Argumente, München 1978 (4. Aufl. 1986), 93-117.

CLAUS WESTERMANN, Genesis 1-11 (BK I/1), Neukirchen 1974.

ERICH ZENGER, Gottes Bogen in den Wolken. Untersuchungen zu Komposition und Theologie der priesterschriftlichen Urgeschichte (Stuttgarter Bibelstudien 112), 2. Aufl. Stuttgart 1987.

4 Feministische Exegese ausgewählter Beispiele aus der Urgeschichte. Rückblick auf ein Vierteljahrhundert feministische Auslegung von Gen 2 und 3[1]

Feministische Theologie/Exegese und feministische Wissenschaft haben ein sehr schwieriges Verhältnis. Große Teile der feministischen Bewegung sind der Meinung, die Bibel sei so patriarchal, dass sie für Frauen nicht mehr akzeptabel sei (z.B. Mary Daly), andere, mehr christlich-konservativ geprägte Frauen haben Reserven gegen feministische Theologie. So führt eine Theologin und Feministin häufig einen Zweifrontenkampf: als Exegetin mit feministischer Ausrichtung muß sie sich immer rechtfertigen. Dies ist in nicht geringem Maß der christlichen Auslegung von Gen 1-3 zu verdanken.

Die ersten Kapitel der Genesis sind die Schicksalstexte von Frauen durch über zweitausend Jahre gewesen. Sie haben vor allem ein christliches, nicht-egalitäres Frauenbild nach dem Prinzip Überordnung des Mannes/Unterordnung der Frau geprägt. Diese Tatsache, die Frauen heute noch an vielen Orten zu spüren bekommen, war der Ausgangspunkt, mich seit Jahrzehnten immer stärker mit der Wirkungs- und Rezeptionsgeschichte der Bibel zu beschäftigen. Wie Phyllis Trible in ihrem Aufsatz „Not a Jot, not a Tittle: Genesis 2-3 After Twenty Years" (1995) kann ich sagen: Die Auslegung dieser Texte hat mich seit Jahrzehnten begleitet. Weil sie die Grundlage sowohl für das Schöpfungs- wie für das Menschenverständnis von Bibel und Theologie in der christlichen Tradition geworden sind, sind sie auch nie auszuschöpfen und haben auf verschiedenste Gebiete eingewirkt.

Die Konstruktion des Geschlechterverhältnisses, sprich die Überordnung des Mannes und die Unterordnung der Frau, das Verständnis des Männlichen als Geist, der über das Weibliche (Körper, Leib, Sexualität) den Vorrang beansprucht, durchzieht die ganze abendländische Geistesgeschichte und wurde immer wieder unter Zuhilfenahme biblischer Texte aus der Genesis *theologisch* legitimiert und zementiert.

Dies ist im jüdischen Verständnis weniger ausgeprägt, weil es dort kein „correct reading", kein Dogma gibt. So werde ich mich nicht nur mit christlichen feministischen Exegetinnen, sondern auch mit jüdischen Auslegungen befassen.

---

[1] veröffentlicht in: Congress Volume Basel 2001 (ed. A. Lemaire) VTS 92, Leiden 2002, 205-223.

Die jüdischen Interpretationen haben den christlichen voraus, dass sie sich nicht mit den Implikationen der christlichen Auslegungsgeschichte, vor allem nicht mit der Entgegensetzung *Eva-Maria,* mit der die christliche Tradition seit dem 2. Jh. belastet ist, auseinandersetzen müssen, ebensowenig mit dogmatischen Aussagen über den sog. Sündenfall und die „Erbsünde".

Das Judentum hat den Midrasch von Lilit geschaffen, um den Widerspruch zwischen Gen 1 und 2 zu erläutern. Judith Plaskow macht dazu einen neuen, modernen Midrasch (1995). Im letzten Jahrzehnt des 20. Jhs haben jüdische Feministinnen angefangen, neue midraschim zu schaffen, um sich abzusetzen von der stark christlichen Sprache der früheren Jahrzehnte, und um die alten Traditionen wiederzubeleben bzw. zu transformieren. Diese Geschichten füllen die zahlreichen Lücken (silence), was den weiblichen Anteil betrifft, wie er in den Geschichten oder zwischen den Geschichten liegt. Plaskow nennt dies „Recreation Tradition".[2]

Den Islam heranzuziehen, wäre sehr interessant, aber die Diskussion hat gerade begonnen. Zitieren möchte ich nur die Außensicht einer islamischen Wissenschaftlerin, die nach längerem Studium der christlichen Auslegungsgeschichte von Gen 1-3 folgende Quintessenz zieht (sie spricht von „drei theologischen Grundannahmen"):

> Diese drei Annahmen sind, daß das erste Wesen, das Gott erschaffen hat, ein Mann und nicht eine Frau war, da die Frau angeblich aus der Rippe des Mannes geschaffen wurde, daher abgeleitet und ontologisch sekundär ist; daß die Frau und nicht der Mann das Hauptwerkzeug dessen war, was meist als ‚der Sündenfall' oder ‚die Vertreibung aus dem Paradies' bezeichnet wird und daher allen *Evastöchtern* mit Haß, Mißtrauen und Verachtung begegnet werden muß; und daß die Frau nicht nur aus dem Mann, sondern auch für den Mann geschaffen wurde, was ihre Existenz nur instrumental, nicht fundamental macht.[3]

Bei meinen Ausführungen bleibe ich bei der Urgeschichte der Hebräischen Bibel, wobei Gen 2 und 3 im Zentrum stehen mit Blick auf Gen 1 (P) und auf die Fortsetzung in Gen 4 bis zur Sintfluterzählung. Die Stichwortverknüpfungen und Wortspiele innerhalb der Urgeschichte sind dabei zentral.[4]

Das eigentliche Problem der Auslegungsgeschichte sind jedoch nicht die biblischen Texte selbst, sondern die antike Wirkungs- und Rezeptionsgeschichte. Dabei hat das Neue Testament eine besonders verhängnisvolle Rolle gespielt. Auf diese Texte gehe ich nicht explizit ein, es stehen dazu genügend Einzelstudien zur Verfügung, besonders zur Briefliteratur des 1. und 2. Jhs (vgl. I Kor 11,1; Tim 2,8-15 u.a.). Wenn die neutestamentliche Briefliteratur die Genesiserzählungen bereits

---

[2] So bei Kvam, S. 429 (1975 *The Coming of Lilith,* 1995 *Lilith Revisited)*

[3] Hassan, S. 220.

[4] Folgende Exegetinnen werden herangezogen: Phyllis Trible, Carol Meyers, Judith Plaskow, Helen Schüngel-Straumann, (RifFat Hassan) u.a.

durch die Brille einer frauenfeindlichen Rezeption in der hellenistischen Antike liest und auslegt, ist dies ein Problem, dem sich Neutestamentler und Neutestamentlerinnen verstärkt stellen müssen.[5]

4.1 Wortspiele und Stichwortverknüpfungen

Eine genaue Analyse von Gen 2 und 3 kann hier nicht vorgelegt werden, diese setze ich voraus. Ich gehe davon aus, daß der Verfasser eine Vorlage bearbeitet hat, wie sie auch in der altorientalischen Umwelt zu finden war. Diese Vorlage hat die Elemente von der Erschaffung des Menschen, von einem Garten und dem Baum des Lebens enthalten.[6] Traditionsgeschichtlich war hier nur vom Menschen allgemein (אדם) die Rede.

- אדם wird aus der אדמה geschaffen –
- אדם wird in einen Garten gesetzt –
- אדם erhält ein Gebot –
- אדם übertritt das Gebot
- אדם wird aus dem Garten vertrieben und muß wieder zur אדמה zurück.

Alle diese Aussagen betreffen beide Geschlechter, Mann und Frau. Wäre dem nicht so, würde mit אדם nur der Mann aus dem Garten vertrieben und müßte die Frau nicht sterben, d.h. zur אדמה zurückkehren. Das erste und grundlegende aller Wortspiele in Gen 2 und 3 ist אדם und אדמה, und dieses geht in den übrigen Texten der Urgeschichte bis zur Flut weiter.

4.1.1 אדם und אדמה

אדמה, der fem. Begriff zu אדם (m.) ist eine fast personifizierte Größe (Gen 2,6 פני־האדמה), sie kommt in der gleichen Zusammensetzung bei der Begründung der Sintflut in Gen 6 wieder. אדמה (Mutter Erde vgl. Sir 40,1) ist dem daraus entstandenen Geschöpf אדם vorgeordnet. אדם (Erdling) wird aus der אדמה erschaffen und bezeichnet die Menschheit insgesamt, Männer und Frauen. אדם ist ein Kollektivbegriff und geschlechtlich noch nicht bestimmt (normalerweise steht das Verb dazu im Singular). Gen 6,1 beginnt die Erzählung von den Übergriffen der Göttersöhne auf die Menschentöchter mit dem Satz: „Als aber die Menschen (אדם) anfingen, sich auf der Erde (אדמה) zu vermehren und ihnen Töchter geboren wurden, sahen die Göttersöhne … "

---

5 Vgl. dazu Eva-Heft von *Bibel und Kirche* sowie Schüngel-Straumann 1999.

6 Vgl. Schüngel-Straumann 1999, S. 63fr.

Alle Untaten der Menschen vor der Flut sind auf der אדמה situiert, so der Mord Kains an seinem Bruder Abel, die Gewalttaten Lamechs, die Untaten der Göttersöhne an den Menschentöchtern bis zur pauschalen Aussage über die Verderbtheit der ganzen Menschheit, die Gott in der Rede vor der Flut beklagt.

אדם und אדמה ist das erste und wichtigste Wortspiel in Gen 2 und 3. אדמה wird in der Kain-und-Abel-Erzählung Gen 4, wo das Blut Abels von der אדמה zu Jahwe schreit, sowie in der Vertreibung Kains „vom Angesicht der Erde" (פני־האדמה 4,14) gebraucht; in der älteren Version der Fluterzählung wird eindeutig Bezug auf die Erschaffung genommen, wenn Jahwe sagt: „Ich will die Menschen (אדם), die ich geschaffen habe (ברא) vom Angesicht der Erde (פני־האדמה) vertilgen" (Gen 6,7).

Auch in dem Schluß-Fazit Gottes von Gen 3, wo Jahwe-Elohim sagt: „אדם ist geworden wie einer von uns ... ", entspricht dem kollektiven אדם der göttliche Plural. Selbstverständlich bezieht sich die Aussage auf beide Geschlechter, Mann und Frau. Beide haben ja vom Baum der Erkenntnis gegessen.

In allen *Erzählungen* der Urgeschichte bedeutet אדם *Mensch* und schließt regelmäßig die Frau ein. Dies gilt nicht für die Stammbäume. Durch die Einarbeitung der speziellen Szene über die Erschaffung der Frau – dies ist m.M. nach das spezifische Interesse des Jahwisten – hat der Verfasser allerdings die Weichen gestellt für viele spätere Mißverständnisse: an mehreren Stellen wurden dem grundlegenden Begriff אדם „und seine Frau" (ואשתו) zugefügt. Damit verändert sich selbstverständlich der Sinn von אדם. In Gen 2 kommt dies nur einmal vor, im letzten Vers, der zur Vorlage gehört (2,25). Gen 3 findet sich die Zufügung dreimal: 3,8.20.21.

Erst die hellenistische Interpretation hat אדם an vielen Stellen als Eigennamen übertragen *(Adam)* und damit den Sinn verändert: Zahlreiche Aussagen, die von Mann und Frau in gleicher Weise gelten, wurden so auf den Mann eingeschränkt. Diese Interpretation, die vor allem über das NT verheerende Folgen für Frauen hatte, ist die *crux* der gesamten Auslegungsgeschichte in der Geschlechterfrage. Bei dieser Interpretation fällt die Frau aus wesentlichen Aussagen einfach heraus, z.B. bei der Gottebenbildlichkeit von Gen 1. Die Übersetzung von אדם ist somit der Knackpunkt bei der Interpretation von Gen 2 und 3 sowie der Urgeschichte überhaupt. Hier hat feministische Exegese bei der Aufarbeitung der Wirkungs- und Rezeptionsgeschichte entscheidende neue Interpretationen angeregt.[7]

Ein anderer Ansatzpunkt ist die Betonung der אדמה. Hier findet feministische Theologie Möglichkeiten für eine andere Schöpfungstheologie, die weniger anthropozentrisch ist als eine Exegese, die den Menschen (Mann) als Krone der Schöpfung zum Ausgangspunkt nimmt.

---

[7] Vgl. Schüngel-Straumann 1999, Teil A.

4.1.2 איש und אשה

Das zweite Wortspiel in Gen 2 und 3 ist das von Mann und Frau, wobei im Hebräischen die Bezeichnungen nicht verwandt sind, sondern nur klanglich einander entsprechen.

Nachdem Gott festgestellt hatte, daß es nicht gut sei für אדם, allein zu sein, will er für ihn/sie eine Hilfe schaffen. Darauf schafft er aus der אדמה (!) die Tiere, die aber dem Menschen nicht entsprechen. Dann läßt Gott einen Tiefschlaf auf אדם fallen, entnimmt ihm eine Rippe/Seite und baut daraus eine Frau (אשה). Ein anderes Verb als bei der Erschaffung von אדם wird hier gebraucht, בנה (bauen), ein Terminus, der auch für den Tempelbau verwendet wird. Gott führt diese Frau zu אדם (!), der ausruft:

> Diese endlich ist Bein von meinem Bein und Fleisch von meinem Fleisch, אשה soll sie genannt werden, denn von איש ist genommen diese (זאת)!

Der poetische Vers 23, der ätiologisch das Aneinanderhängen, das Zueinanderstreben von Mann und Frau ausdrückt, beginnt und endet mit dem Begriff זאת (diese), was die Freude des Menschen unterstreicht. Die Terminologie des Verses stimmt mit dem Kontext des hebr. Textes allerdings nicht überein. In der zweiten Zeile von V 23 fällt zum erstenmal das Wort איש. Es heißt, אשה sei von איש genommen, aber der Kontext sprach von אדם. Hier kann man die Nahtstelle der Vorlage erkennen: einem Grundtext mit der allgemeinen Bezeichnung אדם (Mensch) ist die Szene von der Erschaffung der Frau einverleibt worden. So ergibt sich die terminologische Inkonsequenz, gleichzeitig werden aber hier auch Weichenstellungen für spätere Fehlinterpretationen sichtbar. Denn der Text ist ohne Zweifel in einer patriarchalen Gesellschaft mit entsprechender androzentrischer Perspektive geschrieben.

Trotzdem fällt auf, daß der Begriff אשה der erste geschlechtsspezifische Ausdruck in Gen 2 ist; erst nach der Erschaffung von אשה wird אדם zu איש, wie es V 23 andeutet. Erst durch die Erschaffung der Frau wird der Mensch zum Mann. So wie das fem. אדמה dem masc. אדם vorgeordnet war, ist אשה dem Begriff איש vorgeordnet. In dem später zugefügten V 24, der eine Erklärung mit על־כן für das enge Zusammengehören von Mann und Frau geben will, „Darum wird der Mann Vater und Mutter verlassen und seiner Frau anhangen … “ stehen wieder beide Begriffe, איש und אשה, während der letzte Vers 25, der noch zur alten Vorlage gehört, אדם ergänzt hat mit ואשתו: „Der Mensch und seine Frau waren nackt, aber sie schämten sich nicht voreinander.“ Dieser Vers bringt die Überleitung zu Kap. 3, wo es um Nackheit und Scham geht.

4.1.3 ערום und ערום

Das Wortspiel, das Gen 2 und 3 verbindet, windet sich um die Stichworte ערום (klug, weise, gerissen) und ערוֹם (nackt). Die beiden Begriffe sind, was den Konsonantenbestand angeht, identisch. Auch im Klang sind sie fast gleich. Es dürfte sich hier um eine Eigenleistung des Verfassers handeln, denn sie stammen nicht aus der Vorlage.

Kap. 2 hatte damit geschlossen, daß Mann und Frau nackt waren (ערוֹם), sich aber voreinander nicht schämten. In diesem Vers hat die Nacktheit keine negative Komponente, vielmehr wird das unbefangene, naive Vertrauen im Miteinander von Mann und Frau damit bezeichnet. Im nächsten Vers, Gen 3,1, wird dann die Schlange als ערום (klug, listig, gerissen) eingeführt. Das Adjektiv, das im Sprüchebuch eine positive Konnotation hat, ist hier sehr schillernd, es kann auch mit „arglistig, tückisch" wiedergegeben werden. In der Genesis kommt es nur hier vor. Die Klugheit der Schlange ist zumindest ambivalent. Sie führt die Frau aufs Glatteis, die Frau will „klug" werden: Sie identifiziert das, was die Schlange zu ihr gesagt hat, mit שׂכל (einsichtig, klug machen, Gen 3,6), einem Begriff, der relativ häufig im AT vorkommt und immer positiv konnotiert ist. Das Verb hat den Aspekt von klug, vernünftig und erfolgreich handeln. Das heißt, die Frau hat die Doppelbödigkeit in der Rede der Schlange nicht durchschaut.

Als Folge des Essens vom Baum gehen den Menschen die Augen auf, und sie erkennen –nicht die erhoffte Klugheit (ערום), sondern nur ihre Nacktheit (ערוֹם). Der Verfasser hat sich um dieses Wortspiels gewunden, das er in allen Varianten schillern läßt. –Man könnte sogar noch weiter gehen und Gen 3,1 mit der Doppeldeutung nackt/klug übersetzen, denn der Text gibt dies durchaus her: „Die Schlange aber war nackter/gerissener als alle Tiere des Feldes, die … "

Bei diesen Wortspielen zeigt sich, daß in keiner Weise das Vergehen der Frau angelastet werden kann, vielmehr der Raffinesse des Verführers. Da נחשׁ masc. ist, sind insofern alle späteren Identifizierungen der Frau mit der Schlange, besonders in der christlichen Kunst, vom Text der Bibel her abwegig. (Ich spiele hier auf die zahlreichen Darstellungen an, in der die Schlange mit einem Frauengesicht, oft sogar mit einem ganzen weiblichen Oberkörper, sich an die Frau (Eva) wendet. Häufig haben beide sogar das gleiche Gesicht. Das bedeutet für eine jahrhundertelange Bildtradition: Das Böse und die Frau sind identisch!).[8]

4.1.4 חי und חוה

Wie das Wortspiel ערום – ערוֹם den letzten Vers von Gen 2 und den ersten von Gen 3 verbindet, so verbindet חוה die beiden Kapitel Gen 3 und 4. Der Name

[8] Vgl. dazu Monika Leisch-Kiesl.

חוה, abgeleitet von חי (Leben) kommt am Schluß von Gen 3 vor, wo אדם, der Mensch, der Frau den Namen חוה gibt mit der Begründung, „denn sie wurde die Mutter aller Lebendigen." (3,20) Im Text von Gen 3 hat diese Benennung keinerlei Anhalt, denn von Nachkommen wird erst im folgenden Kapitel gesprochen, wo der Name besser paßt. Gen 4,1 beginnt damit, daß אדם seine Frau erkennt (ידע) und sie den ersten Sohn zur Welt bringt, Kain. Hier hat חוה einen Sitz im Leben, könnte aber fehlen, denn אדם ואשתו ist die gleiche Formulierung gegeben wie mehrmals in Gen 2 und 3. Bei dem Namen חוה, der in späteren Übersetzungen mit „Eva" wiedergegeben wird, handelt es sich offenbar um einen alten Namen der Urmutter, der hier an vermeintlich passender Stelle eingefügt wird. Daß er im Text schlecht verankert ist, zeigt auch die Tatsache, daß dieser wichtige Name der Mutter aller Menschen in der ganzen Hebr. Bibel nicht mehr vorkommt.[9]

Sowohl bei der Benennung der Frau in Gen 3,20 wie bei der Aussage der ersten Zeugung und Geburt in Gen 4,1 verwandelt sich die ursprüngliche Bedeutung von אדם (Mensch) aus der Vorlage unter der Hand in „Mann" (איש), ohne daß dies im Text selbst deutlich wird, da der ursprüngliche Gattungsbegriff אדם einfach stehen bleibt.

4.2 Die in der Tradition besonders frauenfeindlichen Aspekte/Motive

4.2.1 Frau – Baum – Schlange

Daß die Frau in Gen 3,1-5 die Hauptperson ist, die allein mit der Schlange spricht, ist fast immer dahingehend interpretiert worden, daß die Frau eine größere Nähe zur Sünde habe, daß sie anfälliger sei für das Böse, schwächer, fleischlicher, verführbarer usw. Die Frage: Warum spricht die Schlange zur Frau, interpretiert Trible[10] mit der größeren Intelligenz und Sensibilität der Frau. Damit wird aber nur eine Argumentationsweise fortgeführt, die vom Mittelalter bis in die frühe Neuzeit immer wieder anzutreffen ist, nämlich: Wer ist der bessere, klügere Mensch, Mann oder Frau? Nachdem die herrschende Tradition immer den Mann betont hat (Augustinus sogar in der Weise, daß sich der Satan/Teufel an den Mann, das Ebenbild Gottes! gar nicht gewagt hätte), wurde nun in der der Frühen Neuzeit die Argumentation umgedreht: Die Frau ist das überlegenere Wesen, sie ist aus besserem

[9] „Mutter aller Lebendigen" kommt noch einmal im griech. Sirachbuch vor, Sir 40,1, wo von dem harten Los der Menschen von dem Tag an, an dem sie aus dem Schoss ihrer Mutter hervorgehen bis zu dem Tag, an dem sie zurückkehren „zur Mutter aller Lebendigen", hier ist deutlich Mutter Erde gemeint. Der Text dieses Verses, der Gen 2f voraussetzt, liegt inzwischen auch in hebr. HSS vor (vgl. Sauer, S. 602f).

[10] Vgl. Trible 1978 und 1993, zuletzt zit. bei Kvam, S. 435.

Material, an einem edleren Ort als der Mann geschaffen usw.[11] Dieses jahrhundertealte Wettbewerbsschema nach dem Prinzip „Wer ist der/die Beste?“ ist bei Kenntnis der Gattung der Erzählungen der Urgeschichte nicht nur überholt, sondern lächerlich. Es führt auch nicht weiter, es werden nur die Seiten gewechselt.

Ich selbst interpretiere die besondere Betonung der Frau in dieser Szene mit den Mustern der altorientalischen Ikonographie, in der mit Baum und Schlange immer eine Frau verbunden ist. Der Jahwist – wer immer das sei –konnte ein Muster, das ihm vorgegeben war, nicht willkürlich ändern. Wenn er die traditionellen Bilder von Baum und Schlange verwenden wollte, mußte er hier die Frau dazustellen.[12] Dazu kommt, daß die Frau in allen altorientalischen Kulturen notwendig mit dem Akt des Essens, vor allem der Nahrungsbereitung und dem Austeilen der Nahrung verknüpft ist. Dieses Essen hat hier auch eine klare sexuelle Konnotation, besonders in der Verbindung „sehen – essen“, wie sie auch 2Sam 13 bei der Vergewaltigung Tamars durch ihren Halbbruder Amnon gegeben ist.[13] Trotzdem darf diese Szene vom Essen der Früchte nicht in der Weise überinterpretiert werden, wie es spätere Apokryphen tun, als hätte hier die Frau mit der Schlange sexuell verkehrt.[14]

Die Szene Gen 3,1-5 steht im übrigen erstaunlich parallel zu einem anderen Abschnitt in der Urgeschichte, zu Gen 6,1-4.[15] Beide Texte haben die gleiche Terminologie und Reihenfolge:
- ראה sehen
- טוב gut/schön
- לקח nehmen, packen

Gen 3 und 6,1-4 haben jedoch eine sehr unterschiedliche Wirkungs- und Rezeptionsgeschichte hervorgebracht (s.u. 3.).

4.2.2 „Rippe“ und „Hilfe“

Die beiden Begriffe צלע und עזר in Gen 2 stehen im Zentrum frauenfeindlicher Deutungen. Die Erschaffung der Frau aus einer Rippe/ Seite des אדם hat eine ganze Kette von negativen Auslegungen über die Rolle von Frauen ausgelöst. Ich verweise exemplarisch nur auf den „Hexenhammer“, der Zusammenfassungen einer Jahrhunderte langen Tradition wiedergibt. Dieser geht so weit, daß er mit Verweis auf Gen 2 sogar sagt, weil die Rippe, aus der die Frau geschaffen ist, krumm

11 Vgl. dazu Lucrezia Marinella und Moderata Fonte u.a., dokumentiert bei Gössmann 1985, in der 2. Auflage 2000 zudem ein ausgezeichneter Überblick über die Wirkungsgeschichte der Eva-Tradition!

12 Vgl. die Ausführungen und das umfangreiche Bildmaterial bei Schroer und Winter.

13 Vgl. Müllner, S. 105-112.

14 Vgl. Schüngel-Straumann 1999, S. 25-28.

15 Vgl. Baumgart, S. 125.

sei, müsse die Frau gekrümmt, in Unterordnung unter den Mann leben. Dieses Machwerk, das 1487 erschienen ist und rund zwei Dutzend Auflagen über mehrere Jahrhunderte erlebt hat, hat eine große Rolle bei der Hexenverfolgung gespielt und wurde bei Hexenprozessen als Leitfaden benutzt; es hat Frauen unermeßlichen Schaden zugefügt. Das Modell der untergeordneten, „krummen" Frau war so verbreitet, daß es auch im Islam Eingang gefunden hat. Zwar steht diese Auslegung nicht im Koran selbst, wie Riffat Hassan, eine muslimische Feministin aus Pakistan anführt, aber in den Hadithen, einer Sammlung von Aussprüchen muslimischer Autoritäten aus den früheren Jahrhunderten des Islam (vergleichbar etwa dem Talmud). Die gebogene Rippe wurde hier übernommen, um die Männer aufzufordern, die Frauen zu benutzen, so gut es eben bei ihrer verbogenen Natur gehe. Ähnlich wie ich selbst bei meiner Interpretation von Gen 2 und 3 versucht auch Hassan die ursprünglichen Aussagen des Koran *gegen* die späteren männlichen Fehlinterpretationen herauszuheben.

Exegetisch und in der Intention des Verfassers hat die Aussage von der „Rippe" eine ganz andere Funktion: Der Verfasser will die besondere Nähe, die Anziehung der Geschlechter, die Verwandtschaft, betonen. Weil Mann und Frau einmal *ein* Fleisch waren, wollen sie immer wieder zusammenkommen, *ein* Fleisch werden. Dieses für den Jahwisten wohl unfaßliche „Wunder" kommt in dem Höhepunkt von Gen 2, dem poetischen Vers 23, den ich schon zitiert habe, zum Ausdruck.

Der zweite Begriff, der für Frauen im Sinn der Nachordnung ausgelegt wurde, ist der Begriff für „Hilfe" (עזר). אשה wird geschaffen als עזר כנגדו, ein Doppelbegriff, der in der hebr. Bibel nur hier vorkommt (2,18.20). Trible hat m.W. als erste Exegetin den Begriff עזר gründlich untersucht und ist dabei zum Schluß gekommen, daß es sich um eine besonders qualifizierte Hilfe handelt. עזר wird nämlich an zahlreichen Stellen von Gott gebraucht (vgl. Ps 121,2; 124,8; 146,5; 33,20; 115,911 u.a.), wenn es um die Hilfe geht, die der Mensch selbst nicht leisten kann.[16] Trible hat auch Gen 2 und 3 mit den Aussagen des Hohenliedes verglichen, was einen sehr fruchtbaren intertextuellen Zusammenhang ergibt.

Mit dem Hapax der Doppelbezeichnung עזר כנגדו wird die Frau als *Gegenpart,* als ein Geschöpf, das dem Mann nicht nur *entspricht,* sondern ihm auch *widerspricht,* geschaffen. So interpretieren es jüdische Traditionen: Die Frau ist kein Geschöpf, das Ja und Amen sagt, sondern sie muß dem Mann auch ein Gegengewicht bieten. Die länge Diskussion im ausgehenden Mittelalter und der frühen Neuzeit, die im Archiv von Elisabeth Gössmann dokumentiert ist, hat in der Regel die Frau verstanden als Hilfe in der Weise einer Dienstmagd, eines Hilfsmittels, ja eines Werkzeugs, dessen sich der Mann nach Belieben bedienen kann.

Hier hat feministische Exegese den Text vom Kopf wieder auf die Füsse ge-

[16] Vgl. Trible 1978, S. 101 (engl, bereits 1973); 1993, S. inff.

stellt. Die zahlreichen frauenfeindlichen Interpretationen haben in Gen 2 und 3 keinerlei Anhalt. Allerdings ist die gesamte Erzählung aus androzentrischer Perspektive geschrieben, wie es für das erste vorchristliche Jahrtausend nicht anders zu erwarten ist. Hier kann eine weitere Kritik am Text selbst ansetzen.

4.2.3 Frau und Sexualität

Die Verbindung von Frau und Sexualität, wie sie vor allem in der hellenistischen Auslegung in zahlreichen Apokryphen hergestellt wurde, hat sich besonders negativ auf das Frauenbild in der abendländischen Geschichte ausgewirkt. In den letzten Jahrhunderten vor der Zeitenwende bis in die christliche Zeit hinein war eine erotisierende Auslegung von Gen 2f stark beeinflußt von der damals beliebten Neuinterpretation des kurzen Mythos von Gen 6,1-4, der in zahlreichen Varianten das (sexuelle) Geschehen zwischen den Göttersöhnen und den Menschentöchtern ausmalte, wobei hier im Gegensatz zum Bibeltext selbst die Aktivität nicht von den (männlichen) Engeln ausgeht, sondern von den irdischen Frauen: Sie sind die Verführerinnen, die die „Göttersöhne" (Engel) verstricken und betören und von ihren himmlischen Höhen herabziehen. Die Ausführungen zu Gen 6,1-4 sind in der Rezeption häufig noch frauenfeindlicher als die von Gen 2f. Aber seltsamerweise hat nur die erste, Gen 3, Anlass zu einer Beschuldigung der ersten Frau als Ursache für das Böse überhaupt gegeben und zur Ausformulierung einer Lehre über den sog. Sündenfall gedient.

Daß die Erzählung von Gen 2 und 3 keinerlei sexuelle Inhalte habe, wird damit nicht behauptet, wohl aber ist Sexualität hier integriert, es geht um die Anziehung zwischen Mann und Frau, die ohne Sexualität nicht denkbar ist, aber sie kommt in den Texten selbst nicht *isoliert* vor. Zudem ist sie nicht auf die Frau beschränkt, wie eine spätere frauenfeindliche Perspektive weismachen will. Mann und Frau sind es gemeinsam, die Sexualität entdecken und leben. Ihre Nacktheit am Ende von Gen 2 ist weit umfassender, sie beschränkt sich nicht auf sexuelle Aspekte, genausowenig wie die Scham, die in Gen 3 nach der Übertretung des Gebots entsteht. Die Nacktheit wird zwar mit Kleidern bedeckt, aber das grundsätzliche Einverständnis, das zerstörte Vertrauen, wird damit nicht wiederhergestellt. Bei der Fixierung des Textes auf Sexualität und Verführung geht der Gesamtzusammenhang verloren. Noch schlimmer wird es, wenn die Frau *allein* mit diesem Bereich identifiziert wird, der Mann dagegen nur noch passiv, d.h. durch Verführung seitens der Frau, mit Sexualität in Berührung kommt.

Am schlimmsten waren jene Auslegungen in der Antike, die in Gen 3 die Schlange/den Teufel *direkt* sexuell mit der Frau verkehren ließen. Aus dieser sexuellen Verführung Evas wurde dann die Frucht, nämlich der erste Sohn und erste

Mörder, Kain, geboren. Mit diesem Klimmzug wurde einerseits Sexualität verteufelt, aber auch der Ursprung des Bösen ganz und gar am Männlichen vorbei interpretiert: Adam, der Mann, hat mit dem Bösen nichts zu tun, und Kain, der erste Mörder, ist als Teufelssohn irgendwie auch entschuldigt. Auf diese raffinierte Weise haben bestimmte asketische Kreise das Böse *allein* der Frau angelastet, und zwar über eine Interpretation, die mit Gen 3f nichts mehr zu tun hat. Denn Gen 4,1 sagt ja deutlich, wer Kain gezeugt hat.

Die zahlreichen Belege einer sexuellen Verfehlung Evas mit der Schlange finden sich in der Zeit vom 2. vorchristl. Jh. bis in die christliche Zeit. Mit dem Satz von Sir 25,24:

> Von einer Frau nahm die Sünde ihren Anfang,
> ihretwegen müssen wir alle sterben,

bis zu Philo von Alexandrien kommt es zu einer immer stärkeren Erotisierung der Texte, wie sie sich dann in der neutestamentlichen Briefliteratur niederschlägt mit dem Zusammenhang von erster (sexueller) Sünde der Frau und ihrer „Sühnung" durch Kindergebären. Sätze wie 1 Tim 2,14f haben einen talionsartigen Zusammenhang, denn die Wirkung hat direkt mit der Art der Sünde, der sexuellen Verfehlung Evas mit der Schlange zu tun.[17] Vergleichbare Aussagen gehen wie ein unterirdischer Strom über die Zeit der Kirchenväter bis ins späte Mittelalter, wo sie sich im „Hexenhammer" gesammelt niederschlagen in zahlreichen Ausfällen über die Buhlerin, die Verbindung des Satans mit Frauen usw. Dieser unterirdische Giftstrom über mehr als ein Jahrtausend ist noch nicht durchgehend untersucht. Alle diese Interpretationen sind nicht mit Gen 3, sondern nur im Zusammenhang mit der apokryphen Interpretation und Rezeption von Gen 6,1-4 zu erklären.

Die Identifizierung Evas mit einer sexuell verstandenen Verführung wird in der gesamten abendländischen Geschichte immer wieder verbunden mit dem männlichen Anspruch, die weibliche Sexualität unter Kontrolle zu halten, die Unterordnung unter den Mann (Ehemann, Vater), der über die „Reinheit" der Frau zu wachen hat, zu betonen, und auch darüber zu *urteilen,* wie diese auszusehen hat, und zwar bis in die neueste Zeit.[18]

Auf diesen Zusammenhang im Islam einzugehen, wäre sehr aufschlussreich, dafür fehlt aber hier der Raum.

---

[17] Belege bei Küchler, S. 32-53 zu 1Tim 2,14f; zu „Die Frau als Anfang aller Wege des Verderbens," S. 192-209.

[18] Daß dies auch in der jüdischen Tradition ähnlich ist und von Feministinnen kritisiert wird, vgl. bei Plaskow 1992, Teil 5 (Sexualität), S. 205ff.

4.2.4 Die Rangordnung

Eine wichtige Stellung bei der *Wertung* der Aussage über die Rangordnung von Mann und Frau ist die Reihenfolge bei der Erschaffung. Dabei kann man in der exegetischen Literatur einen gravierenden Widerspruch in der Argumentation erkennen: In Gen 1 wird die Erschaffung des Menschen als Höhepunkt, als Spitze einer Pyramide u.ä. verstanden, wobei mit „Mensch" häufig der Mann allein, und nicht, wie Gen 1 אדם versteht, die Menschheit insgesamt, der Mensch als Gattung, gemeint ist. – Dagegen wird in Gen 2 aus der Reihenfolge der Erschaffung – zuerst der Mann, dann die Tiere, dann die Frau – eine *Rangfolge* derart hergestellt, daß die Frau als letztes Werk auch das untergeordnete, minderwertige Geschöpf sei. So argumentiert ja 1Tim 2,13, „denn Adam wurde als Erster geschaffen, daraufhin Eva", also nicht mehr: das letzte Werk ist der Höhepunkt, sondern nach dem antiken Schema „Der Erste ist der Beste" stünde der Mann hier an der Spitze.[19] Dieses Schema, nach dem die Reihenfolge auch eine *Rang*folge sei, hat im Bibeltext keine Grundlage.

Aus der ätiologischen Stoßrichtung der Erzählung ist die Erschaffung der Frau am Schluß der Erzählung notwendig. Würde man die Reihenfolge in Gen 2 als Rangfolge nehmen, käme die Frau auch *nach* den Tieren zu stehen, eine absurde Wertung! Ich möchte jetzt aber nicht die häufig zu findende Argumentation polemisch umkehren und wie Gen 1 argumentieren: das letzte Werk sei der Höhepunkt, vielmehr halte ich dieses ganze Wettbewerbsdenken für nicht textgemäß und für überflüssig. Es ist nicht erlaubt, aus einem spateren antiken Schema einen früheren Text zu interpretieren, der solche Wertungen gerade *nicht* kennt.

4.2.5 Die sog. Strafsprüche

Dass die sog. Strafsprüche in Gen 3 keine „Strafen" beinhalten, sondern Zustandsschilderungen sind, ist inzwischen die verbreitetste Deutung, und zwar nicht nur bei feministischen Exegetinnen. Ich wage noch nicht ganz, hier von einem Konsens zu sprechen, aber es zeichnet sich doch ab, dass die Auslegung, die „Schmerzen" der Frauen beim Kindergebären u.a. seien eine Strafe für den Sündenfall, den die Frau verursacht habe, nur noch in Ausnahmefällen vertreten wird.

Gen 3 sind einzig die Sprüche über die Schlange, die Frau und אדם poetisch abgefaßt. Trotzdem sind sie nicht einheitlich. In der kanonischen Endfassung ist klar auf die drei auftretenden Akteure (Schlange–Frau –Mann) Bezug genommen. Doch gibt es vor allem im letzten Spruch Diskrepanzen zwischen dem Text selbst und der Einschränkung auf den Mann, weil durchgehend von אדם gesprochen wird. Der letzte Spruch muß sich ursprünglich auf *alle* Menschen, Männer

[19] Vgl. Küchler mit zahlreichen Belegen, S. 17-32.

und Frauen, auf die species humana bezogen haben.[20] Angesprochen wird אדם, der Mensch; verflucht wird die אדמה, die Erde, aus der er genommen ist (3,17). Im ganzen Spruch dominiert das Wortspiel אדם–אדמה, zur אדמה muß אדם zurück (3,19). Die ursprüngliche Vorlage hat somit bereits einen Spruch enthalten, der mit dem Wortspiel אדם – אדמה operiert und die Rückkehr aller Menschen zur Erde, aus der die Menschheit geschaffen ist, enthielt. Daß im Vorderen Orient auch die Frauen immer auf Feld und Acker mitgearbeitet haben, entspricht einer Lebensordnung, die erst nach der Arbeitsteilung in den westlichen Gesellschaften im Zuge der Industrialisierung weitgehend vergessen wurde. Nur so konnte es geschehen, daß man diesen letzten Spruch allein auf den Mann bezog. Die Zuspitzung des Textes auf den Mann ist damit mit Inkonsequenzen verbunden. Die Begründung „Weil du auf die Stimme deiner Frau gehört hast“, ist ein Zusatz, erst damit wird aus אדם an dieser Stelle ein Mann. Der Spruch über die Frau enthält keine Begründung.

In diesem dritten Spruch werden die Mühen und Erschwernisse, die für *alle* Menschen gelten, angeführt, während dann im zweiten die spezifischen, nur für die Frau gültigen, behandelt werden. Wenn Einigkeit darüber besteht, daß es sich bei Schwangerschaft und Geburt und ihren Belastungen nicht um Strafen, sondern um die Schilderung der Befindlichkeit handelt, wie sie sich zur Zeit des Verfassers für Frauen darstellt (wobei die hohe Kinder- und Müttersterblichkeit noch ein besonderes Problem darstellt), muß auch hier auf eine männliche Engführung in der exegetischen Interpretation hingewiesen werden. Immer wieder ist zu lesen, Frauen hätten „unter Schmerzen“ Kinder zu gebären. Davon sagt der Text aber nichts. Vielmehr wird der gleiche Terminus verwendet wie bei den Mühen und dem Arbeiten auf dem Ackerboden, nämlich עצבון (Subst.), so am Schluß beim dritten. Spruch: „Unter Mühen sollst du essen … “. In der poetischen Literatur des AT, bes. in Spr und Pss (vgl. Spr 5,10; 10,10.22; 14,23; 15,1.13; Ps 16,4; 127,2 u.a.) wird dieser Begriff verwendet bei Mühen und Arbeit im Zusammenhang von Erwerb und Besitz. Einen Zusammenhang dieses Begriffs mit Geburt gibt es sonst im ganzen AT nicht. Der Ertrag bzw. Erfolg von עצבון ist so gut wie immer positiv: es wird etwas dazu erworben, Besitz wird vermehrt u.ä. Das heißt aber für unsere Stelle: Auch Geburt und Schwangerschaft sind Arbeit, eine spezifische Form von Mühe, die, wenn sie positiv ausgeht, Besitz und Wohlstand mehrt. Der Verfasser hat wohl bewußt in Anlehnung an Gen 16,10 und 22,17, wo von den zahlreichen Nachkommen Abrahams gesprochen wird, den Spruch mit dem doppelten Begriffe „mehren, ja mehren werde ich … “ begonnen. Vermutlich wurde dieser Teil von V 16 bewußt in Anlehung an die Nachkommensverheißung an Abraham for-

[20] Vgl. Schüngel-Straumann 1999, S. 85. Auch Rotzoll 1997, S. 495ff. geht darauf ein, einer der wenigen Exegeten, die auf feministische Ergebnisse Bezug nehmen!

muliert und später hinzugefügt. Es ist dies die einzige Stelle in der Bibel, in der eine Nachkommensverheißung mit einem negativen Akzent versehen wird. Auch hat der Versteil keinen Bezug zum Text von Gen 2, wo es nur um die *Beziehung* zwischen Mann und Frau ging.

Bei diesem ersten Teilvers 16a kann exemplarisch gezeigt werden, wie feministische Ergebnisse auch langsam in exegetische Wörterbücher Eingang finden. Daß es *nicht* um physischen Schmerz geht, darauf macht Carol Meyers in ihrem Art. עצב im ThWAT VI (1989) aufmerksam. Man habe dabei auch vergessen, sagt sie, daß Frauen und Männer auf dem Feld arbeiteten, was die Arbeit und die Belastung für Frauen in Anbetracht ihrer zahlreichen Schwangerschaften natürlich vermehrte und doppelt mühsam machte. „So ist die Bedeutung von עצב in diesem Text nicht eindeutig: es kann ‚Mühe' und ‚Arbeit' bezeichnen und die Aussage des vorhergehenden Satzes intensivieren; es kann auf den psychischen Stress des Familienlebens hinweisen; oder es kann beides bezeichnen. Aber es bedeutet nicht physischen Schmerz.[21]

Anders als V 16a reflektiert V 16b das Verhältnis von Mann und Frau und entspricht so dem Duktus von Gen 2:

> Nach deinem Mann (איש) geht dein Verlangen, er aber wird über dich herrschen (משל).

Der Begriff für „Sehnen" תשוקה kommt außer an dieser Stelle nur noch zweimal im AT vor, und zwar Gen 4,7 und Hld 7,11. Im Hohenlied ist die Aussage genau umgekehrt zu Gen 3,16b:

> Ich gehöre meinem Geliebten,
> und nach mir geht sein Verlangen תשוקה.

Hier wird eine Gegenseitigkeit, ein Verhältnis ausgedrückt, wie es auch dem Jubelruf des Mannes in Gen 2 entspricht. Wo diese Gegenseitigkeit nicht mehr gewährleistet ist und der Mann seine Position zur Unterdrückung der Frau ausnützt, kommt es zur Verkehrung eines guten Zustandes.[22]

Leider wird die letzte Zeile von Gen 3,16b noch häufig übersetzt mit

> Er aber soll über dich herrschen!

[21] ThWAT VI, S. 301. Vgl. auch Meyers 2000, S. 79-82.

[22] Zu Gen 4,7 gl. Schüngel-Straumann 1999, S. 88f.

Diese Übersetzung ist nicht nur in der gesamten Wirkungsgeschichte, sondern auch heute noch in den meisten Köpfen fest verankert, Meyers hält diesen Satz sogar für den problematischsten in der ganzen Hebräischen Bibel.[23]

Dass der Jahwist bzw. der Endredaktor einen Zustand beschreibt, der nicht gottgewollt ist, eine Ver-kehrung des ursprünglichen Zustandes, eine Folge der Übertretung, gerät damit aus dem Blick. Alle Bestrebungen, solche Unheilzustände zu verändern, gehen darum in die schöpfungsgemäße Richtung. So wären alle Mühen der feministischen Kritik, solche Mißstände offen zu legen und ihre Folgen zu bekämpfen, ein Schritt in die richtige Richtung.

4.2.6 Ergebnisse und Ausblick

Neue Fragestellungen

Feministische Exegese der Kapitel 2 und 3 der Genesis hat eine große Zahl von interessanten Einzelergebnissen erbracht. Aber nicht nur diese sind wichtig, sondern die neue Perspektive und ganz neue Fragestellungen. Die Einbeziehung der Wirkungs- und Rezeptionsgeschichte macht u.a. auch eine Neubewertung zahlreicher neutestamentlicher Aussagen nötig.

Interdisziplinarität

Insgesamt ist die Erkenntnis ernst zu nehmen, daß das negative Frauenbild der christlichen Geschichte, bei dem man sich auf Gen 2 und 3 berufen hat, auf tönernen Füßen steht. Auch in Kunst und Liturgie, einem Bereich, der bes. von Monika Leisch-Kiesl bearbeitet wurde, ist noch sehr viel aufzuarbeiten. Feministische Exegese ist gezwungen, interdisziplinär zu arbeiten, in den verschiedensten Bereichen über die Grenzen des eigenen Faches hinauszugehen.

Interreligiöser Dialog

Zur Interdisziplinarität kommt der interreligiöse Dialog hinzu. Zwischen christlichen und jüdischen Feministinnen gibt es bereits ein reges Gespräch, der Dialog mit Islamwissenschaftlerinnen läuft gerade erst an. Hier konnten Parallelen in den Aussagen über die Frau am Anfang nur kurz gestreift werden. Es kann aber bereits jetzt gesagt werden, daß die Interpretationsmuster in der frauenfeindlichen

[23] Meyers 1988, S. 113. Wenn auch Schmitt (1991) eine andere Bedeutung von משל annimmt, nämlich „gleichen, ähnlich sein“, indem er auf unterschiedliche feministische Deutungen eingeht, so steht dem entgegen, daß alle herrschenden Übersetzungen, von der LXX angefangen, den Terminus i.S. von „herrschen“, „übergeordnet sein“ wiedergeben und damit die gesamte Tradition bestimmt haben.

Auslegung alter Überlieferungen im Islam erstaunliche Parallelen zur christlichen Wirkungsgeschichte aufweisen.

Daß die biblischen Texte, die in einer patriarchal strukturierten Gesellschaft entstanden sind, Ansätze für frauenfeindliche Auslegung bieten, ist nicht erstaunlich. Das Problem ist vielmehr, ob es erlaubt ist, aus solchen Ansätzen *theologische* Axiome, dogmatische Festschreibungen über *die Frau* zu machen, um die Dominanz des Männlichen festzuschreiben. Darum halte ich die Wirkungs- und Rezeptionsgeschichte für so wichtig. Hier könnte übrigens die christliche Theologie von der jüdischen lernen, wo die Engführung weniger stark ausgeprägt ist.

Literatur

Baumgart Norbert C, *Die Umkehr des Schöpfergottes. Zu Komposition und religionsgeschichtlichem Hintergrund von Gen 5-9,* HBSt 22 (Freiburg, 1999).

Brenner Athalya, *A Feminist Companion to Genesis* (Sheffield, 1993, Second Series 1998).

EVA, *Bibel und Kirche* 53 (1998) Heft 1.

Gössmann Elisabeth, *Archiv für Philosophie- und theologiegeschichtliche Frauenforschung* (München, 1984ff.), bes. Bd. 2: *Eva –Gottes Meisterwerk* (München, ²2000).

Hassan Riffat, „Feministische Interpretationen des Islams," in: *Feminismus–Islam –Nation,* Hg. Claudia Schöning-Kalender/Ayla Neusel (Frankfurt, 1997). S. 217-233.

Küchler Max, *Schweigen, Schmuck und Schleier. Drei neutestamentliche Vorschriften zur Verdrängung der Frauen auf dem Hintergrund einer frauenfeindlichen Exegese des Alten Testaments im antiken Judentum,* NTOA 1 (Fribourg/Göttingen, 1986).

Kvam Kristen E., Schearing Linda S., Ziegler Valarie H. (Hg.), *Eve & Adam. Jewish, Christian, and Muslim Reading on Genesis and Gender* (Indiana University Press, 1999).

Leisch-Kiesl Monika, *Eva als Andere. Eine exemplarische Untersuchung zu Frühchristentum und Mittelalter* (Köln, 1992).

Merk Otto, Meiser Martin, *Das Leben Adam und Evas,* JSHRZ II/5 (Gütersloh, 1998).

Meyers Carol, *Discovering Eve. Ancient Israelite Women in Context* (New York, 1988).

Meyers Carol u.a., Art. „Eve," in: *Women in Scripture* (Boston, New York, 2000), S. 79-84.

Müllner Ilse, *Gewalt im Hause Davids. Die Erzählung von Tamar und Amnon (2Sam 13,1-22),* HBSt 13 (Freiburg, 1997).

Plaskow Judith, *Und wieder stehen wir am Sinai. Eine jüdisch-feministische Theologie* (Luzern, 1992).

Rotzoll Dirk U., „Die Schöpfungs- und Fallerzählung von Gen 2f. Teil 1: Die Fallerzählung (Gen 3)," *ZAW* 109 (1997), S. 481-499. Teil 2: „Die Schöpfungserzählung (Gen 2)" ZAW 110 (1998), S. 1-15.

Sauer Georg, *Jesus Sirach,* JSHRZ III/5 (Gütersloh, 1981).

Schroer Silvia, *In Israel gab es Bilder,* OBO 74 (Fribourg/Göttingen, 1987).

Schüngel-Straumann Helen, *Die Frau am Anfang. Eva und die Folgen* (Freiburg, 1989: Münster,³1999) (zit. wird die 3. Aufl.).

Schüngel-Straumann, Helen, *Gen 1-11. Die Urgeschichte* (KFemB) (Gütersloh, 1998), S. 1-11.

Schüngel-Straumann, Helen, *Anfänge feministischer Exegese. Gesammelte Beiträge,* Münster 2002.

Schwienhorst-Schönberger Ludger, „Als Mann und Frau erschaffen. Aspekte biblischer Anthropologie," in: *Zum Aufbruch ermutigt,* FS F.X. Eder (Freiburg, 2000), S. 18-37.

Sprenger Jakob/Institoris Heinrich, *Der Hexenhammer (Malleus maleficarum),* neu hg. von J.W.R. Schmidt (München, 1982).

Trible Phyllis, „Gegen das patriarchalische Prinzip in Bibelinterpretationen," in: *Frauenbefreiung. Biblische und theologische Argumente,* Hg. Elisabeth Moltmann Wendel (München, 1978), S. 93-117.

Trible Phyllis, *Gott und Sexualität im Alten Testament* (Gütersloh, 1993).

Winter Urs, *Frau und Göttin. Exegetische und ikonographische Studien zum weiblichen Gottesbild im Alten Israel und in dessen Umwelt,* OBO 53 (Fribourg/Göttingen, 1983: ^{2}1987).

5 Die Frage der Gottebenbildlichkeit der Frau[1]

Und es erschuf Gott den Menschen als sein Bild:
als Bild Gottes erschuf er ihn,
männlich und weiblich erschuf er sie. (Gen 1,27)

Für die Frage der Gleichwertigkeit von Mann und Frau ist das erste Kapitel der hebräischen Bibel, der sog. erste Schöpfungsbericht, eine ganz wichtige Quelle.[2] Hier wird nämlich geschildert, wie Gott Himmel und Erde geschaffen hat, dann die Lebewesen auf der Erde, zuletzt den Menschen als Bild Gottes. Der Mensch – hebräisch *ʿadam* – wird explizit als Mann und Frau, wörtlich: männlich und weiblich, und gottebenbildlich geschaffen. Diese „Spitzenaussage des priesterschriftlichen Schöpfungsberichts um das Ende des Exils, Gott habe die Menschen als Bilder Gottes geschaffen, hat in Judentum wie Christentum eine erstaunliche Wirkungsgeschichte erlebt. Noch heute ist die Gottebenbildlichkeit zentrales Theologoumenon protestantischer wie katholischer Anthropologie. Diese Bildaussage dringt, z. B. in den Debatten um den schwer zu fassenden Begriff der Menschenwürde, auch in außertheologische Bereiche vor".[3] Aber nicht nur um die Menschen*würde* geht es – tatsächlich wird ja an vielen Orten gerade über die *Würde* der Frau mit großen Worten gesprochen –, sondern auch um die *Rechte.* Die Rede über die Menschen*rechte* von Frauen geht zumeist über das hinaus, was unter „Würde" verstanden wird. Darauf macht neuerdings Elisabeth Gössmann deutlich aufmerksam, die sich seit Jahrzehnten der theologiegeschichtlichen Frauenforschung widmet: „Wir dürfen den Begriff der Gottebenbildlichkeit getrost als einenVorläuferbegriff zu dem der Menschenrechte ansehen, mit dem sich die Kirche anfangs so schwer tat, denn wie dieser bringt er Rechte und Pflichten mit sich."[4]

Zur Einschränkung des Themas auf die Frau möchte ich bemerken: Die Gottebenbildlichkeit des Mannes ist in der Theologie überhaupt noch nie bezweifelt worden, so selbstverständlich war sie. Dagegen hat man über die

---

1 veröffentlicht in: Theologie des Alten Testaments aus der Perspektive von Frauen (Hg. Manfred Oeming), Münster 2003, 63-76.

2 Vgl. *Helen Schüngel-Straumann*, Die Frau am Anfang. Eva und die Folgen, Münster [3]1999, 31ff.

3 *Walter Gross*, Die Gottebenbildlichkeit des Menschen nach Gen 1,26.27 in der Diskussion des letzten Jahrzehnts, BN 68 (1993), 35-48, Zitat 35.

4 *Elisabeth Gössmann*, Theologiegeschichtliche Frauenforschung – eine Bedrohung für die etablierte Theologie?, Hohenheimer Protokolle 51: Zäsur. Generationswechsel in der katholischen Theologie (Hg. Gebhart Fürst), Stuttgart 1997, 69-85, Zitat 83.

Gottebenbildlichkeit der Frau fast zweitausend Jahre lang gestritten, sie teilweise geleugnet, abgeschwächt oder einer minderen Ordnung zugewiesen. Das ist noch besonders dadurch belastet, daß im Lateinischen *homo* sowohl „Mensch" als auch „Mann" heißt, was auch in allen romanischen Sprachen bis heute so geblieben ist (*homme* französich, *uomo* italienisch). So bezeichnet „Mensch" angeblich *beide* Geschlechter, ist aber an vielen Orten, wenn man genauer hinsieht, auf den „Mann" beschränkt.

Im Verlauf der Französischen Revolution wurde das Stichwort Freiheit-Gleichheit-Brüderlichkeit propagiert. Viele Frauen, besonders bekannt ist OLYMPE DE GOUGES, haben das Schlagwort geprägt, Frauen hätten zwar das Recht, auf dem Schafott zu sterben, aber die bürgerlichen Rechte seien ihnen verwehrt, so wie auch der Ausdruck *droits de l'homme* (Menschenrechte) im Grunde genommen *Männer*rechte bezeichnet; so ist es die nächsten zweihundert Jahre auch geblieben. Auf diese Tatsache haben vor rund zehn Jahren, als man 200 Jahre Französische Revolution feierte, zahlreiche Symposien und Tagungen hingewiesen [ ].[5]

Aus allen diesen Gründen einer komplexen Entwicklung ist zunächst ein Blick auf die Wirkungs- und Rezeptionsgeschichte der Aussagen von Gen 1 nötig, bevor ich dann zur Exegese dieses fundamentalen Textes komme.

5.1 Die Rezeption

Zuerst muß in diesem kurzen Überblick festgestellt werden, daß die Tradition, und dies gilt für die gesamte christliche Geschichte von fast zweitausend Jahren, die Aussagen von der Gottebenbildlichkeit des Menschen häufig *nicht* i. S. des Textes verwendet, sondern stark verkürzt bzw. frauenfeindlich. Man folgte nämlich einem spätantiken Schema, demzufolge nur der *Mann* als eigentlicher Mensch betrachtet wurde, so daß die Aussagen über die Gottebenbildlichkeit auf den Mann eingeschränkt wurden. Die negativen Auslegungen der Gottebenbildlichkeit der Frau werden vor allem in den verschiedenen um die Zeitenwende entstandenen „Leben Adams und Evas" greifbar: Als Gott Adam, also nur den Mann, als sein Ebenbild erschuf, weigerten sich einige Engel, vor allem der spätere Teufel, vor dem Mann, dem Ebenbild Gottes, niederzufallen. Eva, die nach diesen Schriften nicht gottebenbildlich geschaffen wurde, ist dann leichter verführbar und wird häufig *allein* für den sog. Sündenfall haftbar gemacht.[6]

---

[5] Z.B. das Symposion in Frankfurt unter dem Titel: Begründung von Menschenrechten aus der Sicht unterschiedlicher Kulturen Bd. 1 (Hg. *Johannes Hoffmann*), Frankfurt 1990, Universale Menschenrechte im Widerspruch der Kulturen (Bd. 2), Frankfurt 1991. Vgl. dazu *auch Ute Gerhard* u.a. (Hg.), Differenz und Gleichheit. Menschenrechte haben (k)ein Geschlecht, Frankfurt 1990.

[6] Vgl. *Otto Merk/Martin Meiser*, Das Leben Adams und Evas (JSHRZ II/5), Gütersloh 1998.

Die Redeweise von Adam und Eva, die sich bis heute in allen möglichen Bereichen durchgesetzt hat, stammt ebenso aus dieser Spätzeit (2 Jh. v. Chr. bis christliche Zeit) und sieht die ersten Menschen als zwei Individuen. Dies ist in Gen 1 nicht so, wie noch gezeigt wird.

Dies alles wirkt sich bis heute aus. Die Wirkungs- und Rezeptionsgeschichte der ersten Kapitel der Genesis wurde in keiner Weise den Texten gerecht. Im ganzen Mittelalter hat man über die Gottebenbildlichkeit der Frau gestritten, sie wurde ihr teilweise abgesprochen, zumeist aber wenigstens stark eingeschränkt.[7]

Aus der langen Tradition möchte ich nur zwei Beispiele anführen, die maßgebend für eine ganze Epoche waren und weit darüber hinaus, ein literarisches und ein theologisches Beispiel.

5.1.1 John MILTONS „Paradise Lost"[8]

In seinem 1667 erschienenen Epos „Paradise Lost" (Das verlorene Paradies), das vor allem die gesamte englische Literatur des 18. Jahrhunderts beeinflußt hat, gibt der Dichter in zwölf Büchern ein buntes Gemälde dessen, was sich am Anfang auf der Erde und im Himmel abgespielt hat. Die Traditionen, die hier verarbeitet wurden, sind auch noch aus dem Prolog von Goethes Faust bekannt. Milton greift auf sämtliche antiken Muster zurück, er verarbeitet die biblischen Erzählungen ebenso wie die Apokryphen und Pseudepigraphen der letzten vorchristlichen Jahrhunderte, die sich stark mit den Fragen von Gott und Satan, Engeln und Dämonen, auch mit der bekannten außerbiblischen Erzählung vom Fall der Engel, vor allem des Luzifer, befassen. Weiter zitiert und verwendet Milton die antiken griechischen Quellen und vermischt sie damit zu einem imposanten dichterischen Gebilde. Da ich keine Spezialistin für englische Literatur bin und mich auf mein Thema beschränken will, möchte ich nur einige prägnante Aussagen herausgreifen, die die Frage nach der Gottebenbildlichkeit des Menschen betreffen. Bei Milton ist allein der Mann, Adam, das Geistwesen; er ist der Überlegene, die Frau ist reines Naturwesen, sie schwebt durch das ganze Epos wie ein Schmetterling, sie verschönert den Paradiesgarten, sammelt Früchte und ordnet Blumen. Mit der himmlischen Welt spricht einzig Adam, der Mann. Er verkehrt mit den Engelwesen, vor allem mit Raphael, und unterhält sich in langen Dialogen mit ihm über irdische und vor allem himmlische Belange. Nie in dem ganzen Epos richtet eines der Geistwesen das Wort an die Frau (außer zur Begrüßung). Die Frau wird inhaltlich ausschließlich durch den Mann belehrt. Adam weiß immer sehr viel mehr, er ist über alles

7 Vgl. *Helen Schüngel Straumann/Elisabeth Gössmann*, Art. Gottebenbildlichkeit, WFTh, 173-181, vor allem den theologiegeschichtlichen Teil.

8 Zitiert nach: *John Milton*, Paradise Lost (1667) in der Übersetzung von *Hans Heinrich Meier*, Das verlorene Paradies, Stuttgart 1996.

informiert, was sich in den höheren Sphären abspielt, er hat den totalen Durchblick. Davon gibt er – allerdings nur dosiert – einiges an die Frau weiter. Der erste Mensch, der im Paradies das Wort ergreift, ist Adam: Er belehrt seine Frau über das Gebot! (IV, 570ff). Das ist das Einzige, was die Frau kennen muß, denn sie übertritt ja nachher das Verbot, von dem Baum zu essen. Würde sie das Verbot nicht kennen, wäre der spätere Vorwurf an sie absurd.

Ich zitiere einige charakteristische Stellen. Bevor die Menschen überhaupt erstmals sprechen, wird über ihre Rangordnung, daß sie nämlich nicht gleich geschaffen sind, gesagt:

> Er nämlich für Gedankenkraft und Mut,
> Zur Sanftheit und zum süßen Liebreiz sie,
> Er nur für Gott, und sie für Gott in ihm ... (IV, 398-400)

Daß nur der Mann nach Gottes Bild geschaffen sein, wird mehrmals explizit betont, hier nur ein Beispiel für die Überlegenheit des Mannes. Adam spricht über Eva:

> So daß sie ihr wohl einen Überfluß
> An Zierde gab, die außen reich gestaltet,
> Doch innen weniger gediegen scheint.
> Ich weiß ja auch, daß sie mir letzten Endes,
> Wie die Natur sie schuf, nachstehen muß
> An Geist und Intellekt, die höher sind,
> Und auch im Äußeren ist sie weniger
> Nach seinem Bilde, der uns beide schuf,
> Und weniger in ihr die Herrschgewalt,
> Die uns verliehen worden, ausgeprägt. (VIII, 651ff)

Gott ist nur der Ursprung des Mannes, der Ursprung der Frau dagegen ist der Mann. Dies wird immer wieder betont, z. B. in den Worten Evas:

> „Mein Ursprung und Verfüger, was du meinst,
> Dem folg ich ohne Widerrede; Gott
> Bestimmt es so; und Gott ist dein Gesetz,
> Du meines: niemals mehr zu wissen, ist
> Des Weibes größtes Glück und auch ihr Ruhm ... " (IV, 846ff)

Nach einer langen Belehrung durch Raphael über die Erschaffung der Engel, den Engelsturz und seine Folgen, alles gerichtet an Adam, wird dann der Schöpfungsbericht ausführlich referiert. Wieder richtet sich die Engelrede allein an den Mann, von dem gesagt wird:

> … Da bildete er dich,
> Adam, o Mensch, aus Erdenstaub,
> Und blies dir Lebensodem in die Nase;
> Nach seinem Bilde schuf er dich, und so
> Wardst du ein lebend Wesen, ähnlich Gott. (VII, 628ff)

Nach diesen Aussagen ist nur der Mann nach dem Bilde Gottes geschaffen. Der Text verarbeitet sowohl die älteren Erzählungen von Gen 2 und 3 wie auch den Bericht von Gen 1, wie es schon die apokryphe Tradition getan hatte. Daß Eva bei dem Gespräch nicht dabei ist, wird wenig später gesagt. Sie ist etwas entfernt und beschäftigt sich mit Blumen und Früchten. Zentral für das ganze Epos ist somit die strenge Trennung von Mann und Frau und ihren Lebensbereichen: Der Mann für das Himmlische und Geistige, die Frau für Natur und Genuß (Schönheit).

Diese Beispiele aus dem 17. Jh., die eine jahrhundertealte Tradition wiedergeben und zusammenfassen, sollen vorerst genügen. MILTONS Epos gibt wie in einem Brennglas alle damals gängigen Interpretationen der Ungleichheit von Mann und Frau in der Frage der Gottebenbildlichkeit wieder, wie sie seit rund 1500 Jahren in verschiedenen Formen vertreten wurden.

5.1.2 SCHEEBEN († 1888)

Mein zweites Beispiel entstammt einem theologischen Werk aus dem 19. Jh., das aber noch zu meiner Studienzeit als Lehrbuch der Dogmatik empfohlen und benutzt wurde: Joseph Matthias Scheeben († 1888). Er gibt eine für die Frau eingeschränkte Gottebenbildlichkeit wieder, wie sie in der gesamten katholischen Tradition von fast zweitausend Jahren vertreten wurde. Ich zitiere die entscheidenden Sätze:

„… daß der Mann, wie er als Mann der ursprünglichere und vorzüglichere, zunächst und unmittelbar von Gott intendierte und hervorgebrachte Inhaber und Repräsentant der menschlichen Natur und darum der Mensch schlechthin ist, so auch das in der menschlichen Natur liegende Bild Gottes in sich vollkommen verwirklicht, also Bild Gottes schlechthin ist; daß dagegen das Weib, weil ihm die menschliche Natur erst sekundär und mittelbar, vermittels des Mannes und um seinetwillen mitgeteilt wird, … , nicht in dem vollen Sinne Bild Gottes ist wie der Mann.“[9]

[9] *Joseph Matthias Scheeben*, Handbuch der katholischen Dogmatik, Freiburg 1878, Wien ^{3}1961 (3. Buch Nr. 366).

Der zitierte Text geht klar auf die Tradition zurück, die den ersten Schöpfungsbericht der Bibel mit dem zweiten, mit der Erzählung der Erschaffung des Menschen im Garten Eden, vermischt, wie dies auch Milton getan hat. Diese Tradition war auch bereits im Neuen Testament, vor allem von Paulus (1 Kor 11) verarbeitet worden. Daß diese Sichtweise, die Frau in Wertung und Stellung dem Mann nachzuordnen, somit in der allgemeinen und in der theologischen Tradition fest zementiert ist, wird an diesen Beispielen deutlich.

Dies alles geht weitgehend daraufhin zurück, daß in der christlichen Tradition ein Übergewicht besteht im Reden von der Sündhaftigkeit des Menschen, seines Elends, seiner Nichtigkeit, gegenüber seiner Großartigkeit und Stellung in der Welt als Bild Gottes. Ist das der Grund, daß Gen 2f, die „sündige Eva“, die so viel Unheil angerichtet hat, viel bekannter ist und viel häufiger interpretiert wurde als die Aussagen über die Gottebenbildlichkeit und die der Würde des Menschen?

Daß Auslegungen dieser Art keineswegs auf die katholische Theologie beschränkt sind, zeigt auch noch das 20. Jh.: Bachl sagt in seinem Beitrag zu „Mann und Frau“: „Was mich beim Studium theologischer und spiritueller Texte im wachsenden Maß verblüfft, ist der enorme intellektuelle Aufwand für den Überlegenheitsbeweis, den die männlichen Theologen für den Primat des Mannes bringen, bis hin zu Karl Barth und Hans Urs von Balthasar.“[10]

Was steht demgegenüber in der Bibel selbst? Interpretieren diese Dichter bzw. Theologen die hebräische Bibel sachgemäß, d. h. nach den Intentionen ihrer eigenen Autoren?

5.2 Die Aussagen von Gen 1,26-28

5.2.1 Die Situation

Der Schöpfungsbericht von Gen 1,1-2,4a, der bekanntlich nicht zufällig an den Anfang der hebräischen Bibel zu stehen kam, will programmatische theologische Aussagen über Stellung und Aufgabe des Menschen machen. Er hat seinen Entstehungsort im Babylonischen Exil (6. Jh. v. Chr.) und wird einer Quelle zugeschrieben, die Priesterschrift genannt wird, weil vermutlich priesterliche Kreise diese Texte verfaßt haben.

Die Krise, die 587 v. Chr. mit dem Verlust des Landes, der Hauptstadt Jerusalem, des Tempels, des Königtums, mit einem Wort, der gesamten Eigenständigkeit, eingetreten ist, kann gar nicht überschätzt werden. Politisch, sozial und religiös muß sich Israel vollständig umstellen. Jerusalem ist nur noch eine periphere Größe, die Jahwe-Religion lediglich eine unter vielen. Wie kann Israel in

[10] *Gottfried Bachl*, Gott schuf den Menschen als Mann und Frau (Hg. Paulus Gordan), Salzburg 1989, 48.)

dieser Zeit seine eigene Identität finden und bewahren? Aufgrund dieser neuen und aufregenden Situation hat natürlich eine Erzählung wie Gen 1 nicht in erster Linie die Aufgabe, Belehrung über die Entstehung der Welt und der Menschen zu geben, sondern die eigene Glaubenssituation zu stärken, sich seiner Identität zu versichern, neue Grundlagen für das Leben in der Diaspora zu erarbeiten. Das Ziel des Berichtes von Gen 1 ist dann auch nicht der Mensch, wie vielerorts zu lesen ist, sondern der *Sabbat.* Der siebte Tag, auf den der ganze Text hin konzipiert ist, will eine neue Orientierung geben für diese Zeit der Krise, einen festen Punkt, an dem sich der fromme Jude/die gläubige Jüdin in Zukunft ausrichten kann. Gerade weil im Exil die rein nationalen Aspekte nicht mehr ausreichen, wird nun der Sabbat in der Schöpfung verankert, um dann zu einem Unterscheidungsmerkmal zwischen Juden und Heiden zu werden.

Aus dem gleichen Grund der Versicherung und Stärkung der gläubigen Existenz redet der Text dann auch nicht nur vom Israeliten, sondern grundsätzlich von *allen* Menschen (*'ada*m). Im Blick ist beim letzten der Schöpfungswerke der Mensch/die Menschheit schlechthin; der Verfasser hat also ein übernationales, ganz universales Konzept, wenn er in der Krisenzeit des Exils vom Menschen schlechthin spricht.

5.2.2 Der Text von Gen 1,26-28

In dem ganzen Schöpfungsbericht wird vom Menschen immer als *ʿadam* gesprochen, dieser Begriff, der nur im Sigular vorkommt, ist ein Kollektiv, einen Plural davon gibt es nicht. Vor allem aber ist *ʿadam* in allen Erzählungen der Urgeschichte (Gen 1-11) nie ein Individuum, und vor allem kein Eigenname, wie er sich aus einer falsch verstandenen Interpretation der Erzählungen von Gen 2f („Adam“ und „Eva“) in der Spätzeit entwickelt hat.

Am Ende der Schöpfungswerke von Gen 1, am sechsten Tag, steht die Erschaffung von *ʿadam.* Diese wird – anders als bei den übrigen Schöpfungswerken – mit einem expliziten Entschluß Gottes eingeführt:

26 a Und Gott sagte:
b „Laßt uns Menschen machen als unser Bild: etwa in unserer Gestalt,
c damit sie herrschen über die Fische des Meeres, über die Vögel des Himmels und über das Vieh und über alles wilde Getier auf der Erde und über alles Kriechgetier, das auf der Erde kriecht.“

In diesem Vorsatz spricht Gott im Plural ("Lasst uns ... “). Mit *ʿadam* sind eindeutig *alle* Menschen gemeint, die Fortsetzung spricht von ihnen denn auch im Plural.

In einem Finalsatz wird deutlich, wozu diese Erschaffung als Bild Gottes dient: die Menschen sollen herrschen.

Nur in V. 26 wird die Aussage vom „Bild Gottes“ mit zwei verschiedenen Begriffen ausgedrückt, es stehen hier die beiden Ausdrücke (*ṣelem* Gestalt, Standbild, etwa eines Königs) und zusätzlich (*d^{e}mut*, „etwas in der Ähnlichkeit wie“). Die vorsichtige Formulierung „als unser Bild: etwa in unserer Gestalt“ heißt auch, daß dem Verfasser eigentlich die Worte fehlen, um das auszudrücken, was er meint. Den gleichen Ausdruck (*d^{e}mut*) verwendet z.B. der Prophet Ezechiel, wenn er seine Visionen beschreibt. Damit bringt er zum Ausdruck, daß ihm letztlich die passenden Worte gar nicht zur Verfügung stehen: „Ich sah etwas, das aussah wie … das ähnlich war wie … “ (vgl. Ez 1,5.16.22.26).

Der Priesterschrift liegt ja das Bilderverbot vor. Von Jahwe, dem Gott Israels, darf kein Bild gemacht werden, so bestimmen Ex 20,4 und Dtn 5,8. Diese Verbotssätze verwenden jedoch andere Termini für „Bild“ als Gen 1,26f. Zudem spricht der Schöpfungsbericht hier auch nicht von einem Bild *Jahwes*, sondern von einem Bild *'elohims* (Gottes). Für eine Einschränkung sorgt dann zusätzlich noch der Plural: die Priesterschrift schließt hier *'elohim* (Gott) mit dem himmlischen Hofstaat zusammen ("Laßt uns … “). Dem Göttlichen entspricht der Mensch, und zwar in seiner Ganzheit.

Aus dieser Doppelheit des Begriffs hat man in der Tradition, vor allem durch die lateinische Übersetzung, weitreichende Schlüsse gezogen. Aus dem Begriff *imago dei* für den ersten und *similitudo* für den zweiten Begriff hat man seit der Patristik ganze philosophische und theologische Systeme errichtet und damit den Text von Gen 1 überfrachtet. Vor allem wurde dabei die Eigentümlichkeit der hebräischen Sprache verkannt, nämlich komplizierte Sachverhalte mit mehreren Begriffen sozusagen zu umkreisen. Weil gerade *keine* genaue Definition gegeben werden sollte, werden im Hebräischen die Begriffe *ṣelem* und *d^{e}mut* gebraucht. Aber die lateinischen Theologen übersetzten ja auch nicht aus dem hebräischen, sondern bereits aus dem griechischen Text!

Der Mittelteil gibt die Ausführung an:

27 a Und es erschuf Gott *ʿadam* als sein Bild,
b als Bild *'elohims* erschuf er *ihn*,
c männlich und weiblich erschuf er *sie*.

In dieser dreiteiligen Ausführung wird der Mensch in den ersten beiden Zeilen im Singular bezeichnet, in der dritten Zeile steht ein Plural, wobei hier grammatisch eine gewisse Spannung entsteht. Zweimal fällt hier das Wort (*ṣelem*, Bild). Die Ausführung des göttlichen Vorsatzes ist kürzer geschildert als der Entschluß. Neu ist der Zusammenhang der Aussage „männlich und weiblich erschuf er sie“ mit der Erschaffung als „Bild“. Damit kommt der Satzteil „männlich und weiblich erschuf er sie“ genau in die Mitte der Sätze über die Menschenschöpfung zu stehen. Ganz zentral ist somit auch hier – wie in Gen 2, wo die Erschaffung der Frau in den Garten, in die gute Ordnung Gottes gehört – die Differenzierung der menschlichen Geschlechter in die Schöpfung eingebunden. Sie gehört zu der persönlich von Gott ausgeführten Schöpfung, wie sie in diesem Vers dreimal mit dem Verb *bara'* = erschaffen ausgedrückt wird; dieses Verb wird ausschließlich vom voraussetzungslosen Schaffen Gottes gebraucht. Wie in Gen 2 Gott ausdrücklich selbst feststellte, daß es nicht gut sei für *ʿadam*, daß er allein sei, so gehört hier die Bestimmung „männlich und weiblich“ in die gute Ordnung Gottes. Sie gehört nicht nur in die Schöpfung, sondern noch enger in die Abbildlichkeit Gottes hinein. Damit wären schon grundsätzlich alle Auslegungen abgelehnt, die die Entdeckung der Geschlechtlichkeit oder die Leiblichkeit insgesamt als etwas Minderwertiges, als etwas, das der Mensch eigentlich überwinden müßte, ansieht. Die Leiblichkeit, die dann in einer späteren dualistischen und leibfeindlichen Tradition fast ausschließlich der Frau zugewiesen wurde, während der Mann auf die Seite des Geistes zu stehen kam, ist hier voll in der Schöpfung und der Aussage der Gottbildlichkeit integriert. Denn „männlich und weiblich“ bezieht sich auf den *ganzen* Menschen. Eine Aufteilung des Menschen in Geist und Körper oder etwa eine Beschränkung der Gottbildlichkeit auf die Seele hätten die Verfasser von Gen 1 gar nicht verstanden, weil diese griechische Aufteilung des Menschen dem hebräischen Denken fremd war. Der Mensch *als Ganzes*, in seiner weiblichen und männlichen Ausprägung, ist Bild Gottes.

Der dritte Teil bringt die Folgen dieser Erschaffung, den Segen Gottes:

28 a Und es segnete sie *'elohim*,
b und es sprach zu ihnen *'elohim*:
c „Seid fruchtbar und werdet zahlreich
d und füllet die Erde
e und unterwerft sie
f und herrscht über die Fische des Meeres und die Vögel des Himmels und über alles Getier, das auf der Erde kriecht.“

Die Aussagen dieses prägnanten Textes sind insgesamt nicht auf dem Hintergrund ihrer langen Traditionsgeschichte, sondern zunächst auf ihrem *eigenen* zu lesen. Die Priesterschrift will nicht metaphysische Aussagen über den Menschen machen, sondern sie gibt Stellung und Aufgabe des Menschen auf dem Hintergrund altorientalischer Welt- und Menschenvorstellung an. Dabei sagt der Text selbst, was unter „Bild Gottes“ zu verstehen ist: der Finalsatz in V. 26 gibt das *Herrschen* an, und dies ist am Schluß, in V. 28, wiederholt (wobei hier die Aufzählung der

Tiere kürzer ist). Die Priesterschrift hat die altorientalische Königsideologie im Blick, wo der König als Stellvertreter der Gottheit auftritt. Solche Vorstellungen waren vor allem in Ägypten ausgeprägt. König oder Königin traten dort als Repräsentanten der Gottheit auf.[11] In Ägypten wird der König als Bild (*ẖntj*) eines Gottes bezeichnet, weil er als dessen „lebendiges Kultbild" gilt. „Ursprünglich bezeichnet es eine Statue, und zwar sowohl von Privatpersonen als auch von Königen und von Göttern, speziell die in der Prozession getragene Statue. Es besagt also zunächst, daß der König die öffentliche, sichtbare Erscheinungsform Gottes sei, die er auf Erden gegeben hat. Das Wort *ẖntj* wird in dieser Verwendung auch gern mit dem Attribut ‚lebend' versehen. So heißt Hatschepsut auf ihrem nördlichen Obelisken in Karnak ‚Sein lebendes Bild, König von Ober- und Unterägypten, Makare, das Gold der Könige'; in Deir el Bahari nennt Amun sie: ‚Mein lebendes Abbild auf Erden' und gibt späterhin Amenophis II. die gleiche Bezeichnung."[12] Dies wird auch durch neuere Untersuchungen neu bestätigt. Boyo Ockinga gibt weitere Beispiele in deutscher Übersetzung aus einer Inschrift Amenophis IV., wo der Gott Amun zum König spricht:

> Dieses Land habe ich in seiner Länge und Breite geschaffen
> um auszuführen,
> was mein Ka wünscht;
> Dir habe ich gegeben /// meine //// insgesamt;
> Du beherrschst es (das Land) als König, so wie (zu der Zeit) als ich König
> von Ober- und Unterägypten war;
> Du bewirtschaftest es für mich aus liebendem Herzen,
> denn du bist mein geliebter Sohn, der aus meinem Leibe
> hervorgegangen ist,
> mein Abbild, das ich auf Erden gestellt habe.
> In Frieden lasse ich dieses Land regieren,
> indem du die Häupter aller Fremdländer tilgst.[13]

Interessant ist, wie die Priesterschrift mit diesem vorgegebenen Material umgeht. Entscheidendes ist uminterpretiert: Während es sich in Israels Umwelt um herausragende Einzelpersonen handelt, ist für die Priesterschrift der Mensch *als Mensch* Stellvertreter Gottes. Dies wird besonders darin deutlich, daß das Herrschen als die besondere Füllung dieser Aussage zu sehen ist. Nicht in seinem „Geist", auch

[11] Vgl. *Eberhard K. Otto*, Der Mensch als Geschöpf und Bild Gottes in Ägypten (Probleme biblischer Theologie, FS Gerhard von Rad, Hg. Hans Walter Wolff), München 1971, 335-348.

[12] Ebd. 345.

[13] Vgl. *Boyo Ockinga*, Die Gottebenbildlichkeit im Alten Ägypten und im Alten Testament (Ägypten und Altes Testament 7), Wiesbaden 1984, 146.

nicht in seiner „Seele“ oder in seiner „aufrechten Gestalt“ ist der Mensch Bild Gottes, sondern in seiner Funktion als Verwalter/in der Welt. Dieses Verwalten oder Herrschen wird bereits in der altorientalischen Tradition gern mit dem Bild des Hirten dargestellt. Auch in Israel ist der gute König/die gute Königin *Hirte* des Volkes, so wie Jahwe, der sein Volk leitet und schützt (vgl. Ps 23). Solches „Herrschen“ bedeutet somit nicht willkürliches Verfügen – dem steht gerade entgegen, daß die Menschen in der priesterschriftlichen Schöpfungsgeschichte die Tiere nicht verzehren dürfen; dies ist erst nach der Sintflut erlaubt –, sondern es heißt Verantwortung übernehmen: Die Menschen als Stellvertreter Gottes sind für die Geschöpfe zuständig wie Gott für die Schöpfung insgesamt.

Wie sieht nun Gen 1 die Aufgabe des Menschen? Da im Abbild das Abgebildete selbst präsent ist, ist somit Gott im Menschen anwesend, *wenn* dieser in Verantwortung seinem Gott gegenüber die Schöpfung leitet wie ein Hirte seine Herde. Wichtig ist zu betonen, daß hier die Menschen nur über die übrige Schöpfung herrschen, also nicht über andere Menschen! Das Herrschen über Menschen – wie es auch die altorientalischen Könige tun – ist Gott allein vorbehalten. Der Verfasser von Gen 1 hat somit Vorstellungen, die er aus seiner Umwelt übernommen hat, in gezielter Weise verschoben: einmal ist das Herrschen über Menschen ausgeschlossen, weiter sind die Menschen klar als männlich und weiblich qualifiziert. Damit ist in dieser Aussage auch die Herrschaft des Mannes über die Frau ausgeschlossen! Daß dies bis heute nie explizit ausgesprochen wurde, ist mehr als erstaunlich. Eine genaue Analyse der Formulierung von Gen 1,26-28 ergibt nämlich genau dies: Mann und Frau beherrschen/leiten die übrige Schöpfung, und dies schließt überaus deutlich ein, daß sich keines der beiden Geschlechter die Herrschaft über das andere anmaßen darf. Wenn also der Mann über die Frau herrscht und diese unter solcher Herrschaft und ihrer Bezogenheit auf den Mann zu leiden hat, so ist dies nach P *nicht* schöpfungsgemäß, dann handelt es sich um eine Perversion der ursprünglichen Ordnung.

Bei der Redeweise „der Mensch“ oder „die Menschen“ gerät häufig aus dem Blick, daß es sich immer um *beide* Geschlechter handelt, von denen hier die Rede ist. Ausdrücklich wird von der Priesterschrift *beiden* diese Leitungsfunktion übertragen, Mann und Frau. Die letzte Zeile des Mittelstücks ("männlich und weiblich erschuf er sie“) ist nicht nur für den Fruchtbarkeitssegen notwendig. Hier ist freilich die Frau unverzichtbar, aber der Auftrag des Herrschens wird in V. 28, und zwar im Plural, wiederholt! Mann und Frau haben somit *gemeinsam* den Auftrag, die Welt verantwortlich zu leiten und sich zu vermehren, die (noch) leere Erde anzufüllen. Dies heißt aber auch – betrachtet man dies von der anderen Seite –, daß Mann und Frau nur dort als Repräsentanten, als Bild Gottes fungieren, wo sie *gemeinsam* die Verantwortung tragen. Dies ist nicht individuell gemeint, als könnten die Menschen nur noch paarweise ihren Kulturauftrag ausführen, sondern grundsätzlich. Wenn ein Geschlecht allein die Welt be*herr*scht,[14] kommt es zu einer Perversion der gemeinten theologischen Aussage. Die allgemeine Redeweise vom *Herr*schaftsauftrag an den Menschen hat jedoch praktisch nur für den Mann Wirkungen gezeigt.

Wichtig ist noch anzumerken, daß die Gottebenbildlichkeit der Menschen – aller Menschen – etwas Dauerndes und Bleibendes ist. Sie geht nicht verloren, etwa durch einen irgendwie vorgestellten Sündenfall. Unsere priesterschriftliche Quelle kennt keine Geschichte, die die Sündenverfallenheit der Menschen eigens darstellt. Wohl aber übernimmt die Priesterschrift den Spannungsbogen von der Schöpfung bis zur Flut, wie sie alle altorientalischen Schöpfungsmythen kennen. Auch die große Flut, die wegen der Verderbtheit der Menschheit über die Erde kommt, ist nicht geeignet, irgendetwas an dieser gegebenen Würde des Menschen zu ändern: *Nach* der Flut wird ausdrücklich festgestellt, daß die Menschen nach dem Bilde Gottes geschaffen sind und daß deswegen die Tötung eines Menschen nicht erlaubt ist:

> Wer Menschenblut vergießt,
> dessen Blut soll auch durch Menschen vergossen werden;
> denn: Nach dem Bilde Gottes ist der Mensch (*ʿadam*) geschaffen. (Gen 9,6)

Der Vers ist stark in Rechtssprache abgefaßt, interessant ist in unserem Zusammenhang die Begründung, denn es ist der einzige Satz in der hebräischen Bibel, in der auf die Aussage von der Gottebenbildlichkeit zurückgegriffen wird, und zwar in der gleichen Formulierung wie Gen 1,27: Als *ṣelem 'elohim* (Bild Gottes) ist die Menschheit geschaffen, und darum ist das Leben des Menschen unantastbar. Als wichtigster und härtester Übergriff wird der Angriff auf das Leben eines Menschen (*ʿadam*) hier verurteilt und der schärfsten Strafe überantwortet. Mit ʿadam (Mensch) ist selbstverständlich wieder *alles* menschliche Leben, sowohl Männer als Frauen, bezeichnet. Wäre dies nicht so, könnte man nach diesem Satz Frauen straflos töten. ʿadam heißt jedoch in allen Erzählungen der Urgeschichte *Mensch* bzw. *Menschheit* und ist nie auf *ein* Geschlecht eingeschränkt.

5.3 Weiterentwicklungen im Neuen Testament

Heute gibt es wohl keinen Exegeten mehr, der in Gen 1 einen Unterschied in der Gottebenbildlichkeit zwischen Mann und Frau sieht – es gibt hier einen Konsens,

[14] Man beachte hier die Sprache! In *herrschen* steckt ja das Wort *Herr*, genauso wie im sogenannten *Herr*schaftsauftrag. In der Praxis wurde dieser so gut wie immer auf den Mann allein bezogen.

daß „männlich und weiblich“ auf der gleichen Ebene stehen, daß die theologische Aussage von der Gottebenbildlichkeit für *beide* Geschlechter im vollem Umfang zutrifft.

Trotzdem ist die lange und sehr frauenfeindliche Wirkungs- und Rezeptionsgeschichte damit nicht aus der Welt geschafft. Es gibt ja nicht nur Gen 1, sondern wir finden auch eine ganze Reihe von *neu*testamentlichen Aussagen, die die Position der Frauen verschlechtert haben. Da in der Vergangenheit die Interpreten häufig die *alt*testamentlichen Texte durch die Brille des Neuen Testaments gelesen haben, kommt es zu Verzeichnungen, die bis heute andauern. Auch die neutestamentlichen Schriftsteller, die ja alle griechisch schreiben, leben und denken in jenen Traditionen, die ich am Anfang kurz gekennzeichnet habe: sie schöpfen stark aus den apokryphen Texten und aus hellenistischen Interpretationen und beziehen sich damit nicht direkt auf die hebräischen Urtexte. Am deutlichsten läßt sich dies bei manchen Aussagen des Paulus zeigen. Bei all dem ist zu berücksichtigen, daß es zur Zeit der Entstehung des NT ja noch keinen Kanon, keine verbindliche Regelung dessen gab, was nun endgültig „Heilige Schrift“ sei und was nicht.

Von Paulus möchte ich zwei Gedankenkomplexe anführen, die Weichen für eine zukünftige Interpretation gestellt haben; einmal seine Typologie in der Endgegensetzung von *Adam* und *Christus*, sodann seine langen Ausführungen in 1 Kor 11, wo er ausdrücklich Gen 1 auslegt.

5.3.1 Röm 5

Paulus hat eine Typologie entwickelt, die bis heute lebendig ist, die aber für Frauen sehr negativ gewirkt hat, was ihre Symbolik angeht: Röm 5 stellt er die Adamsgestalt als Typos des ersten (sündigen) Menschen der Christusgestalt als Typos des erlösten Menschen gegenüber. Selbstverständlich sind für Paulus die Frauen ein-, nicht ausgeschlossen. *Adam* meint die gesamte sündige Menschheit, *Christus* umfaßt die gesamte erlöste Menschheit. Aber es läßt sich nicht leugnen, daß beide Symbole männlich sind. Adam (als Eigenname) entspricht Christus (als Eigenname). Aus dieser theologischen Typologie fällt die Frau schlicht heraus, ohne daß dies zunächst auffällt. Es fällt allerdings dann auf, wenn man dies bildlich darstellt, ich denke z.B. an die schönen Darstellungen von Adam und Christus, wie sie an der Kathedrale von Chartres zu finden sind. Diese Typologie kann ich hier nicht weiter entwickeln, ich möchte aber darauf hinweisen, weil sie so zahlreiche und weitreichende Konsequenzen in der Folgezeit hatte.

5.3.2 1 Kor 11

Expliziter auf die Frauen geht 1 Kor 11 ein, allgemein bekannt als der Text, der den Frauen gebietet, einen Schleier auf dem Kopf zu tragen, wenn sie im Gottesdienst prophetisch reden. In diesem sehr komplexen Text – es ist der längste Abschnitt des Paulus, der von Frauen handelt – kann ich nur die Aussagen heranziehen, die sich auf Gen 1 beziehen. Paulus fängt in V 3 mit einer Grundsatzerklärung an:

> Ich will, dass ihr wisst:
> Jedes Mannes Haupt ist Christus.
> Das Haupt der Frau ist der Mann,
> das Haupt Christi aber ist Gott.[15]

Paulus geht es hier deutlich um eine *Rang*ordnung, er bringt eine absteigende Hierarchie:

> Gott
> Christus
> Mann
> Frau,

wobei die Frau die letzte Stelle einnimmt. „Haupt" sein bedeutet, einen Vorrang haben, es bezeichnet eine Über- bzw. Unterordnung. Daran kann wohl kein Zweifel bestehen, auch wenn man den gesamten Text des Paulus unterschiedlich auslegen kann, denn am Schluß hebt er alles auf: in Christus gilt dies nicht mehr (V 11f). Paulus fordert aus dieser Unterordnung der Frauen, daß der Mann, wenn er betet oder prophezeit, dafür seinen Kopf nicht bedecken muß. Vielmehr „beschämt" er seinen Kopf, wenn er ihn bedeckt. Umgekehrt ist es bei der Frau: sie „beschämt" ihren Kopf, wenn sie mit unbedecktem Haupt betet oder prophezeit (V 4-6). (Zwischen den Zeilen wird hier deutlich, daß es für Paulus selbstverständlich ist, daß Frauen im Gottesdienst (laut) beten und prophetisch reden.) Für unseren Zusammenhang wichtig sind nun aber die Begründungen. V 7 rekurriert auf Gen 1:

> Denn: Der Mann ist Gleichbild und Abbild Gottes
> (und ist deshalb nicht verpflichtet, seinen Kopf zu bedecken).
> Die Frau aber ist Abbild des Mannes.

[15] Übersetzung nach *Max Küchler*, Schweigen, Schmuck und Schleier. Drei neutestamentliche Vorschriften zur Verdrängung der Frauen auf dem Hintergrund einer frauenfeindlichen Exegese des Alten Testaments im antiken Judentum (NTOA 1), Göttingen 1986, 75.

Dieser Text verweist deutlich auf die Sprache, wenn auch griechisch, von Gen 1. Der Mann – und nur der Mann! – ist *eikon* (Bild) und *doxa* (Herrlichkeit) Gottes. Die Zweiheit der Begriffe von Gen 1 wird hier aufgenommen, während dann für die Frau nur der zweite, die *doxa* (Herrlichkeit) wiederholt wird, aber nicht als *doxa* Gottes, sondern sie ist die *doxa* des Mannes. Der Ausdruck wird zumeist mit „Abglanz" übersetzt. Der Mann also Abbild und Abglanz Gottes, die Frau nur noch Abglanz des Mannes. Der lateinische Text übersetzt dann für den Mann (vir): *imago et gloria Dei est, mulier autem gloria viri est.* Dies ist eine klare Mißdeutung und Fehlinterpretation von Gen 1. Der deutliche hierarchische Unterschied, der in der Gottebenbildlichkeit der Frau hier formuliert wird, entspricht *nicht* dem hebräischen Text! Paulus folgt hier der Septuaginta, der griechischen Übersetzung der Bibel, die ihrerseits mit ihrem hellenistischen Hintergrund die Gleichwertigkeit in der Gottebenbildlichkeit von Mann und Frau bereits eingeschränkt hat. Die Septuaginta hat den allgemeinen Begriff *ʿadam* (Mensch/Menschheit), wie er in der hebräischen Urgeschichte immer kollektiv gebraucht ist, an vielen Stellen schon mit dem Eigennamen *Adam* übersetzt, so daß manches, was im Hebräischen für beide Geschlechter ausgesagt wurde, in der späteren hellenistischen Interpretation nur noch für den Mann gilt, wie es auch in den Apokryphen zum Ausdruck kommt.[16]

Dieser hellenistisch gefärbeten philosophischen Interpretation der Spätzeit liegt die Auffasung zugrunde, daß der eigentliche Mensch nur der Mann sei, was ungeheure Konsequenzen für ein christliches Frauenbild gehabt hat – bis heute. Die falsche Übersetzung von *ʿadam* (Mensch/Menschheit) ist der Knackpunkt so gut wie aller späteren Fehlinterpretationen.

Wie kann eine ver-kehrte Interpretation der Aussagen von Gen 1 heute korrigiert werden? An der modernen exegetischen Auslegung von Gen 1 kann es nicht liegen, hier gibt es keinen Dissens. Auch kann die lange frauenfeindliche Rezeptionsgeschichte nicht rückgängig gemacht werden. Die crux liegt eher an einer anderen Stelle.

Meiner Meinung nach ist ein Großteil der heute noch andauernden Fehlinterpretationen einer Vernachlässigung des Alten Testaments zuzuschreiben. Weil das AT in seiner Eigenständigkeit, in seinen wertvollen anthropologischen Grundaussagen nicht ernst genommen wird, konnten sich diese Fehlinterpretationen so lange halten.

Umgekehrt stammen zahlreiche rezeptionsgeschichtliche Festlegungen frauenfeindlicher Art aus einer Überbewertung des Neuen Testaments, speziell des Paulus. Dies gilt besonders für die protestantische Theologie. Wenn auch mein

[16] Vgl. auch *Helen Schüngel-Straumann*, „Von einer Frau nahm die Sünde ihren Anfang, ihretwegen müssen wir alle sterben" (Sir 25,24). Zur Wirkungs- und Rezeptionsgeschichte der ersten drei Kapitel der Genesis in biblischer Zeit, Bibel und Kirche 53 (1998), Heft 1, 11-20.

anfängliches Beispiel aus der Dogmatik, das ich einem Katholischen Handbuch entnommen habe, die Minderbewertung der Frau in der Gottebenbildlichkeit sehr deutlich ausgesprochen hat, so ist es doch im protestantischen Bereich nicht anders; ich denke etwa an Karl Barth, der noch im 20. Jh. eine klare Nachordnung der Frau nach dem Mann in seiner Auslegung von Gen 1 vorgenommen hat. In beiden Kirchen sind in etwa vergleichbare Prozesse abgelaufen, was die Auslegung von Gen 1 betrifft. Die *Vor*ordnung, auch die theologische Wertung, das NT sei wichtiger als das AT, hat in vielen Fällen dazu geführt, daß man den Aussagen von 1 Kor 11 beispielsweise, weil sie eben im Neuen Testament stehen einen größeren Stellenwert zugemessen hat als den klaren Aussagen von Gen 1. Hier gilt aber der Grundsatz: Der *Ursprungstext* hat in seinem Eigenwert und in seinen theologischen Aussagen den Vorrang, Fehlinterpretationen dagegen dürfen kritisiert und korrigiert werden, auch wenn sie im Neuen Testament stehen.

Die neutestamentlichen Schriftsteller, auch Paulus waren Kinder ihrer Zeit, oder besser: Männer ihrer Zeit. Sie vertraten teilweise männliche Interessen. Wenn das Wort der Schrift *Gotteswort in Menschenwort* ist, so muß man häufig präzisieren: Gotteswort in *Männerwort*. Dieses Männerwort muß heute kritisiert und korrigiert werden, wo es die theologische Wertschätzung von Frauen mindert.

6 Zwei weibliche Gegensatzpaare: Ester und Waschti – Lilit und Eva[1]

Seit ich vor mehr als zwanzig Jahren begonnen habe, mich mit biblischen Frauengestalten zu befassen, besonders auch mit ihrer (häufig eher negativen) Wirkungs- und Rezeptionsgeschichte, hat mich diese Thematik nicht mehr losgelassen.[2] Dir, lieber Erich, möchte ich zum 65. Geburtstag einen kurzen Beitrag über zwei Frauenpaare widmen, die m.W. so noch nicht zusammengestellt wurden.

Es geht um zwei Frauen, die in der Hebräischen Bibel vorkommen, wobei jede ein Gegenstück in einer anderen Frau hat, die weniger zum Zuge gekommen ist bzw. abgeschoben wurde. Eva und Ester sind fest in Bibel und Tradition verankert, Lilit dagegen wurde dämonisiert und in die Legende verwiesen, Waschti wurde von ihrem Amt als Königin abgesetzt und verlor ihre Stellung, ihr Ansehen und alles, was dazugehörte. Sie kommt nach den Vorgängen von Kap. 1 des Esterbuches nicht mehr vor (außer in den Rückbezügen auf sie in Kap. 2).

In diesem kurzen Versuch kann weder eine Exegese traditioneller Art geliefert noch die Wirkungsgeschichte so zentraler Figuren ausführlich dargestellt werden. Es sollen vor allem die Bezüge zwischen den sehr unterschiedlichen Personen aufgezeigt und ein intertextueller Vergleich zwischen den jeweiligen Personen und Motiven, sodann der beiden Paare versucht werden. Auf den ersten Blick gibt es zahlreiche Verbindungen und Bezüge zwischen den einzelnen Figuren – halten diese auch einem „zweiten Blick" stand?

Eine der Frauengestalten kommt in der Bibel außer Jes 34,14 nicht vor, sondern nur in Legenden und in mythologischen Schriften außerhalb der Bibel und im nachbiblischen Judentum. Sie soll trotzdem als Gegenfigur zur biblischen „Eva", zur ersten Frau in der Bibel, herangezogen werden. Feministische Exegese hat ein noch distanzierteres Verhältnis zum Kanon i.S. von definitiv/autoritativ festgelegten Texten bzw. corpora als es in der aktuellen exegetischen Diskussion sowieso schon der Fall ist.[3]

---

1 veröffentlicht in: Das Manna fällt auch heute noch. Beiträge zu Geschichte und Theologie des Alten, Ersten Testaments (Hg. Frank Lothar Hossfeld/Ludger Schwienhorst-Schönberger, FS für Erich Zenger), Freiburg 2004, 511-531.

2 Vgl. *H. Schüngel-Straumann*, Anfänge (1991).

3 Vgl. dazu u.a. *H. Schüngel-Straumann*, Kanon/Apokryphe Literatur: WFTh (2002) 66-68. *G. Steins*, Isaak (1999) bes. 76ff; *K.Nelißen*, Lesebrille (2003) 195ff.

So erlaube ich mir, die überwiegend außerkanonische Lilit als Gegenfigur zu „Eva“ heranzuziehen, denn die Bezüge sind zu auffallend, um nicht einen Vergleich zu gestatten.

6.1 Waschti und Ester

Im ganzen Esterbuch kommt Gott nicht explizit vor, es sind die Menschen, die handeln, die die Geschichte vorantreiben. Dies spricht für die späte Zeit der Entstehung (hellenistische Epoche). Dass eine Frau, Ester, in der Diasporasituation ihr Volk rettet, ist für die Tradition so bestimmend, dass die andere Frau, Waschti, wenig Beachtung gefunden hat. So sind die grossen Themen des Esterbuches die Diasporasituation, die Rettung der Juden, die Gefahr des Antisemitismus, das Purimfest sowie der Vergleich zwischen Ester und Josef (Aufstieg in einem fremden Land). – Die Figur der Waschti ist jedoch für die Erzählung unverzichtbar, denn sie ist fest verbunden mit der Gesamtgeschichte, was die vielen Bezüge zeigen. Ihre Verstoßung wird „gebraucht“, damit Ester, die Jüdin, zur Königinwürde aufsteigen kann. Das Buch ist gestaltet durch acht verschiedene Gastmähler, wobei drei sich schon im ersten Kapitel finden. Diese Bankette sind dann auch der Anlass für die Szene, die zur Absetzung der Königin Waschti führen.

Folgende Bezüge zwischen den Handlungen von Waschti und Ester durchziehen das Buch:
- das Gastmahl (Bankett)
- das Erscheinen vor dem König
- die Kleiderfrage: Kleider als Zeichen von Macht
- die außergewöhnliche Schönheit der Frauen
- Gehorsam – Ungehorsam
- die klare Vormachtstellung des Königs/der Männer
- die Unterlegenheit der Frauen
- die königlichen Erlasse

In der Erzählung, die in die märchenhafte Perserzeit zurückverlegt wird, gibt der Perserkönig Xerxes I. ein große Festmahl, einmal für die Großen seines Reiches (1,4), dann auch für das Volk (1,5), um seine überlegene Macht und Größe zu demonstrieren. Auch die Königin Waschti gibt ein Fest für die Frauen des Reiches (1,9). In Persien konnten zwar Frauen an den Gastmählern von Männern teilnehmen, wie dies ja auch in Est 2ff mehrfach der Fall ist. Dass Waschti ein eigenes Bankett für die Frauen hält, ist somit auffallend,[4] – vielleicht will dies aber auch schon andeuten, dass sie sich vom König und seinem Fest distanziert.

---

[4] Vgl. z.B. *C.A. Moore*, Esther (1988) 13; *H. Ringgren*, Esther (1981) 395.

Nach dem ersten Kapitel gibt es weitere Festmähler (2,18 zu Ehren Esters), die vor allem von der Königin Ester benutzt werden, die entsprechenden Männer (den König, Haman) einzuladen und für ihre Zwecke geschickt einzusetzen (5,5-8; 7,1ff.).

Das Erscheinen vor dem König wird Waschti explizit vom König befohlen, und zwar so feierlich, dass er sieben namentlich genannte Große zu ihr schickt, um den Befehl zu überbringen. Sie aber kommt nicht. Ein Grund dafür wird nicht angegeben, ja, Waschti spricht nicht ein einziges Wort.[5] Es wird nur ganz knapp ihr Kommen befohlen und die Reaktion darauf, dass sie nicht kommt. Bei ihrer Weigerung 1,12 wird der Titel „Königin" dem Namen Waschtis vorangestellt: So wird betont, dass sie sich in ihrem Amt, als Königin, verweigert![6] Über ihre Kleidung ist lediglich gesagt, dass sie ihr Diadem, die königliche Krone, tragen soll.[7] Der König will ihre Schönheit allen seinen Fürsten und Großen vorführen, damit soll seine Machtdemonstration lustvoll abgeschlossen werden.[8] Das Verb ראה (sehen und gesehen werden), das mehrmals vorkommt, zeigt, wie der König durch das Vorführen seiner Frau die Männer beeindrucken will. Dass die Königin „nackt", wie es die jüdische Tradition ausgelegt hat (bMeg 12b), auftreten soll, also mit nichts als dem Diadem bekleidet, gibt der Text nicht her. Ähnliche märchenhafte Geschichten gab es auch im hellenistischen Bereich, z.B. Herodot I,8ff. Möglicherweise stammt hieraus das Motiv der Nacktheit.[9] Vielmehr ist bei der Bedeutung der Kleidung, wie sie im ganzen Buch bestimmend für die Stellung der jeweiligen Person ist, eher zu erwarten, dass Waschti mit vollem Ornat, also mit ihren königlichen Gewändern bekleidet und als Krönung mit dem Diadem, erscheinen soll. Hätte sie nackt vor den versammelten Männern auftreten sollen, so wäre für die Weigerung ihres Kommens ein moralischer Grund gegeben, warum sie dem Befehl nicht Folge leistet. Ein Grund steht aber nicht im Text, und dies gibt Anlass zu Spekulationen.

Ester dagegen geht mehrmals ungebeten zum König. Dies ist ein großes Risi-

5 Ester dagegen, von der viele Reden überliefert sind, schweigt am Anfang ihrer Geschichte auch, und zwar in einem wesentlichen Punkt: sie verschweigt ihre jüdische Herkunft, sie hält ihre ethnische Zugehörigkeit geheim. So bleibt das Motiv ihres Handelns für ihre Umgebung im Dunkeln. Bei Waschti dagegen fehlt jedes Wort über ein Motiv.

6 Vgl. dazu *K. Butting*, Ester (1998) 168ff.

7 Vgl. hierzu *J. Siebert-Hommes*, Clothing (2002) ohne Seitenzahlen .

8 *T. K. Beal* sieht diesen Akt geradezu als Höhepunkt für das Fest des Königs: „The fact that seven eunuchs are sent to her on the seventh day, moreover, may suggest that this will be the impressive finale of the king's display and will conclusively confirm his secure resting place on the throne." (*T. K. Beal*, Esther's Beginnings (1995) 94f. Damit zeigt sich die Grundproblematik dieses ersten Kapitels, die ganz auf die männliche Dominanz und im Gegensatz dazu auf die Frau als „das andere", angewiesen ist! (vgl. a.a.O. 95ff)

9 Vgl. *G. Gerleman*, Esther (1973) 62f.; *C.A. Moore*, Esther (1988) 13; *H. Ringgren*, Esther (1981) 396.

ko, denn der König hat die Macht, jeden zu töten, der ungerufen zu ihm kommt. Ester geht dieses Risiko ein, obwohl sie um die Lebensgefahr weiß, indem sie geschickt den König so stimmt, dass er sie gnädig aufnimmt. Zeichen dafür ist das Szepter, das er ihr entgegenstreckt (5,1-5 u.ö.).

Die Vorbereitungen, die Ester für ihr erstes Auftreten beim König treffen muss, haben viel mit der Kleidung zu tun. Weil der König Gefallen an ihr findet, setzt er ihr das Diadem auf den Kopf, das früher Waschti geschmückt hatte (2,17). Damit wird der Übergang der Königswürde an Ester ausdrücklich vollzogen. Es wird der gleiche Begriff[10] gebraucht wie bei Waschti, und es wird auf die Bemerkung in 1,19 Bezug genommen, dass die Königswürde Waschtis (*malkut*) einer andern gegeben werden soll, „die besser ist als sie". Dies ist nunmehr geschehen. Offenbar ist Ester „besser" (טוב könnte auch „schöner" heißen, was aber hier wohl nicht der Fall ist) als Waschti, d.h. gefügiger, gehorsamer.

Die Bedeutung der Kleidung wird immer wieder betont, auch bezüglich der männlichen Hauptfiguren Mordechais (4; 8,15) und Hamans (vgl. 6,7f!). Diese sollen hier außer acht gelassen werden. Ester selbst geht immer sorgfältig gekleidet und vorbereitet zum König (5,1 u.ö.). Am Schluss des Buches erscheint sie in feierlicher Kleidung, um dem König zu gefallen – im Gegensatz zu Waschti in Kap. 1. An der Kleidung zeigt sich der Stand, die Stellung und die Ehre, die einem Menschen zukommt; eine entsprechende Degradierung kann dann an der Kleidung abgelesen werden.

Außer durch die Kleidung verbindet beide Frauen die Erwähnung ihrer außergewöhnlichen Schönheit. Das ist ihre Auszeichnung und ihre Chance. Waschti wird 1,11 als „sehr schön" bezeichnet. Dieses Attribut ist die wichtigste Eigenschaft einer Königin. Auch Ester wird vor allem wegen ihrer Schönheit zur Nachfolgerin erwählt, ihre „Schönheitspflege", bevor sie dem König zum erstenmal vorgeführt wird, dauert ein ganzes Jahr (2,12ff).[11]

Schönheit als wichtigstes Kennzeichen einer würdigen Königin genügt aber nicht, wenn nicht Gehorsam und Ergebenheit dazukommen. Diese haben Waschti gefehlt, sie gehorcht nicht, während Ester offenbar den Eindruck macht, dass sie sich besser in die Situation einer untergeordneten Königin einfügen kann. Aller-

---

10 Der Ausdruck כתר für Diadem, der nur im Esterbuch vorkommt, ist verbunden mit מלכות, sowohl bei Waschti wie bei Ester. Es ist nicht irgendein Kopfschmuck, sondern das Zeichen der königlichen Würde! Vgl. *G. Gerleman*, Esther (1973) 63f., im Griechischen wird es mit διάδημα übersetzt.

11 „The biblical book of Esther mentions her great beauty in three different verses (Esth. 1:11; 2:3, 7). Her physical beauty makes her the object of a king's desire, and it leads to her ability to save her nation. The rabbinic material on Esther's sexual appeal and appearance fills numerous pages and is very erotic in tone. To the rabbis, Esther was one of the four most beautiful women ever created: ‚Our rabbis taught: There have been four women of surpassing beauty in the world – Sarah, Rahab, Abigail, and Esther.' Like her ancestress Sarah, she remained eternally young." (*L. L. Bronner*, From Eve to Esther (1994), 179)

dings wird von Ester nie etwas Vergleichbares dessen verlangt, was Kap. 1 von Waschti gefordert wurde. Die klare Vormachtstellung des Königs muss immer gewahrt bleiben, dazu ist der Gehorsam der Königin unverzichtbar, um Macht und Würde des Königs zu demonstrieren. Ester versteht es aber, ihre Unterlegenheit geschickt einzusetzen und den König jeweils gnädig zu stimmen, wenn sie, ohne gerufen worden zu sein, bei ihm erscheint. Sie kann also ihren „Ungehorsam" geschickt kaschieren, so dass sie den König dadurch nicht gegen sich einnimmt.

Die Unterlegenheit der Frauen und die Vormachtstellung der Männer wird nirgendwo in der Hebräischen Bibel so deutlich und geradezu platt ausgedrückt wie in Est 1. Einer der Großen, die zu Waschti geschickt wurden, formuliert 1,16f. das Verhalten Waschtis so: „Nicht nur gegen den König (allein) hat die Königin Waschti sich vergangen, sondern gegen alle Fürsten und gegen alle Völker in allen Provinzen des Königs Ahasveros. Denn die Sache der Königin wird zu allen Frauen hinausgelangen und wird ihre Ehemänner in ihren Augen verächtlich machen, indem sie sagen: Der König Ahasveros gebot, die Königin Waschti vor ihn kommen zu lassen, doch sie kam nicht... ."[12]

Waschti wird in diesem Zitat nicht als Einzelperson gesehen, sondern sozusagen als Vertreterin *aller* Frauen. Weil sie nicht gehorcht hat, müssen alle Männer befürchten, dass ihre Frauen diesem Beispiel folgen und aufsässig werden. Damit haben wir die gleiche Verallgemeinerung wie bei der Rezeption der ersten Frau in der Bibel: Weil *eine* Frau (angeblich) gesündigt hat, sind *alle* Frauen Sünderinnen, Verführerinnen usw. (vgl. Sir 25,24!) Diese Übertragung von einer Frau auf *alle* Frauen findet sich bei Männern nie, mögen sie noch so sehr durch Untaten, Kriege u.a. auffallen. Männer handeln individuell, Frauen sozusagen immer *in corpore*.

Wie durch die verschiedenen Bankette, wird das Esterbuch nicht zuletzt strukturiert durch drei Erlasse, die am Anfang, in der Mitte und am Schluss des Buches stehen. Der König entscheidet nicht allein, sondern bringt die Angelegenheit der unbotmäßigen Königin Waschti vor die „Rechtskundigen" seines Hofes.[13] Bei der Findung des Strafmaßes geht es eigentlich um zwei Dinge: Einmal soll die Königin persönlich bestraft werden, was durch ihre Degradierung geschieht, dann aber soll durch den Erlass das Beispiel, das sie durch den öffentlichen Ungehorsam gegeben hat, nämlich deren Auswirkung auf *alle* Frauen und damit der Männer, verhindert werden. „Das Vergehen Vashtis... ist ein Verbrechen gegen die Autorität des Familienhaupts mit unübersehbaren staatsrechtlichen Konsequenzen. Alle Fürsten und alle Völker des Reiches werden von der Handlung betroffen, und zwar

[12] Interessant an dieser „Konsequenz" ihres Ungehorsams ist, wie Waschti fortschreitend disqualifiziert wird: V 16 wird sie mit Namen und Titel genannt, V 17.18 steht noch „Königin", V 19 nur noch Waschti allein, V 20 nichts mehr (vgl. dazu auch *K. Butting*, Ester (1998) 169.

[13] Zur Terminologie vgl. *G. Gerleman*, Esther (1973) 64ff.

dadurch, dass die Frauen zum Ungehorsam gereizt werden."[14] Die Bestrafung der Königin wird die Frauen im Perserreich *abschrecken,* was der Sinn der Strafaktion ist.

Historisch wäre ein solcher Erlass, wie er in Kap. 1 formuliert wird, dem Perserkönig nicht zuzutrauen. Die Formulierung ist zuletzt sehr ironisch. Dass der König ein so ausführliches Dekret braucht, um seine Vormachtstellung zu behaupten – und die *aller* Männer *in* ihren Häusern! – wirkt leicht makaber angesichts der tatsächlichen historischen Verhältnisse.

Die Aussagen sind sicher auch als Stilmittel zu verstehen, um den Aufstieg Esters als *legitim*, d.h. rechtlich abgesichert zu beweisen.

Die Ausführlichkeit der Angaben in dem Dekret, auch die Sprachen, in denen es abgefasst werden soll, zeugen von der Wichtigkeit der Angelegenheit. Das Aramäische war die gewöhnliche Amtssprache, aber offenbar wird dies nicht von allen verstanden. Deshalb soll die Verfügung so abgefasst sein, dass jeder „in seiner Sprache reden soll (1,22) und dass jeder Mann Anspruch habe auf Gehorsam seiner (Ehe)Frau. Es wird somit sichergestellt, dass der Erlass wirklich alle erreicht.[15] Ob es auch heißen soll, der Mann müsse immer das letzte Wort haben (Talmon[16]) oder ob es um die Vielsprachigkeit des Erlasses geht (Gerleman[17]) sei dahingestellt, die Tendenz ist deutlich, nämlich Maßtäbe für das ganze Perserreich zu setzen, damit die herrschenden patriarchalen Verhältnisse intakt bleiben.[18]

6.1.1 Fazit

Die Ironie, ja der Spott am Ende von Est 1 ist nicht zu überhören. – Kann denn eine einzelne Frau in einer patriarchalischen Gesellschaft durch ihren Ungehorsam wirklich solche Konsequenzen heraufbeschwören? Es ist nicht auszuschließen, dass neben den männlichen Verfassern auch Frauen an dieser Schrift mitgewirkt haben. Die „Darstellung des Geschlechterverhältnisses als Gewaltverhältnis verweist auf Frauen, die an der Entstehung des Buches beteiligt waren und erlaubt die Rede von Erzählerinnen und Erzählern."[19] Jedenfalls sind hinter solchen Vorgängen härtere Auseinandersetzungen zu vermuten, denn es ist bemerkenswert, wie deutlich der Streit über die Geschlechterrollen hier formuliert wird. Es geht

---

[14] a.a.O. 67.

[15] Auch Est 3,7-15 wird ausführlich sichergestellt, dass das Edikt gegen die Juden an den vielen Stellen des persischen Reiches *alle* erreicht. Auch hier ist wie Est 1 ein „Ratgeber" beteiligt, der den König zu diesem Schritt veranlasst.

[16] *S. Talmon*: VT 13 (1963) 451, zit. bei *C.A. Moore*, Esther (1988) 11.

[17] G. Gerleman, Esther (1973) 70.

[18] *T. K. Beal* sieht in Est 1 „Vashti as a (non-Jewish) heroine in a gender-based conflict within a very vulnerable patriarchal order." (Esthers Beginnings (1995) 107).

[19] So *K. Butting*, Ester (1998) 170.

um Ehre und Macht des Königs sowie um Vormachtstellung und Ansehen *aller* Männer. Dass dies in hellenistischer Zeit so deutlich formuliert wird, zeigt, dass es eine öffentliche Diskussion gab über die Stellung von Frauen und Männern. Aus dieser Zeit sind verschiedene Emanzipationsbewegungen von Frauen bekannt. Est 1 will solchen Bestrebungen offenbar Grenzen setzen.

Ester und Washti haben sehr viel Gemeinsamkeiten:

Sie werden nacheinander mit dem gleichen Mann verheiratet, sie tragen die gleichen Gewänder und das gleiche Diadem, sie haben dieselbe Stellung und Machtbefugnisse. Ihre Probleme in dieser Stellung sind ebenso vergleichbar. Insbesondere werden beide Frauen von ihrem Ende her gesehen: Ester von ihrem Erfolg, Waschti von ihrem Misserfolg her.

Sie unterscheiden sich aber in einem wesentlichen Punkt: Ester ordnet sich den gegebenen Verhältnissen unter, sie passt sich an und versucht, geschickt auf diese zu reagieren, ohne ihr Ziel – die Rettung ihres Volkes – aus dem Auge zu verlieren. Waschti dagegen leistet offenen Widerstand, ein Motiv ist nicht angegeben, und ob sie ein Ziel hat, wird nicht gesagt. Die Sympathie des Buches – und offenkundig auch des Verfassers – ist eindeutig auf der Seite der angepassten, der unterwürfigen Frau, Ester, während nach dem Sturz Waschtis nichts mehr über sie gesagt wird.[20]

Wenn auch die Figur Waschtis möglicherweise lediglich eine Konstruktion ist, um das Wirken Esters zu ermöglichen und darzustellen, ist die Gegensätzlichkeit der beiden Frauenfiguren interessant und gibt Anlass zu den unterschiedlichsten Spekulationen. *T. K. Beal* fasst treffend zusammen: „Esther plays the game Vashti refused.“[21]

Es erscheint als zu einfach, die beiden Figuren nur in ihrer Gegensätzlichkeit darzustellen, z.B. die eine als aktiv, die andere als passiv; die eine als aufsässig/widerständig, die andere als angepasst/gehorsam. Waschti ist, obwohl sie im ganzen Buch kein einziges Wort spricht, durchaus auch aktiv. Außer dem König ist sie die einzige Person, die im ersten Kapitel eine Initiative ergreift, indem sie ein Fest gibt. Danach handelt sie durch Widerstand, nicht durch Worte. Bezogen auf die Macht der Männerwelt ist sie jedoch Objekt, dieser ausgeliefert wie später auch Ester.

Möglicherweise geht es in der Darstellung der beiden Frauentypen nicht nur um den Gegensatz *Gehorsam – Ungehorsam*, sondern eher um zwei Versionen von Widerstand: den offenen und direkten von Waschti, der sofortige Strafen nach sich zieht, und den subversiven von Ester, der aussieht wie Unterwerfung, aber unter den herrschenden Umständen mehr erreicht als der offene Ungehorsam.

---

[20] In der Literatur hat sie allerdings eine grössere Rolle gespielt, es gibt auch Romane über Waschti, vgl. dazu *M. Motté*, Esthers Tränen (2003) 185ff.

[21] T. K. Beal, Esthers Beginnings (1995) 105.

So stellt sich Israel im Exil dar in der Figur der Ester, die sich durch Raffinesse und (scheinbare) Anpassung so verhalten muss, weil sie unterlegen, schwach ist und es sich nicht leisten kann, offen zu rebellieren. Ester agiert so *mit* den Strukturen, nicht gegen sie![22]

6.2 Lilit und Eva

Lilit, in der Legende die erste Frau Adams, kommt in der Hebräischen Bibel nur einmal vor, und zwar eher zufällig (Jes 34,14). Sie steht dort unter schädlichen Dämonen und ist überall, wo sie sonst auftritt, eine negative Figur, die versucht, Männer zu verführen[23] und kleine Kinder zu töten, zumeist durch Erwürgen, deshalb wird sie auch „Würgerin" genannt. Ihre Wurzeln gehen bis in die sumerische Kultur zurück (lilitu), im jüdischen Bereich wird sie zu einer Dämonin. Sie hat somit bereits eine lange Geschichte von einer furchtbaren Göttin bis zur Dämonin bevor sie im Alten Testament auftaucht.[24] In jüdischen Legenden und der weiteren Tradition wird ihr Name zumeist mit Nacht (לילה) in Verbindung gebracht, was jedoch nicht ursprünglich sein dürfte. Nach *S. Hurwitz* ist kein biblisches Motiv außer dem Messias bis heute so lebendig geblieben wie das der Lilit.[25] Deswegen ist es eher erstaunlich, dass es noch keine religionswissenschaftliche Gesamtdarstellung dieser Gestalt gibt.[26] Auch im arabischen Raum spielt sie eine grosse Rolle, wo sie sich, wie auch in späteren jüdischen und christlichen Traditionen, mit zahlreichen anderen dämonischen Erscheinungen und Hexen vermischt.

Das Vorkommen im ersten Teil des Jesajabuches belegt ihre Bekanntheit in Israel seit dem 8. Jh. v.Chr.[27] Schriftliche Texte aus dem jüdischen Bereich sind

---

22 „She is a model for the successful conduct of life in the often uncertain world of the Diaspora. The fact that she is a woman emphasizes the plitght of the Jew in the Diaspora: the once-powerful Jewish nation has become a subordinate minority within a foreign empire, just as Esther, as a woman, is subject to the dominant male. However, by accepting the reality of a subordinate position and learning to gain power by working within the structure than against it, the Jew can build a successful and fulfilling live in the Diaspora, as Esther does in the court of Ahasuerus." (*S. A. White,* Esther (1989) 173).

23 Im 19. Gesang von *Dante*s Purgatorio tritt sie auf, aber auch noch in *Goethe*s Faust erscheint sie in der Walpurgisnacht (Faust I, 4119-4123), in diesen Zusämmenhängen so gut wie immer mit betörend, meist roten, Haaren.

24 Vgl. *H. Wildberger*, Jesaja (1982) 1348.

25 *S. Hurwitz*, Lilith (1983) 19.

26 Vgl. *R. Patai*, Hebrew Goddess (1967) 207ff.

27 Die Übersetzungen dieser Stelle in der LXX und anderen jüdischen Übersetzungen zeigen ihre Bekanntheit auf, so übersetzt die LXX mit onokentauros, Aquila wieder mit Lilith, während Symmachos den Dämon Lamia hier einsetzt. Hieronymus gibt in seinem Kommentar an: „Lamia, die im Hebräischen Lilith genannt wird", dies belegt die Verwandtschaft mit dem alten Namen Lamashtu: vgl. *M. Hutter*, Lilith (1999) 521.

jedoch erst in späterer Zeit überliefert. Zentral ist ihr gefährlicher sexueller Aspekt, sie ist die ewige Verführerin. Da Lilit selbst keine Kinder gebären kann, bringt sie (andere) Kinder um und nimmt dabei auch Züge eines Vampirs an.

Wegen ihrer Gefährlichkeit für neugeborene Kinder und deren Mütter im Kindbett gibt es zahlreiche Amulette, die Mütter und Kinder vor Lilit schützen sollen.[28]

Es ist hier nicht beabsichtigt, die „phantastische Karriere" der Lilit[29] vom 3. Jahrtausend bis ins Mittelalter hinein darzustellen. Vielmehr geht es um die Bezüge zwischen Eva und Lilit, gedeutet als der ersten und zweiten Frau Adams. Beide sind auf den Mann bezogen, kennen aber einander nicht. Anknüpfungspunkt der legendarischen Ausschmückungen sind die beiden Schöpfungserzählungen, die in einer vorkritischen Exegese auf *zwei* Frauen verteilt werden können, so vor allem in der nachchristlichen rabbinischen Tradition. Gott hätte demnach zwei Versuche mit der Erschaffung einer Gefährtin Adams gemacht: Einmal mit Lilit als gleichwertiger Frau (nach Gen 1), danach mit Eva als untergeordneter Frau (nach Gen 2).

Am deutlichsten sind die Zusammenhänge der beiden Frauen mit Adam und ihre Unterschiedlichkeit dargestellt im Alphabet Ben Sira (9./10. Jh.), von dem hier exemplarisch ein Abschnitt angeführt werden soll:

„Als Gott Adam erschuf, sagte er: Es ist nicht gut, dass der Mensch allein sei. Daher erschuf er für ihn eine Gehilfin, ebenfalls aus Erde (Andere Lesart: aus der gleichen Erde) und nannte sie Lilith. Sobald sie geschaffen war, begann sie einen Streit und sagte: Weshalb sollte ich unten liegen? Ich bin ebenso viel (wert) wie du, wir sind beide aus Erde geschaffen. Als aber Lilith sah, dass sie Adam nicht überwältigen konnte, sprach sie den unaussprechlichen Gottesnamen aus und flog in die Luft. Adam betete und sagte: Herr der Welt. Die Frau, die du mir gegeben hast, ist von mir weggegangen. Darauf sandte Gott drei Engel, die sie zurückbringen sollten. Diese sagten zu ihr: Gott hat beschlossen: Wenn du zurückkehren willst, ist es gut. Wenn nicht, dann musst du als Strafe auf dich nehmen, dass jeden Tag hundert Kinder von dir sterben.

Die Engel suchten Lilith und fanden sie im reißenden Wasser, in demselben Wasser, in dem später die Ägypter ertrinken sollten. Sie meldeten ihr den göttlichen Befehl. Aber sie weigerte sich, zurückzukehren. Da sagten sie (die Engel) zu ihr: Wir müssen dich in diesem Wasser ertränken. Aber sie bat und sagte: Lasst mich, denn ich bin dazu geschaffen worden, kleine Kinder zu verderben. Wenn es ein Knabe ist, werde ich acht Tage, wenn es ein Mädchen ist, werde ich zwanzig Tage Gewalt über das Kind haben. Als sie ihre Worte hörten, drängten sie noch mehr, dass sie ihnen gehorche. Da sagte sie: Ich schwöre euch im Namen

[28] Vgl. z.B. einige Abbildungen bei *R. Patai,* Hebrew Goddess (1967) 224ff. Dort auch Lit. zu den Quellen.

[29] So *R. Patai,* Hebrew Goddess (1967) 207.

des lebendigen und großen Gottes: Wenn ich eure Namen auf einem Amulett geschrieben sehen werde, dann werde ich das Kind nicht schädigen. Sie nahm es auch auf sich, dass jeden Tag hundert ihrer Kinder starben. Wenn wir jetzt diese (Engel-)Namen auf ein Amulett schreiben, dann erinnert sie sich dieses Schwures und das Kind ist gerettet. Die Namen der Engel sind: Sanvai, Sansanvai und Semangloph."[30]

In der Beziehung zwischen Adam und der zuerst erschaffenen Frau geht es um die Über- oder Unterordnung. Sowohl in der späteren Eva-Tradition wie auch in den Legenden um Lilit ist eines der Hauptprobleme der Beziehung zwischen Mann und Frau, wer übergeordnet und wer untergeordnet ist. Die moderne Vorstellung einer gleichwertigen Partnerschaft, wie er eigentlich von der Erschaffung als „Bild Gottes" in Gen 1 naheliegt, kommt nicht in den Blick. So entsteht zwischen den beiden ersten Menschen ein dauernder Machtkampf, denn wenn einer oben ist, muss der andere unten sein, eine Lösung ist dann nicht möglich. Nach dem obigen Text hat sich der Streit offenbar beim Geschlechtsverkehr entzündet. So wird die Vereinigung beider Menschen, die das Alleinsein beenden soll, nicht zu einer Quelle von Freude, wie es Gen 2 vorgestellt war, sondern zu einem Machtkampf, ja, zu einem Geschlechterkrieg.

Die Begründung dafür, dass sie nicht „unten liegen" wolle, bezieht Lilit aus der Art ihrer Erschaffung aus dem gleichen Material. Beide Menschen sind von Gott aus Erde gebildet und darum gleichwertig.[31] Dabei haben die Verfasser hier Gen 1 und 2 vermischt, denn die Erschaffung aus der אדמה (Ackererde) ist nur Gen 2 berichtet. Anders als bei der Erschaffung der Frau in Gen 2 ist somit hier die Gleichwertigkeit aus dem gleichen Material hergeleitet. Die Rippe dagegen als Zeichen der Zusammengehörigkeit („ein Fleisch") wie es die bildhafte Erzählung von Gen 2 ausdrückt, führt in der Tradition zu einer Abwertung Evas, die der Text selbst nicht hergibt.[32] Der freudige Ausruf des Mannes „Diese endlich ist Bein von meinem Bein … " (Gen 2,25) wird gedeutet als Zeichen eines zweiten Versuches Gottes, nachdem der erste Versuch mit Lilit gescheitert war.

In den Legenden über Lilit findet somit eine *direkte* Auseinandersetzung zwischen dem ersten Mann und der ersten Frau über ihre Stellung statt, während in der biblischen Geschichte selbst eine solche fehlt.

In zahlreichen modernen psychologisierenden Schriften wird versucht, die beiden Frauengestalten als die beiden Seiten der weiblichen Psyche bzw. als zwei

---

30 Text nach *S. Hurwitz*, Lilith (1983) 93 (nach *J.D. Eisenstein*: Ozar Midraschim, New York 1928, 35).

31 Diese Feststellung haben spätere jüd. Interpreten wieder dahingehend abgewertet, dass Gott anstatt der reinen Erde wie bei Adam bei Lilit lediglich schmutzige Erde genommen habe (vgl. Jalqut re'uben 17. Jh. zit. bei *G. Stemberger*, Talmud (1992) 343).

32 Vgl. *H. Schüngel-Straumann*, Frau am Anfang (1999) 69ff.

Frauentypen zu sehen: die gute, anpassungsfähige und willige Frau (und Mutter) und die böse, verderberische, verführerische femme fatale. Allen diesen Erklärungen gemeinsam ist, dass sie Deutungen aus *Männer*sicht sind, eigentlich Projektionen mit der bekannten Aufteilung in „Heilige“ und „Hure“, wie sie überall, auch in der Kunst, zu finden ist. Solche Versuche sind aufschlussreich, nicht jedoch für das Frauenbild einer bestimmten Zeit, sondern lediglich für die männliche Sicht.

Da die Gestalt der Lilit in der christlichen Rezeptionsgeschichte nicht so stark vertreten war wie in der jüdischen, haben sich zahlreiche verderberische Züge der Lilit auch in die Figur der Eva eingeschlichen. Auch sie wurde zur Verführerin, zur Ursache allen Übels. Vor allem in der Kunst der Renaissance und der Frühen Neuzeit wird dies sehr deutlich, wo zahlreiche berühmte Abbildungen die Versuchung im Paradies so darstellen, dass die Schlange mit einem Frauengesicht, ja mit dem gleichen Gesicht wie das Evas, erscheint, und diese anschaut. Die Aussage dieser Bildsymbolik ist deutlich: Die Frau und das Böse sind identisch. Man kann hier streiten, ob das Böse, das in der Schlange dargestellt wird, Eva selbst meint, oder ob es sich hier um das Gesicht der Lilit handelt, die als Versucherin, als Verführerin auftritt.[33]

Beschämend ist, dass die zweite Frau Adams, die eigentlich ein positives Gegenstück sein sollte, nach der Vorstellung der Legende und der Kunst im Laufe der christlichen Tradition auch immer mehr zu einer negativen Gestalt wurde.[34]

Aber nicht nur die Beziehung zwischen Mann und Frau ist von dieser Über-/Unterordnung betroffen. Es gibt noch ein tieferes Problem, das im Alphabet Ben Sira zum Ausdruck kommt, nämlich die enge Beziehung zwischen Gott und dem Männlichen: Mann und Gott reden miteinander, sie stehen in *direktem* Kontakt, während die Frau es höchstens mit Engelwesen zu tun hat. Dieser Zug, der offenbar das Männliche und das Göttliche eng zusammensieht, ist typisch für die patriarchale Tradition sämtlicher Auslegungen. Auch dieser Zug findet sich dann voll ausgebildet in der negativen Eva-Tradition, nicht nur in der Exegese und der Bildkunst, sondern auch in der Literatur. Als Beispiel möchte ich hier nur John Miltons „Paradise Lost“ (1667) anführen, ein Epos, das wie in einem Brennglas

---

[33] Dass die Schlange, entgegen dem masc. Begriff sowohl im Hebräischen wie im Lateinischen *weiblich* dargestellt wird, geht nach *J. K.Bonnell*, zit. bei *J. A. Phillips*, Eva (1987) 70f. auf ihre weibliche Rolle in Mysterienspielen zurück, in denen langhaarige Schauspieler für die Rolle der Schlange eingesetzt wurden. Danach folgte die Malerei ab dem 15. Jh. der Bühnenkonvention und nicht dem biblischen Text! (Vgl.*J.K. Bonnell*, The Sperpent with a Human Head in Art and Mystery Play: Armican Journal of Archaeology 1 (1917) 255ff.)

[34] Trotzdem bleibt Lilit immer die gefährlichere, vor allem „more sexually dangerous and untrammeled than Eve, and who is so compelling that her image lingers and haunts the tales of generations of commentators. The power of this antiheroine is a measure of the unease engendered by the strictness of the female role deemed proper by the rabbinic authorities themselves, a tradition to which Lilith serves as a potent countercurrent. Lilith is the paradigm of the rebellious woman.“ (*L. L. Bronner*, From Eve to Esther (1994) 34.)

die damaligen Interpretationen der Ungleichheit zwischen Mann und Frau in der Frage der Gottebenbildlichkeit spiegelt. Dieses Werk hat nicht nur die gesamte englischsprachige Literatur der folgenden Jahrhunderte beeinflusst, sondern fasst auch zusammen, was die apokryphe Tradition und die christliche Auslegungsgeschichte aus Eva gemacht haben. In dem ganzen Epos ist allein der Mann, das Geistwesen, nach dem Bild Gottes geschaffen. Die Frau ist reines Naturwesen, sie schwebt durch das ganze Epos wie ein Schmetterling, verschönert den Paradiesgarten, sammelt Früchte und ordnet Blumen. Für die Frage nach der Gottesbeziehung ist nun ausschlaggebend: Einzig Adam, der Mann, spricht mit der himmlischen Welt. Er unterhält sich in langen Dialogen über irdische und himmlische Dinge und ist immer voll informiert. *Nie* in dem ganzen Epos richtet ein Geistwesen, auch kein Engel, das Wort an die Frau. Sie wird ausschließlich durch den Mann belehrt und erfährt nur das, was er ihr mitteilen will. Adam hat den vollen Durchblick, während die Frau nur das zu wissen bekommt, was für ihre „Aufgaben" wichtig ist, vor allem wird sie belehrt über das Verbot.[35]

Im Vergleich zwischen Lilit und Eva wäre noch erwähnenswert, dass Lilit das Paradies freiwillig verlässt (woher ihre Flügel stammen, dass sie über die Mauer des Paradieses fliegen kann, ist nicht klar), während Eva mit Adam zusammen aus dem Garten vertrieben wird.

Ein weiterer Vergleichspunkt ist im Namen חוה gegeben, der später mit „Eva" übersetzt wird und vermutlich mit חי (Leben) zusammenhängt.[36] Eva als „Mutter aller Lebendigen" steht im Gegensatz zu Lilit, der „Würgerin", die selber keine Kinder gebären kann, aber neugeborene Kinder und ihre Mütter zu töten versucht. In der Frage der Mütterlichkeit wären somit Eva und Lilit sehr gegensätzlich, Eva die positive Figur, Lilit, die Kindsmörderin, die negative. Ob sie diese Obsession aus Rache ausübt? Verschiedene Deutungen sind hier möglich. Gemeinsam aber ist beiden Frauen, dass auch ihre positiven Eigenschaften in der späteren Tradition immer stärker ins Negative gewendet wurden.

Am meisten hat sich die jüdische feministische Exegese mit der Figur der Lilit beschäftigt. *Judith Plaskow* hat sich schon vor mehr als dreissig Jahren auf Lilit als Kontrastfigur zu der Eva von Gen 2f bezogen. Der Text von 1972 „The Coming of Lilith"[37], wurde wegweisend für Generationen von (amerikanischen) Feministinnen. Entgegen der biblischen Tradition und der späteren Legenden lässt Plaskow Eva und Lilit in einen Dialog treten. Eva ist enttäuscht über die große Nähe Adams zu Gott, während sie allein bleibt. So klettert sie über die Mauer des Paradieses und trifft dort Lilit, mit der sie von da an einen regen Kontakt pflegt. Diese Geschichte

35 Vgl. dazu ausführlicher *H. Schüngel-Straumann*, Gottebenbildlichkeit der Frau (2003) 65f.

36 Vgl. *H. Schüngel-Straumann*, Frau am Anfang (1999) 91ff.

37 veröffentlicht in *C. P. Christ/J. Plaskow* (Hgg.), Toward a Feminist Theology (1979), 200-207.

steht beispielhaft für die „sisterhood" von Frauen („sisterhood is powerfool") und wird verstanden als ein moderner jüdischer Midrasch.[38]

6.2.1 Fazit

Die beiden Frauengestalten haben wie das Beispiel Waschti und Ester gemeinsam, dass sie (wieder nacheinander) auf den gleichen Mann bezogen sind. Von einer Ehe ist hier allerdings nicht die Rede, es ist aber an ein dauerndes Zusammensein gedacht. Dass die beiden Frau schön sind, wird nicht explizit gesagt, aber wohl vorausgesetzt. Bei Lilit werden in späteren Texten häufig ihre roten Haare und ihre sexuelle Anziehungskraft auf Männer erwähnt.

Der größte Gegensatz zwischen Eva und Lilit besteht wohl in der Frage der Mütterlichkeit. Eva als „Mutter aller Lebendigen" steht in starkem Kontrast zu der kindermordenden, gefährlichen Lilit. Überhaupt werden die Figuren insgesamt stark in negativ und positiv unterschieden, Lilit stößt nur ab, während Eva eher die Sympathien für sich gewinnt.

Der Gegensatz angepasst/unterwürfig und rebellisch/aufsässig ist nur bei Lilit explizit ausgesprochen. In der Hebräischen Bibel wird nirgendwo Eva, die erste Frau, als unterwürfig oder „dem Mann untertan" bezeichnet. Dies ist erst durch eine ver-kehrte Exegese von Gen 3,16 entstanden, wo man die Unterordnung unter den Mann als *Gebot* gelesen hat, anstatt die Sätze so zu nehmen, wie sie der Text versteht: eine Folge der Sünde, ein Unheilszustand.[39]

6.3 Vergleich der beiden Frauenpaare

6.3.1 Gemeinsam ist beiden Gegensatz-Paaren:

- Die Thematik: Widerstand oder Unterwerfung
- Alle vier Frauen werden ausschliesslich in ihrer Beziehung zu dem jeweiligen Mann definiert.
- Es gibt in der Geschichte eine Gewinnerin und eine Verliererin.
- Die „Verliererin" wird abgeschoben/abgesetzt bzw. dämonisiert.
- Die „Verliererin" hat die (selbstverständliche) Dominanz des männlichen Partners nicht akzeptiert.

---

[38] Vgl. dazu *K. E. Kvam/L. S. Schearing and V. H. Ziegler* (Hgg.), Eve & Adam (1999), 378-380. Über zwanzig Jahre später interpretiert sich *J. Plaskow* selbst, indem sie auf ihre ersten Ausführungen zurückgreift in: „Lilith Revisited" (1995), a.a.O. 425ff.!

[39] Vgl. dazu *H. Schüngel-Straumann*, Frau am Anfang (1999) 83ff.

– Die „angepasste“ Frau (Eva/Ester) wird in Bibel und Talmud fester verankert als die, die sich auflehnt (Lilit, Waschti). Lilit verschwindet ganz aus der offiziellen Tradition, Waschti nach Kap. 1 des Esterbuches ebenso.

Die dargestellte Beziehung der Geschlechter, die immer durch Über- bzw. Unterordnung bestimmt war und ist, hat inzwichen eine mehr als zweitausendjährige Geschichte. Das christliche Frauenbild ist nach wie vor von dieser Hypothek belastet. Aus diesem „Geschlechterkampf“ gibt es keinen Ausweg, solange um den Vorrang der einen oder anderen Seite gestritten wird. Die vier besprochenen Frauen-Figuren können deswegen nur die Problematik aufzeigen, wie sie auch heute noch in vielen Ländern besteht. Lösungen für ein Menschheitsproblem bieten sie dagegen nicht.[40] Für „Lösungen“ im Sinn einer paritätischen, gleichwertigen Partnerschaft wären andere Bibeltexte, allen voran Gen 1,26-28 heranzuziehen.

Literatur

Beal, Timothy K., Tracing Esther's Beginnings, in: *Brenner A.* (s.u.) 87-110.

Brenner, Athalya (Hg.), Feminist Companion (7) to Esther, Judith and Susanna, Sheffield 1995.

Bril J, Lilith ou la mère obscure, Paris 1984.

Bronner, Leila Leah, From Eve to Esther. Rabbinic Reconstructions of Biblical Women, Louisville Kentucky 1994.

Butting, Klara, Das Buch Ester. Vom Widerstand gegen Antisemitismus und Sexismus, in *Luise Schottroff/Marie-Theres Wacker* (Hgg.) Kompendium Feministische Bibelauslegung, Gütersloh 1998, 169-179.

Childs, Brevard S., Die Theologie der *einen* Bibel, Band 1: Grundstrukturen, Freiburg 1994.

Day, Peggy L. (Hg.), Gender and Difference in Ancient Israel, Minneapolis 1989.

Gerleman, Gillis, Esther (BK-AT XXI), Neukirchen 1973.

Gössmann, Elisabeth/Moltmann-Wendel, Elisabeth u.a. (Hgg.), Wörterbuch der Feministischen Theologie (WFTh), Gütersloh 1991, 2. Aufl. Gütersloh 2002.

Hurwitz Siegmund, Lilith – die erste Eva. Eine Studie über dunkle Aspekte des Weiblichen, Zürich 2. Aufl. 1983.

Hutter Manfred, Lilith: Dictionary of Deities and Demons in the Bible, Leiden 1999, 520f.

Hutter, Manfred, Dämonen und Zauberzungen. Aspekte der Magie im alten Vorderasien: Grenzgebiete der Wissenschaft 37 (1988) 215-230.

Jaroš Karl, Esther. Geschichte und Legende (Kulturgeschichte der Antiken Welt 71), Mainz 1996.

Krebs W., Lilith – Adams erste Frau: ZRGG 27 (1975) 141-152.

[40] Wenn auch in Ländern mit starker Unterdrückung von Frauen die „subversive“ Art des Handelns Esters immer noch ein mögliches Mittel ist, um bestimmte Ziele zu erreichen.

Kvam Kirsten E./Schearing Linda S. and Ziegler Valerie H. (Hgg.), Eve & Adam. Jewish, Christian, and Muslim Readings on Genesis and Gender, Indiana University Press 1999.

Lévy, Isidore, „La répudiation de Vashti", in: Actes du XXI Congrès International des Orientalistes 1948, Paris 1949, 114ff.

Milton, John, Paradise Lost (1667), benutzt nach der Übersetzung von *Hans Heinrich Meier*, Das verlorene Paradies, Stuttgart 1996.

Motté, Magda, „Esthers Tränen, Judiths Tapferkeit. Biblische Frauen in der Literatur des 20. Jahrhunderts, Darmstadt 2003.

Moore, Carey A., Esther. A New Translation with Introduction and Commentary (The Anchor Bible 78), New York 1988.

Nelißen, Klaus, Eine neue Lesebrille für das Alte Testament: Orientierung 67 (2003), 195-200.206-210.223-224.

Niditch, Susan, Esther: Folklore, Wisdom, Feminism and Authority, in: *A. Brenner* (Hg.) s.o. 26-46.

Patai Raphael, The Hebrew Goddess, Philadelphia 1967.

Phillips John A., Eva. Von der Göttin zur Dämonin, Stuttgart 1987.

Plaskow, Judith, "The Coming of Lilith", in: *Carol P. Christ/Judith Plaskow* (Hgg.), Toward a Feminist Theology, in: Womanspirit Rising, New York 1979, 200-207.

Ringgren Helmer, Das Buch Esther (ATD 16/2), Göttingen 1981.

Schüngel-Straumann, Helen, Die Frau am Anfang. Eva und die Folgen, Freiburg 1989, 3. Aufl. Münster 1999.

Schüngel-Straumann, Helen, Die Frage der Gottebenbildlichkeit der Frau, in: *Manfred Oeming* (Hg.), Theologie des Alten Testaments aus der Perspektive von Frauen, Münster 2003, 63-76.

Schüngel-Straumann, Helen, Eva: Wörterbuch der Feministischen Theologie (2002) 125-128 (mit neuester Lit.).

Schüngel-Straumann, Helen, Anfänge Feministischer Exegese. Gesammelte Beiträge, Münster 2002.

Siebert-Hommes, Jopie, „On the third day Esther put on her queen's robes" (Esther 5:1). The Symbolic Function of Clothing in the Book of Esther: lectio difficilior 3 (2002) o. Seiten.

Stemberger, Günter, Einleitung in Talmud und Midrasch, München 2. Aufl. 1992.

Steins, Georg, Die „Bindung Isaaks" im Kanon (Gen 22). Grundlagen und Programm einer kanonisch-intertextuellen Lektüre (Herders Biblische Studien 20), Freiburg 1999.

Trimpe, Birgit, Von der Schöpfung bis zur Zerstreuung. Intertextuelle Interpretationen der biblischen Urgeschichte (Gen 1-11), Osnabrück 2000.

Vértesal-ji, P.P., „La déesse nue élamite" und der Kreis der babylonischen „Lilu"-Dämonen: Iranica Antiqua 26 (1991) 101-148.

Wallach-Faller, Marianne, Zwei Königinnen – zwei Stadien feministischen Bewusstseins: Israelitisches Wochenblatt 8 (1993) 13.

Westermann, Claus, Genesis (BK-AT I/1), Neukirchen 1974.

White, Sidnie Ann, Esther: A Feminine Model for Jewish Diaspora, in: *L. Day* (Hg.) s.o. 161-177.
Wildberger, Hans, Jesaja (BK X/3), Neukirchen 1982.
Wyler, Bea, The Incomplete Emancipation of a Queen, in: *A. Brenner* (Hg.) s.o. 111-135.

7 Eva, die Frau am Anfang[1]

7.1 Vorbemerkungen

Die ersten Kapitel der Genesis (Gen) in der Hebräischen Bibel (und ihre teils sinnverändernden Übersetzungen) haben vor allem das im Christentum vorherrschende, nicht egalitäre Frauenbild nach dem Muster Überordnung des Mannes/Unterordnung der Frau geprägt. Häufig wurde der Mann als Repräsentant des Geistes, die Frau als Repräsentantin des Fleischlichen, damit als zweitrangig bzw. minderwertig gegenüber dem Mann verstanden[2]. Dies wurde dadurch begünstig, daß es in der Bibel zwei Schöpfungsberichte gibt: Gen 1 der kunstvolle Bericht von der Erschaffung der Welt und des Menschen in sechs Tagen, Gen 2 und 3 die eher altertümlichen Erzählungen von der Erschaffung von Mann und Frau, dem Garten Eden und dem sog. Sündenfall. Da man bis zur Aufklärung die Texte im wesentlichen wörtlich und ihre Reihenfolge als historische verstand, wurde immer wieder versucht, die zahlreichen Unterschiede und Widersprüche zu erklären oder zu glätten.

Seit dem Aufkommen der historisch-kritischen Methoden in der Exegese gibt es einige Konstanten in der Erklärung dieser alten Texte. Für Gen 1-3 ist unbestritten, daß die beiden Textkomplexe nicht nur zwei verschiedenen Autoren, sondern auch unterschiedlichen Zeiten zuzuordnen sind. Daß die narrativen Erzählungen von Gen 2 und 3 älter sind als der Bericht in Gen 1 und damit die überkommene Reihenfolge der Texte umgekehrt wird, ist seit fast zweihundert Jahren Konsens in der alttestamentlichen Wissenschaft[3]. Dabei ist das 1. Kapitel historisch leichter einzuordnen, ist es doch im Babylonischen Exil (587-538 v. Chr.) verfaßt worden, und zwar von priesterlichen Kreisen, weswegen diese Quelle P (Priesterschrift) genannt wird. Dieser Quelle P (da die konkreten Autoren im AT so gut wie immer fehlen, gibt man ihnen Siglen) werden auch die Stammbäume in der Urgeschichte sowie jener Teil der Sintfluterzählung, die auf die Schöpfung von Gen 1 zurückgreift, zugewiesen. Weil im Babylonischen Exil die Existenz und vor allem der Gottesglaube Israels auf dem Spiel stand, wurden hier die ersten schriftlichen Komplexe zusammengefügt, so daß Gen 1 an den Anfang der Bibel zu stehen kam

---

1 veröffentlicht in: Geschlechterstreit am Beginn der europäischen Moderne (Hg. Gisela Engel u.a.), Königstein/Taunus 2004, 28-37.

2 Vgl. ausführlich Helen Schüngel-Straumann, Die Frau am Anfang. Eva und die Folgen, Freiburg 1989 (3. Aufl. Münster 1999).

3 Zu Einzelheiten s. den umfangreichsten Genesis-Kommentar von Claus Westermann, Genesis 1-11 (BK – AT 1/1), Neukirchen 1974 (3. Aufl. 1983).

und das Gerüst für den Pentateuch, die fünf Bücher Mose, bildete. Wegen ihrer theologischen Prägnanz steht somit der jüngere Schöpfungsbericht am Anfang der Bibel, die älteren Quellen wurden -je nach Bedarf – in dieses priesterschriftliche Gerüst eingefügt[4].

Schwieriger zu ermitteln ist die Entstehungszeit der den Erzählungen von Gen 2 und 3 zugrundeliegenden Quelle, die wegen des Gottesnamens JHWH[5], den der Verfasser gebraucht, mit dem Siglum J (Jahwist) versehen wurde. Die Datierungen schwanken hier erheblich, von der älteren Königszeit (David/Salomo, 10. Jh. v.Chr.) bis fast zum Exil. Jedenfalls scheint gesichert, daß diese Quelle in der Königszeit Israels anzusetzen ist, die einige Konstanten aufweist (eigener Staat, Königtum, Tempel, Priestertum usw.) im Gegensatz zur Zeit des Exils, einer Epoche des Zusammenbruchs, in der alle theologischen Ordnungen und Strukturen neu durchdacht werden mußten.

7.2 Genesis 2 und 3

Die beiden Kapitel stammen vom gleichen Verfasser, stehen aber in engem Zusammenhang mit Gen 4 (Kain und Abel, der „Brudermord“) sowie mit der Schilderung anderer männlicher Gewalttaten (Lamech), mit dem kurzen mythischen Stück Gen 6,1-4, in dem sich die männlichen Engel („Göttersöhne“) an den Menschentöchtern vergreifen. Damit führt J das Anwachsen der Gewalt auf Erden in seinen verschiedenen Facetten vor Augen. Das letzte Stück, Gen 6,1-4, leitet zum jahwistischen (älteren) Teil der Sintflutgeschichte über, die der Verderbtheit der Menschen ein Ende machen soll. Allerdings wird Noach und seine Familie verschont, so daß nach der Sintflut die ganze Geschichte von neuem beginnt.

Gen 2 und 3 sind somit in diesem Gesamtkontext zu betrachten, jedoch hat vor allem die helllenistische Antike die Erzählung von Gen 3 herausgehoben, um den sog. Sündenfall zu begründen und die Frau für alle Übel, besonders Sünde und Tod, verantwortlich zu machen. Doch nur ein einziger Text im späten AT (2. Jh. v.Chr.) belegt diese Tendenz:

> Von einer Frau nahm die Sünde ihren Anfang,
> ihretwegen müssen wir alle sterben. (Sir 25,24)[6]

---

4 Vgl. zur Quelle P Erich Zenger, Gottes Bogen in den Wolken. Untersuchungen zu Komposition und Theologie der priesterschriftlichen Urgeschichte (SBS 112), Stuttgart 1983 (2. Aufl. 1987).

5 JHWH ist das sog. Tetragramm, d.h. die vier hebräischen Konsonanten, aus denen der Gottesname besteht.

6 Vgl. Georg Sauer, Jesus Sirach (JSHRZ III/5), Gütersloh 1981.

Dieser Vers ist allerdings nur in den katholischen und orthodoxen Kirchen kanonisch, die Kirchen der Reformation rechnen das Sirachbuch unter die Apokryphen, d.h. die nicht verbindlich anerkannten Bücher der Bibel. Trotzdem findet sich dieser Text in so gut wie allen frauenfeindlichen Argumentationen auch evangelischer Autoren, so sehr gehörte er zum Bestand frauenabwertender Aussagen bzw. Katalogen. Auf die Gründe für diese Interpretation der biblischen Aussagen komme ich am Schluß zurück.

7.3 Die Erschaffung der Frau in Genesis 2

Der bildhaften Erzählung von Gen 2 liegt ganz offensichtlich eine Vorlage zugrunde, die mit dem Begriff *ʿadam* (Mensch) spielt. Der Jahwist liebt Wortspiele, und Gen 2 und 3 sind durch solche verbunden. Das Grundlegende dabei ist das von *ʿadam* und *'adamah* (Ackererde). *ʿadam* wird aus der *ʿadamah* genommen und muß, wie am Ende der Erzählung gesagt wird, dahin zurück, d.h. sterben. Dieser „Mensch“ (Erdling) ist noch nicht geschlechtlich bestimmt, *ʿadam* heißt „Mensch“, „Menschheit“ oder einfach „Menschen“; einen Plural von *ʿadam* gibt es nicht.

Da im ganzen Alten Orient noch kein einziger Text gefunden wurde, der die Erschaffung der Frau eigens schildert, läßt sich zeigen, daß der jahwistische Verfasser besonders interessiert an *Beziehungen* war. In Gen 2f schildert er die Grundbeziehung von Mann und Frau, in Gen 4 die von Brüdern, es folgen die Beziehung zwischen Ackerbauern und Hirten sowie zwischen Stadt- und Landbewohnern usw. Somit hat J in die vorgefundene Vorlage von der Erschaffung von *ʿadam* (Mensch) die Erschaffung der Frau eigens berichten wollen.

Zunächst beklagt Gott selbst das Alleinsein von *ʿadam:*

> „Es ist nicht gut, daß ʿadam allein sei. Ich will ihm eine Hilfe schaffen, ihm gegenüber.“ (2,18)

Der Verfasser erzählt ätiologisch, er will auf ein Ziel hin, auf die Begegnung zwischen Mann und Frau, die als einzige im ganzen Kapitel poetisch formuliert ist:

> „Diese endlich ist Bein von meinem Bein und Fleisch von meinem Fleisch ist diese!“

Im Unterschied zum Text vor der Erschaffung der Frau wird der Mensch nun nicht mehr *ʿadam* genannt, sondern ,iš; dies ist der geschlechtsspezifische Ausdruck für Mann. Es gibt also ein zweites Wortspiel: ,iš und *,iššah* (Mann und Frau). Damit ist es falsch zu behaupten, erst sei der Mann geschaffen und dann aus ihm die Frau. Vielmehr ist die Frau aus *ʿadam* geschaffen, dem geschlechtlich noch unbestimmten Menschen. Erst nach der Erschaffung der Frau wird der „Mensch" zum Mann[7]. Die antike jüdische Auslegung hat dies auch in der Form interpretiert, daß der erste Mensch androgyn erschaffen sei. *ʿadam* bezeichnet in den Erzählungen der Urgeschichte immer alle Menschen, sonst wären bei der Rückkehr zur *ʿadamah*, d.h. beim Sterben, die Frauen nicht betroffen. Denn es heißt: *ʿadam* muß zur *ʿadamah* zurück, aus der er genommen ist (Gen 3,19). Auch zu Beginn der Sintflutgeschichte, wo ausführlich aufgezählt ist, daß alles, was menschlich ist *(ʿadam)*, ertrinken muß, sind selbstverständlich die Frauen mitgemeint (vgl. Gen 6,5-8 J).

Am meisten Anlaß zu einer frauenfeindlichen Auslegung von Gen 2 haben außer der Reihenfolge die Aussagen über die Erschaffung aus „Adams" Rippe, (*ṣelaʿ*) sowie die Bestimmung der Frau als Hilfe (*'ezer*) gegeben. Der Begriff für Rippe könnte auch auf ein sumerisches Wortspiel zurückgehen, in der Rippe zugleich „Leben" und „Frau" bedeutet. Entscheidend ist aber nicht die Etymologie, sondern was der Verfasser damit ausdrücken wollte, nämlich das Aneinanderhängen der Geschlechter anschaulich zu machen: Mann und Frau waren von Anfang an ein Stück und wollen immer wieder zu dieser Einheit zurück. Diese Intention ist besonders in dem Freudenausruf des Mannes (s.o.) ganz deutlich. Bei beiden Menschen, beim Mann wie der Frau, ist Gott allein der Schöpfer. Welches Material nun edler sei, die *ʿadamah* oder die *Rippe,* ist ein müßiger Streit, sieht man die Gattung der Erzählung mit ihrer Symbolik und das Ziel des Verfassers.

Die zweite Aussage, die Frau sei geschaffen „als Hilfe, ihm gegenüber (oder: die ihm entspricht)", ist immer wieder als Zeichen der Unterordnung der Frau unter den Mann gelesen worden. Erst 1978 hat Phyllis Trible[8] gezeigt, daß der männliche Begriff *'ezer* verwendet wird und nicht das gebräuchlichere feminine *,ezrah.* An zahlreichen Stellen wird dieser maskuline Begriff auf Gott bezogen, vor allem in den Psalmen, wenn es um eine besonders qualifizierte Hilfe geht, die der Mensch selbst nicht leisten kann. Es geht vor allem um die Abhilfe beim Alleinsein. Damit ist also etwas sehr Umfassendes gemeint, und nicht etwa nur die Hilfe bei der Kinderzeugung, wie Augustinus annahm[9]. Im ganzen 2. Kapitel geht es weder um Kinder noch um Ehe, sondern um das grundlegende Verhältnis der Geschlechter, das von Freude bestimmt ist. Trible liest dann das Hohelied als Parallele zu Gen 2.

---

[7] Darum ist auch die bekannte Übersetzung von Luther falsch: „Männin soll sie heißen, denn vom Mann ist sie genommen." Der hebräische Text sagt ausdrücklich, daß die Frau aus *ʿadam* geschaffen wurde.

[8] Phyllis Trible, Gegen das patriarchalische Prinzip in Bibelinerpretationen, in: Frauenbefreiung. Biblische und theologische Argumente, hrsg. v. Elisabeth MoltmannWendel, München 1978, 93-117.

[9] Augustinus, De Genesi ad litteram IX,V,9.

7.4 Genesis 3 und der sog. Sündenfall

Noch mehr als Gen 2 ist Gen 3 gegen die Frau interpretiert worden. Die beiden Kapitel müssen jedoch als zwei Parallelen *nebeneinander* gelesen werden: Gen 2 schildert das Verhältnis von Mann und Frau, wie es sein sollte, Gen 3, wie es tatsächlich ist.

Das Kapitel beginnt mit der Einführung einer neuen Figur: der Schlange (hebr. masc.). Der Komplex Frau – Baum – Schlange hat eine Unzahl von Deutungen hervorgebracht, wobei sich die frauenfeindliche Auslegung dieser Stelle besonders auf die Tatsache stützt, daß die Frau *allein* mit der Schlange spricht. Das Gespräch Frau – Schlange ist eine theologisch und psychologisch meisterhafte Schilderung, wie eine Versuchung abläuft, von der (ersten) Abweisung bis zur Übertretung des Verbots, von dem Baum in der Mitte des Gartens zu essen. Im übrigen essen *beide* von der Frucht, Mann und Frau, der Mann ist „neben ihr" (3,6). Warum er in der ganzen Szene kein Wort spricht, sondern die theologische Argumentation allein der Frau überläßt, ist schon immer aufgefallen. So gut wie die gesamte (männliche) Auslegung (z.T. bis heute) hat daraus gefolgert, die Frau sei allein (oder stärker als der Mann) schuld am sog. Sündenfall. Die spätantike apokryphe Interpretation hat dies sogar noch ausgeweitet: An den Mann, das Bild Gottes, hätte sich der Teufel gar nicht herangetraut, sondern nur an das schwächere Weib[10]. Alle diese Deutungen gehen an der Intention des Textes und seinem altorientalischen Hintergrund vorbei. In der altorientalischen Ikonographie ist das Bildmuster Frau – Baum – Schlange fest vorgegeben, und der Jahwist konnte gar nicht anders – wollte er denn dieses Bild verwenden – als die Frau unter den Baum zu stellen. Zudem ist im ganzen Alten Orient das „Zu-essen-geben" eine Sache der Frau, auch dieses Muster hat der Jahwist übernommen[11].

Die Schlange ist ein überaus symbolbeladenes Tier. Sie kommt schon im Gilgameschepos vor, das über tausend Jahre älter ist als die biblischen Texte. Nachdem der Held endlich das Lebenskraut gefunden hatte, kriecht eine Schlange aus dem Brunnen herauf und frißt ihm das Lebenskraut heimlich vom Brunnenrand weg. Da die Schlange sich immer wieder häutet, ist sie auch ein Symbol für Leben und Tod. Daß die spätere apokryphe Tradition aus ihr den Satan oder Teufel macht, ist vom Text her nicht gerechtfertigt, denn sie wird Gen 3,1 ausdrücklich als ein „von JHWH-Gott geschaffenes Tier" eingeführt.

Die sog. Strafsprüche am Schluß der Erzählung von Gen 3 sind immer besonders frauenfeindlich ausgelegt worden. Daß hier keine Strafen verhängt wer-

---

10 Vgl. dazu das Heft Eva: Bibel und Kirche 53 (1998).

11 Vgl. Urs Winter, Frau und Göttin. Exegetische und ikonographische Studien zum weiblichen Gottesbild im Alten Israel und dessen Umwelt (OBO 53), Fribourg/Göttingen 1983 (2. Aufl. 1987); Silvia Schroer, In Israel gab es Bilder (OBO 74), Fribourg/Göttingen 1987.

den, sondern es sich um *Zustandsschilderungen* handelt, wie der Verfasser sie in seiner Zeit vorfindet, ist heute für die meisten alttestamentlichen Exegeten selbstverständlich[12]. Wenn überhaupt von Strafe oder Folge der Übertretung gesprochen werden muß, kann dies nur der Verlust des Gartens sein: Der Mensch wird in den Garten gesetzt – der Mensch erhält ein Verbot – der Mensch übertritt Gottes Verbot – der Mensch wird aus dem Garten vertrieben.

Die Schilderung der Lebensbedingungen von Schlange, Frau und Mann (in dieser Reihenfolge) ist als einziges Stück in diesem Kapitel poetisch, der Jahwist gibt hier die Daseinssituationen der Beteiligten an, wie er sie zu seiner Zeit vorfindet: Schlangen kriechen auf dem Bauch, der Mann muß hart arbeiten („Dornen und Disteln" 3,18), und die Frau hat viele Mühen mit Schwangerschaften und Geburten und zudem unter der Vorherrschaft des Mannes zu leiden („er herrscht über dich"). Faßt man diese Sätze als Gebot auf und nicht als Zustandsschilderungen, die zu ändern sind, „dann macht man das Opfer zum Schuldigen"[13].

Am Schluß von Gen 3 erhält die Frau noch einen Namen: *ḥawwah* = Mutter aller Lebendigen (von *ḥaj* = Leben abgeleitet). Diese Bezeichnung wird in der Spätzeit mit *Eva* übersetzt. Der Name kommt in der Hebräischen Bibel nur hier und Gen 4,1 vor, unmittelbar vor Kains Geburt. Es dürfte sich um einen alten Titel der Urmutter handeln, den ein Späterer hier an scheinbar passender Stelle eingefügt hat. Im Kontext von Gen 3 ist er fehl am Platz.

7.5 Genesis 1

Weniger als Gen 2 und 3 hat der Schöpfungsbericht von Gen 1 der Wertschätzung von Frauen geschadet. Denn in dem Komplex von der Erschaffung des Menschen (*ʿadam)* Gen 1,26-28 ist kein Platz für eine irgendwie geartete Abwertung der Frau. Gott sagt in einem Entschluß, daß er die Menschheit *(ʿadam)* schaffen will, und zwar „als sein Bild, ihm ähnlich", damit sie herrsche über die übrige Schöpfung. In V 27 wird die Ausführung berichtet (während V 28 den Segen über das Geschaffene bringt):

> Und es erschuf Gott den Menschen *(ʿadam)* als sein Bild,
> als Bild Gottes erschuf er ihn,
> männlich und weiblich erschuf er sie. (Gen 1,27)

---

[12] So schon Othmar Keel, Die Stellung der Frau in der Erzählung von Schöpfung und Sündenfall, in: Orientierung 39 (1975) 74-76. Vgl. auch Frank Crüsemann," ... er aber soll dein Herr sein" (Genesis 3,16). Die Frau in der patriarchalischen Welt des Alten Testaments, in: Als Mann und Frau geschaffen. Exegetische Studien zur Rolle der Frau, hrsg. v. Frank Crüsemann / Hartwig Thyen, Berlin 1978, um nur einige der frühesten Exegeten für diese neue Sicht zu nennen.

[13] Crüsemann, „Herr sein" (s. Anm. 12), 65.

Nach diesem theologisch-programmatischen Text, dem jede narrative Ausschmückung fehlt, sind also Mann und Frau als Bild Gottes geschaffen, gleichzeitig und ohne Unterschied. Dies ist heute exegetisch unbestritten[14].

Trotzdem hat hier bereits die spätere apokryphe und interpretierende Tradition in den letzten Jahrhunderten vor der Zeitenwende begonnen, die Gottebenbildlichkeit der Frau einzuschränken. Einmal geschah es durch die Reihenfolge (erst der Mann, dann die Frau), vor allem aber aufgrund des Wechsels von Singular und Plural in der zweiten und dritten Zeile von Gen 1,27. Nach der hebräischen Grammatik muß, da *ʿadam* nur in der sing. Form vorkommt, ein Singular stehen, durch die Ausfaltung in „männlich und weiblich" kommt es logischerweise zu einem Plural. Dies haben die späteren Interpreten so verstanden, daß nur der Mann eigentliches Bild Gottes sei, die Ausfaltung „männlich und weiblich" dagegen nur wegen der Fruchtbarkeit, wie sie später im Segen V 28 ausdrücklich erwähnt ist, nötig sei. Erschwerend kommt hinzu, daß in der hellenistischen Zeit die Hebräische Bibel zumeist bereits in der griechischen Übersetzung gelesen wurde, der sog. Septuaginta, die seit dem 3. Jh. v. Chr. in Etappen vorlag und von allen Theologen dieser Zeit benutzt wurde, so auch von den Schriftstellern des Neuen Testaments. In dieser Übersetzung wurde *ʿadam* häufig als Eigenname *„Adam"* gelesen, sodaß damit ein männliches Individuum benannt war. Aus dieser Zeit stammt die heute noch gängige Rede von „Adam und Eva". Diese späte Tradition hat auch die Aussagen zur Herrschaft des Menschen („Herrschaftsauftrag", man beachte die androzentrische Sprache) fast ausschließlich auf den Mann eingeschränkt. In vielen Apokryphen dieser Zeit, vor allem in den zahlreich verbreiteten „Leben Adams und Evas"[15] wurde Adam immer mehr aufgewertet, Eva als Ursache von Sünde und Tod dagegen immer stärker beschuldigt. In diesen Schriften wurde häufig die Erschaffung als „Bild Gottes" nur auf Adam bezogen, Eva – da später geschaffen – fiel heraus. Diese apokryphen Schriften, die teilweise noch hebräisch, später aber griechisch verfaßt wurden und in christlicher Zeit in zahlreichen lateinischen Fassungen verbreitet waren, bildeten die geistliche Lektüre überwiegend asketischer Kreise. In diesem Umfeld bewegten sich auch die neutestamentlichen Schriftsteller, weswegen solche Interpretationen, die aus dem hebräischen Bibeltext nicht abzuleiten sind, auch ins Neue Testament gelangt sind.

---

[14] Vgl. exemplarisch Walter Gross, Die Gottebenbildlichkeit des Menschen nach Gen 1,26.27 in der Diskussion des letzten Jahrzehnts, in: Biblische Notizen 68 (1993), 35-48.

[15] Vgl. Otto Merk / Martin Meiser, Das Leben Adams und Evas (JSHRZ 0/5), Gütersloh 1998.

7.6 Paulus und der erste Korintherbrief

Bestes Beispiel aus dem Neuen Testament für diese ambivalente Interpretation sind die Aussagen des Paulus über Frauen in 1 Kor 11, wo er über die Rangordnung von Mann und Frau argumentiert. Es ist dies das Kapitel mit den ausführlichsten Aussagen über Frauen, und Paulus bezieht sich ausdrücklich auf Gen 1. Er ist ganz Kind seiner Zeit und seiner rabbinischen Ausbildung verpflichtet.

Paulus bringt eine absteigende Hierarchie: Gott – Christus – Mann – Frau. Hier ist nur noch der Mann im vollen Sinne Bild Gottes. Gott ist das Urbild, Christus ist das eigentliche Abbild. Dieser ist das Haupt des Mannes, der Mann aber das Haupt der Frau. Mit dem „Hauptsein" ist ganz klar die Vorherrschaft gemeint, eine Überordnung des Mannes über die Frau. Paulus fordert aus dieser Unterordnung der Frauen, daß der Mann, wenn er betet oder prophezeit, dafür seinen Kopf nicht bedecken muß. Vielmehr „beschämt" er seinen Kopf, wenn er ihn bedeckt. Die Frau dagegen muß ihren Kopf bedecken. In V 7 kommt die Begründung aus Gen 1:

> Denn: Der Mann ist Gleichbild und Abbild Gottes
> (und ist deshalb nicht verpflichtet, seinen Kopf zu bedecken).
> Die Frau aber ist Abbild des Mannes.[16]

Dieser Vers verweist auf die griechische Übersetzung von Gen 1. Der Mann – und nur der Mann! – ist *eikon* (Bild) und *doxa* (Herrlichkeit) Gottes. Die Zweiheit der Begriffe von Gen 1,26 wird hier aufgenommen, während für die Frau nur der zweite, die *doxa* wiederholt wird, aber nicht als *doxa* Gottes, sondern als die des Mannes! Der Ausdruck wird zumeist mit „Abglanz" wiedergegeben. Der lateinische Bibeltext übersetzt für den

Mann (vir): *imago et gloria Dei est, mulier autem gloria viri est.* Diese Übersetzung wird dann für das ganze Mittelalter verbindlich[17]. Paulus widerspricht mit dieser Interpretation explizit dem hebräischen Text und der Intention von Gen 1. Dies hat jedoch einer langen frauenabwertenden Wirkungsgeschichte keinen Abbruch getan[18].

Zusammenfassend kann festgestellt werden, daß die meisten frauenfeindlichen Argumente, die aus Gen 1-3 bezogen werden, keine Grundlage in der Hebräischen

---

16 Übersetzung nach Max Küchler, Schweigen, Schmuck und Schleier. Drei neutestamentliche Vorschriften zur Verdrängung der Frauen auf dem Hintergrund einer frauenfeindlichen Exegese des Alten Testaments im antiken Judentum (NTOA 1), Fribourg/Göttingen 1986, 75.

17 Vgl. ausführlicher Helen Schüngel-Straumann, Die Frage der Gottebenbildlichkeit der Frau, in: Theologie des Alten Testaments aus der Perspektive von Frauen, hrsg. v. Manfred Oeming, Münster 2003, 63-76.

18 Vgl. die Artikel „Gottebenbildlichkeit" und „Eva" von Helen Schüngel-Straumann / Elisabeth Gössmann u.a., in: Wörterbuch der Feministischen Theologie, 2. Aufl. Gütersloh 2002,125-131.257-259.262-263.

Bibel haben. Obwohl diese Texte in einer klar patriarchal strukturierten Gesellschaft entstanden, sind doch die eigentlichen Weichenstellungen für eine misogyne Tradition in der hellenistischen Umbruchszeit mit ihrem bereits dualistisch geprägten Weltbild entstanden, in dem die Frau regelmäßig auf die schlechtere Seite zu stehen kam.

8 Antike Weichenstellungen für eine gender-ungleiche Rezeption des sog. Sündenfalls (Gen 3)[1]

8.1 Zum Kontext

Aus dem Anfang der Hebräischen Bibel stammen die für die Geschichte der Diskriminierung von Frauen in Philosophie und Theologie am meisten belasteten Texte. Besonders die ersten drei Kapitel der Genesis – auch heute noch allgemein bekannt – sind die Schicksalstexte für Frauen geworden, was ihre Denunziation als Verführerinnen, als Ursache des Bösen, als Einfallstor für die Sünde in der Welt angeht.

Dabei bearbeitet die sog. Urgeschichte, d.h. die Kapitel 1-11 der Genesis, die die Welt in der Zeit *vor* den Erzeltern Israels darstellt und wie überall im Alten Orient von der Schöpfung bis nach der großen Flut reicht, alle wichtigen Menschheitsprobleme: das Verhältnis zwischen Gott und Mensch, Mensch und Schöpfung (Gen 1), von Mann und Frau (Gen 2f), die Beziehung zwischen Brüdern (Gen 4), Ackerbau und Städtebau, die Entstehung von Kultur und Berufen usw. Die meisten dieser Erzählungen sind Gewaltgeschichten, angefangen mit Gen 4, wo der Neid des Kain zum ersten Mord führt (Kain und Abel). Es folgen die Gewalttaten des rachsüchtigen Lamech, dann in Gen 6,1-4 die Übergriffe der Himmlischen („Göttersöhne" – in der Spätzeit werden sie zu Engeln), die sich der schönen Menschenfrauen bemächtigen und mit diesen Kinder zeugen. – Alle diese mythischen Geschichten zeigen ein solches Anwachsen von Männergewalt, dass Gott zum letzten Mittel greift, der Sintflut, um die verderbte Menschheit auszurotten (mit Ausnahme von Noach und seiner Familie).

Trotz dieses klaren Ungleichgewichts zwischen Männern und Frauen hat die christliche Theologie die einzige Geschichte, in der eine Frau die Hauptrolle spielt, nämlich die Erzählung vom sog. Sündenfall ausgewählt, um daraus die Lehre von der Erbsünde zu entwickeln. Obwohl ein Begriff wie Sünde/Schuld (es gibt dafür im Hebräischen über ein halbes Dutzend) erstmals in Gen 4 auftritt, wurde aus der Erzählung von der Übertretung eines Verbots durch das erste Menschenpaar in Gen 3 die Frau erheblich belastet, wurde ihr doch regelmäßig die größere Verantwortung für Schuld und Elend der Welt zugewiesen. Weil sie die Wortführerin in

[1] veröffentlicht in: Hat das Böse ein Geschlecht? (Hg. Helga Kuhlmann/Stefanie Schäfer Bossert) Stuttgart 2006, 162-169.

diesem Kapitel ist und allein mit der Schlange ein theologisches Gespräch führt, schließlich dem Mann die Frucht reicht, geht sie als Hauptschuldige am Sündenfall in die gesamte christliche main-stream-Tradition ein. Ihre Zweitrangigkeit und Unterordnung unter den Mann wurde und wird aus den sog. Strafsprüchen in Gen 3, aber auch aus der Erschaffung an zweiter Stelle und aus einer Rippe des Menschen in Gen 2 abgeleitet. „Die Frau" und das Böse werden in vielen, vor allem asketischen Traditionen, geradezu identisch, was mit den Texten der Bibel so gut wie nichts mehr zu tun hat.

Deswegen genügt es nicht, diese Texte neu und sachlich korrekt auszulegen. Es ist unverzichtbar, die lange und unheilvolle Wirkungs- und Rezeptionsgeschichte dieser ver-kehrten Tradition aufzuarbeiten/Mit dieser Aufarbeitung befasse ich mich seit rund zwanzig Jahren. Eine zusammenfassende Darstellung darüber wurde von mir 1989 veröffentlicht. Die über zweitausendjährige Rezeptionsgeschichte verlief alles andere als gradlinig, sondern eher wie eine Wellenbewegung. Es gab Zeiten, da die frauenverachtenden Züge stärker betont wurden und andere, wo Parität und Gleichwertigkeit von Mann und Frau eher zum Ausdruck kamen. Dies lässt sich sehr gut in der bildenden Kunst[2] zeigen, wo der sog. Sündenfall im Zusammenhang mit der Schöpfung in fast jeder Kathedrale an herausragender Stelle zu finden ist. Besonders krass wurde in der christlichen Kunst der Zusammenhang zwischen Frau und Sünde in der Renaissance dargestellt, wo die Schlange, die vom Baum aus die Frau anschaut, ein weibliches Gesicht, häufig auch einen ganzen weiblichen Oberkörper hat. Das heißt für ein naives Bildverständnis: *Die Frau und das Böse sind identisch.* Offenbar hat man sich nicht daran gestört, dass das hebräische Wort für Schlange männlich ist, genauso wie das lateinische Wort *serpens* in allen lateinischen mittelalterlichen Bibelübersetzungen. Die Frau und das Böse mit dem gleichen weiblichen Gesicht darzustellen, gehört zu einer Frauen am stärksten abwertenden Darstellungsweisen in der christlichen Kunst.[3]

Wann aber hat man begonnen, die Frau derart mit der Sünde zu belasten bzw. sie als Verführerin und Hauptursache für alle Übel der Schöpfung verantwortlich zu machen? Immerhin legt ja schon die Hebräische Bibel selbst ihre alten Texte immer wieder neu aus, und beispielsweise die großen Schriftpropheten des 8.-6. Jh. v. Chr. enthalten sehr viele Aussagen über Sünde und Schuld. Sie werfen dem Volk

---

2 Vgl. dazu bes. Monika Leisch-Kiesl, Eva als Andere. Eine exemplarische Untersuchung zu Frühchristentum und Mittelalter, Köln 1992.

3 Ob es sich bei diesen „weiblichen" Schlangendarstellungen evtl. um die Aufnahme einer alten mythischen Tradition der Lilit, Adams erster Frau, handelt, sei dahingestellt. Die Auswirkungen für ein Frauenbild sind die gleichen, weil auch hier Lilit als das Böse und Verführerische schlechthin erscheint. Vgl. dazu meinen Beitrag in der Festschrift für Erich Zenger: Zwei weibliche Gegensatzpaare: Ester und Waschti – Lilit und Eva, in: Frank-Lothar Hossfeld/Ludger Schwienhorst Schönberger, Das Manna fällt auch heute noch. Beiträge zur Geschichte und Theologie des Alten, Ersten Testaments, Freiburg 2004, 511-531.

und seinen Führern Gottlosigkeit, Ungerechtigkeit, Unterdrückung der Armen und Geringen und vieles andere in krassen Worten vor. Kein einziger dieser Vorwürfe aber bringt auch nur eine Anspielung auf einen Zusammenhang mit Frauen oder gar mit der ersten Frau in der Bibel; dieser Zusammenhang ist somit erst in viel späterer Zeit hergestellt worden. *Die ganze Hebräische Bibel kennt eine Schuld der Frau an der Sünde der Welt nicht.*

In der bereits hellenistisch geprägten Welt seit der Eroberung durch Alexander d.Gr. – etwa ab dem 3. Jh. v. Chr. – kommt es zu zahlreichen Umdeutungen und Neu-Interpretationen der überlieferten Traditionen. Viele, auch gebildete Juden, verstehen ihre eigenen hebräischen Texte nicht mehr, es wurde eine Übersetzung in die griechische Weltsprache nötig, die etwa im Jahre 100 v.Chr. abgeschlossen ist, die sog. Septuaginta (LXX). Diese griechische Bibelübersetzung, die dann auch die Bibel des Neuen Testaments wird, ist jedoch nicht nur eine Übertragung in eine andere Sprache, sondern auch in eine anders gelagerte Situation und neue Denkgebäude. Man muss die Überlieferungen „zeitgemäß" interpretieren, und dies heißt auch, viele Frauengeschichten leicht erotisch umzugestalten; denn der Zeitgeist liebte solche erotisch eingefärbten Geschichten. Hier beginnt man auch, sich für die erste Frau in der Bibel, *Eva,* zu interessieren. Der Name ist bereits das Ergebnis dieses Umdeutungsprozesses, denn in Gen 2 und 3 haben die Menschen keine Namen, sondern exemplarisch stehen sie für Mann und Frau schlechthin. Der Titel *ḥawwah* („Mutter alles Lebendigen"), den die Frau in Gen 3,20 erhält, wird in der Spätzeit mit *Eva* wiedergegeben. „Adam und Eva" aus unserer gängigen Sprache ist bereits das Produkt dieses hellenistischen Umdeutungsprozesses in den letzten Jahrhunderten vor der Zeitenwende.[4]

Solche Vorgänge der hellenistischen Zeit waren sicher auch beeinflusst von der griechischen Sage der Pandora, jener Frau, die aus ihrer Büchse alle Übel auf die Menschheit losgelassen hat.

Im Folgenden soll anhand von zwei Beispielen aus dieser Spätzeit dargestellt werden, wie die frauenverachtenden Tendenzen begonnen haben. Das erste Beispiel wird anhand der Rezeption der Texte von Gen 2 und 3 dargestellt, das zweite ist einer späten Stelle aus dem Buch Jesus Sirach entnommen, einem Buch aus dem 3./2. Jh. v. Chr. Dieser Text, Sir 25,24, hat wie wenig andere die negative Frauentradition bis in die neueste Zeit beeinflusst. Er wird jedenfalls in fast allen Zusammenhängen zitiert, die die Frau an die zweite Stelle setzen bzw. sie für Sünde und Tod verantwortlich machen.

---

[4] Vgl. dazu auch Helen Schüngel-Straumann/Elisabeth Gössmann/Monika Leisch-Kiesl, Art.: „Eva" in: Elisabeth Gössmann u.a. (Hg), Wörterbuch der Feministischen Theologie, Gütersloh ^{2}2002, 125-133.

8.2 „Adam" in Gen 2 und 3 ist kein Name

Der Verfasser der Erzählungen von Gen 2 und 3 arbeitet sehr stark mit Wortspielen. Das grundlegende dabei stellt das Wortpaar *ʿadam* und *ʿadamah* dar. Weder kann hier auf die Diskussion über den Verfasser dieser Erzählungen noch auf eine genaue Analyse der Texte eingegangen werden; ich gehe davon aus, dass eine Vorlage bearbeitet wurde, wie sie auch in der altorientalischen Welt häufig zu finden war. Diese Vorlage hat die Erschaffung des Menschen, einen Garten und den Baum des Lebens enthalten. Hier war immer nur vom Menschen (ganz allgemein) die Rede.

Die Vorlage hatte folgenden Aufbau:

ʿadam (Erdling) wird aus der *ʿadamah* (Erde) geschaffen
ʿadam wird in einen Garten gesetzt
ʿadam gefällt den Göttern nicht
ʿadam wird aus dem Garten vertrieben und muss zur *ʿadamah* zurück, d.h. sterben.

Alle diese Aussagen betreffen die Menschheit insgesamt, beide Geschlechter, Mann und Frau. Wäre dem nicht so, würde mit *ʿadam* nur der Mann aus dem Garten vertrieben und müssten Frauen nicht sterben, d.h. zur *ʿadamah* zurückkehren. Das erste und grundlegende aller Wortspiele in Gen 2 und 3 ist *ʿadam* und *ʿadamah, und* dieses geht in den folgenden Texten der Urgeschichte weiter.[5]

ʿadamah, der grammatisch feminine Begriff, ist eine fast personifizierte Größe (Gen 2,6 *penej haʿadamah),* sie kommt in der gleichen Zusammensetzung bei der Begründung der Sintflut in Gen 6 wieder. *ʿadamah* (Mutter Erde) ist dem daraus entstandenen Geschöpf *ʿadam* vorgeordnet. *ʿadam* (Erdling) wird aus der *,adarnah* erschaffen und bezeichnet die Menschheit insgesamt, Männer und Frauen. Es ist ein Kollektivbegriff, einen Plural davon gibt es nicht, auch ist *ʿadam* geschlechtlich noch unbestimmt. Gen 6,1 beginnt die Erzählung von den Übergriffen der Göttersöhne auf die Menschentöchter mit dem Satz: „Als aber die Menschen *(ʿadam)* anfingen, sich auf der Erde *(adamah)* zu vermehren und ihnen Töchter geboren wurden, sahen die Göttersöhne … "

Alle Untaten der Menschheit vor der Flut sind auf der *ʿadamah* situiert, so der Mord Kains an seinem Bruder Abel, die Gewalttaten Lamechs, die Vergewaltigung der Menschentöchter durch die Göttersöhne bis zur pauschalen Aussage über die Verderbtheit der Menschheit auf der ganzen Erde, die Gott in der Rede vor der Flut beklagt (Gen 6,5-7).

---

[5] Vgl. zur Urgeschichte und ihren interessanten Wortspielen auch vor allem Norbert Clemens Baumgart, Die Umkehr des Schöpfergottes. Zu Komposition und religionsgeschichtlichem Hintergrund von Gen 5-9, Freiburg 1999.

ʿadam und *ʿadamah* ist das erste und wichtigste Wortspiel in Gen 2 und 3 und der Urgeschichte bis zur Flut insgesamt, *ʿadamah* wird in der Kain-und-Abel-Erzählung Gen 4, wo das Blut Abels von der Ackererde zu JHWH schreit, wie auch bei der Vertreibung Kains „vom Angesicht der Erde“ *(penej ha'adamah* 4,14 wie Gen 2,6) gebraucht. In der älteren Version der Fluterzählung wird deutlich Bezug genommen auf die Erschaffung, wenn JHWH sagt: „Ich will die Menschen (*ʿadam),* die ich geschaffen habe, vom „Angesicht der Erde“ (Gen 6,7) vertilgen.“

Auch in dem Schlussfazit Gottes in Gen 3, wo JHWH-Gott sagt: „ *ʿadam* ist geworden wie unsereiner... “, entspricht dem kollektiven *ʿadam* der göttliche Plural. Selbstverständlich beziehen sich die Aussagen immer auf beide Geschlechter, Mann und Frau. Beide haben vom Baum der Erkenntnis gegessen, beide werden aus dem Garten vertrieben, beide Geschlechter müssen auch in der großen Flut sterben.

In allen Erzählungen der Urgeschichte bedeutet *ʿadam* “Mensch“ bzw. Menschheit. (Dies gilt nicht für die später zugefügten Stammbäume.)

Durch die Einarbeitung der speziellen Szene über die Erschaffung der Frau in Gen 2 – dies ist offenbar das spezifische Anliegen unseres theologischen Verfassers – wurden allerdings die Weichen gestellt für manche späteren Missverständnisse: An einigen Stellen wurden dem grundlegenden Begriff *ʿadam* nun „und seine Frau“ zugefügt. Damit verändert sich der Sinn von *ʿadam*, er wird zum Mann. In Gen 2 kommt dies nur einmal vor, im letzten Vers, der zur Vorlage gehört (Gen 2,25): „ *ʿadam* und seine Frau waren nackt, doch sie schämten sich nicht voreinander.“ (Gen 3 findet sich die Zufügung dreimal: 3,8.20.21.)

Erst die hellenistische Interpretation etwa ab dem 3. Jh. v. Chr. hat *ʿadam* an den meisten Stellen als *Eigennamen* verstanden und damit den Sinn verändert: Zahlreiche Aussagen, die von Mann und Frau in gleicher Weise gelten, wurden so auf den Mann allein eingeschränkt. Diese Interpretation, die vor allem über das Neue Testament (das ja auch griechisch ist!) verheerende Folgen für Frauen hatte, ist die crux der gesamten Auslegungsgeschichte in der Anthropologie der Geschlechterfrage. Bei der Interpretation von *ʿadam* = Mann fällt die Frau aus wesentlichen Aussagen einfach heraus, theologisch besonders folgenreich bei den Aussagen über die Gottebenbildlichkeit in Gen 1.[6]

Die Übersetzung von *ʿadam* ist somit der Knackpunkt bei der Interpretation von Gen 2 und 3 sowie der Urgeschichte überhaupt. Hier hat feministische Exegese

[6] Da ich mich auf Gen 2 und 3 beschränken will, kann ich auf diese Aussage, die in Gen 1 steht, einem anderen Text über die Schöpfung, nicht eingehen. Vgl. dazu meinen Beitrag: Die Frage der Gottebenbildlichkeit der Frau, in: Manfred Oeming (Hg), Theologie des Alten Testaments aus der Perspektive von Frauen, Münster 2003, 63-76 und den Artikel „Gottebenbildlichkeit“ im Wörterbuch der Feministischen Theologie 2002, 257-265 (Anm. 4).

bei der Aufarbeitung der Wirkungs- und Rezeptionsgeschichte entscheidende neue Interpretationen angeregt.

Das zweite Wortspiel, das in diesem Zusammenhang wichtig ist, stammt nicht aus der Vorlage, sondern ist eine Schöpfung unseres Verfassers: *'iš* und *'iššah*, Mann und Frau. Diesem ging es ja vor allem um Beziehungen. Während er in Gen 2 die Grundbeziehung von Mann und Frau, die von Freude bestimmt ist, schildert, folgt Gen 4 die Beziehung von Brüdern, dann von Stadt- und Landbewohnern usw. Gen 2 ist die einzige Erzählung im Alten Orient, die die Erschaffung der Frau eigens berichtet. Offenbar ist sie dem Verfasser so wichtig, dass er sie an den Anfang stellt. Wie *ʿadamah,* der fem. Begriff, in Gen 2 dem masc. Begriff *ʿadam* vorgeordnet ist, so ist *'iššah* der im Text erste geschlechtsspezifische Begriff: Erst durch *'iššah* wird *ʿadam* zu *'iš - „Mensch" wird erst durch die Frau zum Mann.* Allerdings hat der Verfasser, da er *ʿadam* aus der Vorlage einfach stehen lässt und dazufügte: *we'išto* (also: *ʿadam* „und seine Frau") schon einen Ansatzpunkt für spätere frauenfeindliche Interpretation geboten.

8.3 Sir 25,24

Das zweite Beispiel entnehme ich dem späten Sirachbuch, das nur in der LXX überliefert ist, nicht aber in der Hebräischen Bibel. Im Judentum und in den Kirchen der Reformation ist es kein kanonisches Buch, sondern gehört zu den Apokryphen. Diese zahlreichen Texte, die später *nicht* in den Kanon der Bibel aufgenommen wurden, waren die religiöse Literatur der hellenistischen Zeit, der Jahrhunderte vor der Zeitenwende und noch darüber hinaus. Noch weit in die christliche Zeit hinein wurden sie weiter produziert und hatten eine enorme Verbreitung. Diese Schriften beanspruchten nicht, Neues zu bringen, sondern sie wollten Auslegungen, Ausschmückungen und Neu-Interpretationen alter Überlieferungen sein. Sie haben dann in hohem Maße auch die neutestamentlichen Schriftsteller beeinflusst, denn zur Zeit der Entstehung des Neuen Testaments gab es ja noch keinen verbindlichen Kanon der Heiligen Schrift, weder bei den Christen noch bei den Juden. Dieser Prozess war erst im 4. Jh. einigermaßen abgeschlossen.

In diesen Apokryphen spielte die Rezeption der Anfänge eine große Rolle; viele Texte, die in der Hebräischen Bibel nur wenige Sätze ausmachen, haben eine ganze Literatur hervorgebracht (z.B. die Geschichte des Henoch oder die Erzählung von den Göttersöhnen und den Menschentöchtern). Eine ganze Reihe von Texten beschäftigen sich mit dem „Leben Adams und Evas" (VitAd), und zwar sowohl in griechischer Sprache wie später in lateinischen Übersetzungen.[7]

[7] Da darauf nicht im Einzelnen eingegangen werden kann, sei verwiesen auf Otto Merk/Martin Meiser, Das Leben Adams und Evas, in: JSHRZ *WS,* Gütersloh 1998; Kath. Bibelwerk, Stuttgart, „Bibel

Das Buch Jesus Sirach (2. Jh.v.Chr.) bringt nun eine Stelle, die rund zweitausend Jahre lang als Aufhänger für eine frauenfeindliche Interpretation der Sündenfallerzählunggedient hat: Sir 25,24. Dabei wurde ein einziger Satz nicht nur aus dem Zusammenhang gerissen, sondern er bekam durch seine häufige Zitierung einen Stellenwert, der in keinem Verhältnis steht zum eigentlichen Kontext. Ist er doch der einzige Satz in der Bibel (für ein kath. Verständnis), der auf die Schuld der Frau am Anfang eingeht. Für die Kirchen der Reformation gehört er wie gesagt zu den Apokryphen und dürfte dort also keinen verbindlichen Wert haben. Jedoch konnte ich in der Rezeption keinen Unterschied zwischen katholischen und evangelischen Interpreten feststellen. Zumeist machte man sich nämlich nicht die Mühe, in der Bibel selbst nachzuschlagen, sondern stützte sich auf mittelalterliche Kataloge von überlieferten Argumenten gegen die Frau bzw. über die Verderbtheit des weiblichen Geschlechts insgesamt.[8]

Der entscheidende Satz lautet in der Einheitsübersetzung (im Vergleich dazu sei Luther angeführt):

Von einer Frau nahm die Sünde ihren Anfang, ihretwegen müssen wir alle sterben. (EÜ)	Die Sünde kommt her von einem Weibe, und um ihrer willen müssen wir alle sterben. (Luther)[9]

Der griechische Text der LXX[10]:

απο γψναικος αρσηε ηαμαρτιας	apo gynaikos arche hamartias,
και δι αυτεν αποτηνεσκομεν παντες	kai di auten apothneskomen pantes

Die Aussage erscheint eindeutig: Es geht um die Frau, *gyne,* es geht um den „Anfang der Sünde" und um die Folge, den Tod. Alle Interpretationen, die mir bekannt sind, beziehen den Anfang der zweiten Zeile „und ihretwegen" auf die Frau, obwohl dies grammatisch nicht zwingend und auch nicht logisch ist, denn die Frau steht als erstes Substantiv am Anfang. Da *hamartia* (Sünde) auch fem. ist, müsste man den Tod eher auf „Sünde" beziehen.[11]

und Kirche" Heft 1/1998, 53, zum Thema „Eva".

8 Vgl. dazu das umfangreiche Material in dem „Archiv für philosophie- und theologiegeschichtliche Frauenforschung" von Elisabeth Gössmann, München 1984ff.

9 Zit. nach Martin Luther, Biblia, das ist: die gantze Hl. Schrift, Tübingen (Cotta) 1729, 1164f. Mit Verweis auf 1 Mos 3,6 gibt Luther in den Nutzanweisungen an: „Die Sünde kommt zwar von einem Weibe her, aber der Sünden-Büßer Christus auch von einem Weibe, 1 Mos 3,15, Gal 4,4. So ist das Böse, das ein Weib eingeführet, durch den Weibes-Saamen wieder gut gemacht worden. Freue dich, bekümmerte Seele! denn du bist auch eine Mit-Erbin der Gnade."

10 Zit. nach Alfred Rahlfs, SeptuagintaVol. II, Bibelanstalt Stuttgart 1962.

11 Möglicherweise hat Paulus in Röm 5,12 diese Stelle vor Augen, denn er hat keinen Bezug des

Keine der mir bekannten frauenfeindlichen Interpretationen hat diese Logik, alle beziehen das irdische Los aller Menschen, den Tod, auf die Frau. Verkürzt ausgesagt: Die Frau ist Ursache für den Tod und überhaupt für alle Übel der Welt.

Moderne Exegetinnen und Exegeten lesen diesen Vers in seinem Kontext. In dem ganzen Kapitel Sir 25 geht es um die Verderben bringende Ehefrau. So interpretiert Levison den Text als ein Wort gegen die schlechte Ehefrau, mit „wir" sind dann die Ehemänner gemeint. Es geht also nicht um eine grundsätzliche Aussage über Frauen, der „Anfang" bezieht sich nicht auf die Genesis, sondern ganz banal: Die schlechte Ehefrau ist für die Ehemänner der Anfang vom Untergang (Verhängnis).[12] Tatsächlich fällt ja der Name „Eva" im Sirachtext nicht.

Lange Zeit gab es für Sir nur den griechischen Text, obwohl bekannt ist, dass das Sirachbuch ursprünglich hebräisch geschrieben war. Denn der Enkel des Verfassers gibt in der Vorrede seiner griechischen Übersetzung dies ausdrücklich an. In den Funden von Qumran befanden sich viele kleinere Abschnitte aus Sir, aber nicht unsere Stelle. Jedoch wurden Ende des 20. Jhs in einer Geniza in Kairo hebräische Abschnitte aus Sir gefunden, die auch unsere Stelle enthalten, allerdings unpunktiert, zudem sind die Texte spät (10. Jh. und später). Der Text dieser Stelle lautet:[13]

משה תחלת עון	m'šh thlt 'awn
ובגללה גוענו יחד	wbgllh gw'nw jhd

Die Satzkonstruktion ist die gleiche wie im griech. Text. „Von der Frau" steht am Anfang, für „Sünde" findet sich hier *ʿawon,* ein Begriff, der von der LXX zumeist nicht mit *hamartia,* sondern mit *adikia* (Unrecht) übersetzt wird. *ʿawon* ist ein theologisch äußerst dichter Begriff mit einer Ganzheitsaussage, die sowohl Sünde wie Schuld und ihre Folge, nämlich die Strafe, einschließt. Am besten lässt er sich vielleicht mit „Verhängnis" übersetzen, aber es gibt im Deutschen keinen Begriff, der alle Nuancen des hebräischen *ʿawon* enthält. Die Hebräische Bibel kennt nämlich über ein halbes Dutzend Begriffe für Sünde und Schuld. Dabei ist *awon* etwas, das auf dem Menschen lastet, es gibt auch häufig den Begriff *nasaʿ ʿawon,* seine „Schuld tragen". Erstmals findet sich der Begriff in Gen 4,13, wo Kain nach dem Mord an seinem Bruder Abel sagt: „Meine *ʿawon* ist zu schwer, ich kann sie nicht tragen!"

Todes auf die Frau, sondern nur auf die Sünde. Wenn er denn auf unsere Stelle anspielt, dann hat er die Interpretation, den Tod mit der Frau zu verbinden, (noch) nicht gekannt.

12 Jack Levison, Is Eve to Blame? A Contextual Analysis of Sirach 15, 24, in: CBQ 47, 1985, 617-623. Der Verfasser bezieht sich auf den griechischen Text.

13 Vgl. Pancratius Beentjes, The Book of Ben Sira in Hebrew. A Text Edition of all extant Manuscrits and a Synopsis of all Parallel Hebrew Ben Sira Texts, in: VTSuppl. 68, Leiden 1997, 98.

Die zweite Zeile bezieht sich mit „ihretwegen“ wieder auf einen fem. Begriff, was wie im griechischen Text auf die Frau am Anfang des Satzes wie auch auf den Begriff *ʿawon* zurückverweisen kann. Sünde/Schuld ist an den meisten Stellen fem. (vor allem im pl. *ʿawonot),* es gibt aber auch masc. Ausnahmen. So ist es nicht eindeutig, dass die Folge, das Todeslos für alle, auf *ʿawon* bezogen werden muss, Interpretationen, die das „ihretwegen“ (mit fem. Suffix) auf die Frau beziehen, liegen durchaus nahe.

Für das Mittelalter war allerdings der lateinische Text der Vulgata verbindlich. Hieronymus, der Übersetzer der Vulgata, hat vermutlich noch eine hebräische Version des Sirachbuches gekannt, hat er doch selbst im Hl. Land nach den alten Quellen geforscht. Möglicherweise hat er direkt auf diese Texte Bezug genommen. Seine Übersetzung lautet:[14]

> *a muliere initium factum est peccati*
> *et per illam omnes morimur* (Sir 25,33 eine andere Zählung)

Hier gibt es keinen Zweifel: *„per illam“,* das fem. Pronomen, kann sich nur auf die Frau am Anfang des Satzes beziehen, denn *peccatum* (Sünde) ist im Lateinischen neutrum, grammatisch ist dies eindeutig. So ist es erklärlich, dass frauenfeindliche Texte im Mittelalter und später mit Bezug auf die lateinische Bibelübersetzung die Frau für den Tod verantwortlich machen konnten. Sir 25,24 ist somit die älteste Stelle und die einzige in der Bibel der vorreformatorischen Kirchen, die einen Zusammenhang zwischen der Frau von Gen 2f als Ursache für Tod und Verhängnis der Menschheit herstellt.

Die neuere Exegese interpretiert diesen Satz nicht mehr frauenfeindlich, aber er bleibt ambivalent.[15] Das hebt allerdings die Schäden nicht auf, die damit für ein christliches Frauenbild über lange Zeit angerichtet wurden, indem ein Satz aus seinem Kontext gerissen und auf *alle* Frauen grundsätzlich angewendet wurde. Sir 25,24 ist nur die Spitze eines Eisbergs aus einer Unzahl misogyner Texte der hellenistisch-römischen Zeit, die sich durch eine überwiegend asketisch-leibfeindlich geprägte Männertheologie immer weiter reproduziert hat. Es ist zu hoffen, dass durch eine Zunahme akademisch geprägter Theologinnen und Exegetinnen mit der Zeit andere Traditionen und Denkmuster führend werden.

---

14 Zit. nach Biblia Sacra iuxta Vulgatam Versionem Bd. 2, Deutsche Bibelgesellschaft Stuttgart 1983.

15 Vgl. Claudia Camp, Understanding a Patriarchy: Women in Second Century in Jerusalem Through the Eyes of Ben Sira, in: Amy-Jill Levine, „Women Like This“. New Perspectives on Jewish Women in the Greco-Roman World, SBL, Antlanta 1991, 1-39; Georg Sauer, Jesus Sirach (JSHRZ III, 5), Gütersloh 1981; Angelika Strotmann, Das Buch Jesus Sirach, in: Kompendium Feministische Bibelauslegung, Gütersloh 1998, 428-440.

9 Starke Frauen in der Bibel: Die Prophetinnen Debora und Hulda[1]

9.1 Vorbemerkungen

Als Exegetin, d.h. als Wissenschaftlerin, die sich beruflich seit rund 40 Jahren mit der Auslegung der Bibel beschäftigt, möchte ich nicht darlegen, was das für mich bedeutet und wie ich dazu gekommen bin. Mich beschäftigt vielmehr die allgemeine Frage: Wo treiben wir eigentlich hin in unserem so häufig genannten „Europa"? Ist Wirtschaft, Profit und die Anhäufung von möglichst großem Reichtum bald das einzige Ziel, das Menschen heute umtreibt und umtreiben darf?

Blicken wir in die Geschichte zurück, so ist unsere ganze Kultur – ob uns dies noch bewusst ist oder nicht – von nichts so sehr geprägt wie von der jüdisch-christlichen Bibel. Was wir heute unter „Menschenrechten" verstehen, ist herausgewachsen aus dem abendländischchristlichen Menschenbild. Hier waren allerdings Frauen – wie allseits bekannt – stark benachteiligt. Das Menschenbild der christlichen Geschichte war im Wesentlichen ein Männerbild. Davon will ich aber hier nicht sprechen.

Vielmehr habe ich schon vor mehr als 30 Jahren begonnen, die Bibel, die wie kein anderes Buch die abendländische Geschichte, Kultur und auch Kunst geprägt hat, auf ihre Frauenbilder abzuklopfen. Selbstverständlich glaube ich nicht, dass wir in der Bibel einfach Rezepte für die Lösung unserer heutigen Probleme finden können. Schließlich handelt es sich bei der Hebräischen Bibel um eine ganz andere Zeit und Kultur, die uns in manchem eher fern ist.

In meiner Tätigkeit als Professorin habe ich von Jahr zu Jahr mehr festgestellt, dass auch Studierende der Theologie immer weniger Ahnung von ihrer eigenen Geschichte haben, ganz zu schweigen von der antiken vorchristlichen Geschichte. Woher nehmen wir unsere Maßstäbe, unsere Beurteilungskriterien, wenn wir häufig gar nicht mehr wissen, auf welchen Grundlagen wir stehen?

Dies alles gilt für Frauen noch viel mehr als für Männer. Männer haben immer noch zahlreiche Identifikationsmöglichkeiten in politischer, künstlerischer oder religiöser Hinsicht, in Führergestalten jeglicher Art, Religionsstifter, große Philosophen, Theologen oder auch Künstler. Dass es auch zahlreiche Frauen gegeben hat, und zwar schon im Alten Testament, die ihre Zeit, die religiösen Überlieferungen

[1] Vortrag an der Kath. Akademie München 15.5.2009, gekürzt erschienen in „Debatte" 2009, Heft 7, 1-4.

u.a. geprägt haben, ist weniger bekannt. Feministische Theologinnen haben eine Reihe solcher Persönlichkeiten richtiggehend wieder ausgegraben. So möchte ich heute zwei Frauengestalten vorstellen, die in ihrem Wirken zwar mehr als ein halbes Jahrtausend auseinander liegen, aber doch eine Reihe von Gemeinsamkeiten aufweisen: Debora und Hulda.

Wir sprechen ja hier im Rahmen von Kunst und eines Museumsbesuchs von diesen starken Frauen im Alten Testament. Darum habe ich Bilder gesucht, die das Gesagte etwas illustrieren können. Vor allem habe ich die Frauengestalten im Chorgestühl des Ulmer Münsters, die ich schon mehrmals im Zusammenhang mit Vorträgen verwendet habe, hier auch zeigen wollen. Dabei ist mir aufgefallen, dass wiederholt die gleichen Prozesse ablaufen. Auch im Alten Testament, wo diese beiden Frauen, die explizit den Titel „Prophetinnen“ tragen, an ganz markanten Stellen vorkommen, wurden sie später verschwiegen und vergessen. Das passiert auch später mehrmals wieder. In der mittelalterlichen jüdischen Theologie und Überlieferung spielen sie eine ganz markante Rolle. Und der Künstler, der in der zweiten Hälfte des 15. Jhs. das Chorgestühl des Münsters von Ulm geschnitzt hat, hatte wohl ein Bild-Programm, in dem zahlreiche biblische Frauen enthalten waren. Diese markante Galerie von Frauen, angefangen mit den Stammmüttern Sara, Rebekka, Rahel und Lea, dann Ruth, Mirjam, Debora, Ester, Jael, Hulda und viele andere, wird aber in allen großen Bildbänden, die ich in vier Bibliotheken aufgesucht habe, nur selten abgebildet, wohl aber die entsprechenden antiken Figuren wie Pythagoras oder zahlreiche Sibyllen, die sich in dem Programm auch finden. Was man also in der Früh-Renaissance noch gut kannte, wird heute erneut vernachlässigt.

9.2 Der literarische Rahmen

Die Texte über die beiden großen Frauen finden sich im sog. deuteronomistischen Geschichtswerk. Dies ist ein Werk, das von den Josua- und Richterbüchern über die Samuel- und Königsbücher die ganze Geschichte von der vorköniglichen Zeit bis zur Zerstörung Jerusalems im Jahr 587 v. Chr. durch die Babylonier beschreibt, also einen Zeitraum von 600 – 700 Jahren. Dieses große Werk ist im Exil und nach dem Exil bearbeitet worden, enthält aber viel altes Material, Quellen aus Erzählungen, Sagen, Liedern, Chroniken, Listen, Archiven der Königszeit usw. In diesem umfangreichen „Geschichtswerk“ (Geschichte nicht in unserem modernen Sinne verstanden) steht die Prophetin und Richterin Debora am Anfang in der vorköniglichen Zeit, die Prophetin Hulda am Ende im 7. Jh. v. Chr., unmittelbar vor der Zerstörung des Staates Israel. In dieser gesamten deuteronomistischen Tradition erhalten nur diese beiden Frauen den Titel „Prophetin“.

Abb. 1: Büste aus dem Chorgestühl des Ulmer Münsters

9.3 Die Prophetin und Richterin Debora (12. Jh. v. Chr.)

9.3.1 Zeit und Kontext

Debora ist im Norden Israels beheimatet, ihre Geschichte spielt im 12. Jh. v. Chr., also zu einer Zeit, in der Israel stark von seinen Nachbarn bedroht wurde. Es gab noch keine gemeinsame Führung, keinen König und keinen Staat. Früher sprach man vom 12-Stämme-Verband. Hier hat nach Frank Crüsemann Debora „die bedeutendste Tat einer Frau vollbracht", indem „sie die israelitischen Stämme unter dem Heerführer Barak dazu brachte, eine Koalition aus kanaanäischen Stadtkönigen zu besiegen." Nach dem Historiker Martin Noth handelte es sich um ein ganz außergewöhnliches Ereignis. Es ging, um es kurz zu sagen, um die Existenz Israels überhaupt. Die Stämme, die sich langsam in Kanaan ansiedelten, waren den im Land ansässigen Kanaanäern unterlegen. Denn die kanaanäischen Stadtstaaten hatten eine hoch entwickelte Kultur und waren mit Streitwagen ausgerüstet. Zur Zeit der Debora hatte sich eine lebensbedrohende Koalition dieser kanaanäischen Mächte gegen die Stämme in Mittelpalästina und Galiläa gebildet. Eine Nie derlage in dieser Schlacht hätte möglicherweise den Untergang des gerade entstehenden „Israel" bedeutet. Die Rettung aus dieser Gefahr wird nun der Initiative einer Frau, nämlich Debora, zugeschrieben.

Dargestellt wird Debora meist mit dem Schwert, so die Malerei oder auch die Büste aus dem Chorgestühl des Ulmer Münsters (siehe Abb. oben). Bekannt ist auch das Glasbild von Chagall in Mainz – dort wird aber das Wirken Deboras als Richterin dargestellt, sie sitzt unter der Debora-Palme und spricht Recht.

Die Ereignisse sind vor allem überliefert im Deboralied Ri 5. Zum Verständnis der historischen Situation sind jedoch zunächst einige Vorbemerkungen zur sogenannten Landnahme nötig: Die Sesshaftwerdung der Israeliten war ein Prozess, der sehr viel komplizierter verlief, als es die späteren Berichte des Josuabuches vermuten lassen. Diese Erzählungen erwecken den Eindruck, als hätten die Israeliten in einem kriegerischen Eroberungsfeldzug das Land Kanaan besetzt. Historisch waren jedoch die Ereignisse vielfältiger. Sowohl die Begriffe „Landnahme" wie „Sesshaftwerdung" treffen die Sache nicht genau, denn einige Stämme bzw. Gruppen befanden sich schon länger in Kanaan, andere kamen mehr oder weniger friedlich dazu. Gunneweg (Geschichte Israels, 1976, 34) fasst vorsichtig in fünf Punkte zusammen:

1. die Einwanderung der israelitischen Stämme war eine Unterwanderung;
2. sie war ein friedlicher Vorgang, zumindest alles andere als eine geschlossene Eroberungsaktion mit Waffengewalt;
3. sie war ein allmählicher, langsamer Prozess, dessen zeitliche Dauer man zwar nicht mehr bestimmen kann, der sich aber über mehrere Generationen erstreckt haben muss;

4. es gibt keine Geschichte der Landnahme Israels, sondern nur eine Geschichte des Ansässigwerdens einzelner Sippen, die im Kulturlande erst Israel bilden;
5. die einzelnen Sippen und Verbände können zu recht verschiedenen Zeiten und werden auf recht unterschiedlichen Wegen in ihr Siedlungsgebiet gelangt sein.

In dieser Situation, da sich die Stämme langsam konsolidierten, jedoch noch nicht in der Art eines Groß-Verbandes fest zusammengeschlossen sind, haben wir uns die Ereignisse vorzustellen, von denen das Deboralied berichtet.

9.3.2 Das Deboralied Ri 5

Die Debora-Geschichten sind doppelt überliefert (und nur an dieser Stelle im Alten Testament): einmal in einem Prosabericht in Ri 4, dann in dem poetisch abgefassten Deboralied Ri 5. Die beiden Quellen lassen sich nicht ganz in Übereinstimmung bringen; sicher aber ist, dass das Lied Ri 5 der ältere Text ist. Es ist zudem eine der wichtigsten Quellen für die Struktur und Theologie des vorstaatlichen Israel. Gerade darum ist die Sprache nicht immer leicht zu verstehen. Viele altertümliche Formen machen eine Übersetzung schwierig. Von 30 Versen finden sich 22, in denen mindestens ein Wort vorkommt, das nur hypothetisch übersetzt werden kann. Sprachlich weist das Lied in eine Zeit vor der klassischen hebräischen Sprache des Südens, besonders Jerusalems. Es handelt sich um ein Stück alter heroischer Dichtung mit allen Vorbehalten gegenüber einer solchen Gattung, die natürlich etwas anderes bezweckt als ein moderner historischer Tatsachenbericht. Trotzdem bleibt bestehen – zu diesem Ergebnis kommt Soggin in seiner Untersuchung zum Deboralied –, „dass in unserem Fall noch verhältnismäßig viel über die Hintergründe und den Ablauf der in unserem Lied berichteten Begebenheiten ermittelt werden kann." Dass Debora eine geschichtliche Person ist und nicht eine legendarische Gestalt, darf mit der Sicherheit behauptet werden, die in diesem Bereich überhaupt möglich ist.

Über den geographischen Ort der berichteten Ereignisse gibt das Lied selbst Aufschluss. Es ist die Jesreel-Ebene, ein Stück der großen Verbindungsstraße zwischen Ägypten, der Küste Palästinas und des Ostens (Damaskus). Die Kanaanäer kontrollierten offenbar den Durchgang durch diese Ebene und hatten damit die Verbindung zwischen dem mittelpalästinischen Gebirge und Galiläa lahmgelegt. Wenn die Verbindungsstraßen aber nicht mehr sicher sind und die Karawanen nicht mehr durchkommen, wird Handel und Kommunikation unmöglich (noch Saul wird man an dieser Stelle in den Rücken fallen, und erst David hat hier dann den endgültigen Sieg über die Philister errungen). Diese Situation schildern die Verse 6-8: Der Handel hatte aufgehört; Wege und Straßen waren ungangbar geworden, von den Feinden beherrscht; die Bauern konnten nicht mehr arbeiten; man musste Schleichwege suchen. Eine große Resignation breitet sich aus. Es gab ja keine

Zentralmacht, keinen König; die einzelnen Gruppen müssen sich selbst helfen. Alles hängt davon ab, dass eine charismatische Persönlichkeit aufsteht und die Kraft hat, die verschiedenen Gruppen zu einem gemeinsamen Handeln zu bewegen. Diese überragende Persönlichkeit ist Debora.

Ich erlaube mir, mich auf das zu beschränken, was für das Verständnis Deboras wesentlich ist. Eine zweite Frau, Jael – (sie sitzt ebenfalls im Chrogestühl des Ulmer Münsters) –, vollbringt ebenfalls eine entscheidende Tat: Sie hat nach V. 24-27 den feindlichen Heerführer Sisera erschlagen. Dieses Geschehen wird in dem Prosabericht in Kap. 4 in fast sadistischer Weise weiter ausgeschmückt. Ich verzichte hier auf dieses Erzählmotiv; das ganze Deboralied auszulegen würde den Rahmen dieses Vortrags sprengen. In V. 7 findet sich die Wende im Siegeslied von Ri 5: Die Initiative zum Aufstand gegen die geschilderte Not geht eindeutig von Debora aus. Sie bekommt hier einen ganz eigenartigen Titel: „eine Mutter in Israel". Diese außergewöhnliche Bezeichnung soll wohl aussagen, dass sie einsteht für die ihr Anvertrauten, dass sie für das Leben sorgt, wo die Not überhandnimmt, dass sie Verantwortung übernimmt für die Ihren und dafür etwas wagt. „Mutter" ist hier ganz und gar von seiner biologischen Funktion losgelöst und ist in seiner Art, nämlich als Ehrentitel für eine Person, einmalig im Alten Testament.

In V. 28 kommt noch eine Mutter vor, diesmal im traditionellen Sinn. Es ist die Mutter Siseras, des feindlichen Heerführers, die am Fenster sitzt und wartet, bis ihr Sohn mit reicher Beute nach Hause kommt. Die Schilderung dieser Mutter kann nur als Spott und Hohn verstanden werden, wenn man – wie das Lied – bereits weiß, dass Sisera schon getötet worden ist. Möglicherweise ist sie absichtlich als Gegenpart aufgestellt zu Debora, der „Mutter in Israel", in einem kontrastierenden Sinn.

9.3.3 Der Prosatext Ri 4

Einen anderen Titel als in Ri 5 erhält Debora im Prosabericht Ri 4. Hier wird sie als „Prophetin" bezeichnet, ein Titel, der im Deboralied selbst fehlt. Debora spricht hier Recht und erteilt Weisungen; man kommt zu ihr, um sich Rat zu holen (V. 5). Sie hat ein anerkanntes öffentliches Amt und lässt Barak zu sich rufen, um ihm zu sagen:

> Fürwahr, Jahwe, der Gott Israels, gebietet dir: Geh, ziehe auf den Berg Tabor und nimm zehntausend Mann von Naphtali und Sebulon mit dir; dann ziehe ich den Sisera, den Feldherrn Jabins, samt seinen Wagen und seinen Heerhaufen zu dir an den Bach Kison und gebe ihn in deine Hand. Barak sprach zu ihr: Wenn du mit mir gehst, so gehe ich; gehst du aber nicht mit mir, so gehe ich nicht. Sie sprach: Gut, ich gehe mit dir; nur wird dann der Ruhm des Zuges, den du unternimmst, nicht dir zufallen; denn Jahwe wird Sisera in die Hand eines Weibes verkaufen. So machte sich Debora auf und zog mit Barak nach Kedes.

Wie im Deboralied ist auch in diesem Prosabericht die Frau die treibende Kraft – sie wird folgerichtig in V. 9 an erster Stelle genannt. Barak geht nur widerstrebend und unter Begleitung Deboras in den Kampf. Er machte denn seine Zustimmung auch ausdrücklich von dem „Mitgehen“ Deboras abhängig. Bedenkt man, dass dieser Prosatext mit größter Wahrscheinlichkeit von Männern in einer patriarchalischen Gesellschaft aufgeschrieben wurde, ist es erstaunlich, wie jämmerlich hier die männlichen Helden dargestellt werden.

Diese Probleme fein glättend, interpretiert der Alttestamentler Hertzberg zu dieser Stelle: „Es erscheint als eine besondere Fügung, dass nicht der Mann, sondern das Weib, nicht die Bravour, sondern die Schwachheit, und im letzten Grunde nicht der Mensch, sondern Gott den Sieg gewinnt.“ (ATD 9, 176) Eine beachtenswerte exegetische Leistung eines Mannes!

Der Führerin Debora ist es nun gelungen, eine Reihe von Stämmen zum Kampf zu bewegen. Einige Stämme nehmen nicht teil; diese werden mit Spott bedacht (Ri 5,16f). Im Einzelnen lässt sich nicht mit Sicherheit sagen, wie viele sich beteiligt haben. Nach Ri 5 sind es sechs Stämme, die in den Kampf ziehen, nach der Prosaerzählung Ri 4 sind es nur zwei. Eine zentrale Leitung gibt es nicht; daher auch die großen Schwierigkeiten beim Aufgebot. Auch wie der Sieg schließlich zustande kommt, ist nicht mehr in allen Einzelheiten zu eruieren. Einmal werden offenbar die Streitwagen der Gegner durch einen großen Regen am Bach Kison behindert und geraten durcheinander; dann wird der Feldherr Sisera wie bereits erwähnt von Jael getötet, als er in deren Zelt Zuflucht gesucht hatte.

9.3.4 Eine Frau als Autorin?

Es bleibt die Frage nach Autor und Sänger des Deboraliedes. Im ersten Vers finden sich Debora und Barak als Subjekte. Jedoch muss es sich bei Barak um einen Zusatz handeln, denn das Verb steht nicht nur im Singular, sondern auch noch in der 3. pers. fem., so dass ursprünglich sicher nur Debora als Sängerin genannt war. Es wurde zwar der Name des Barak später eingefügt, das ursprüngliche Verb aber belassen. Auch im weiteren Verlauf des Liedes spricht Debora in der Ich-Form; besonders deutlich wird dies in V. 7:

> bis ich aufstand, Debora – bis ich aufstand, eine Mutter in Israel!

Warum viele Übersetzungen hier „ich“ in „du“ ändern, ist unverständlich. Die Form, die im Hebräischen steht, ist ausdrücklich die erste Person. Einige Exegeten postulieren künstlich eine archaisierende Form der zweiten Person, um dann mit „du“ übersetzen zu können. Wenn Debora aber tatsächlich das Lied singt, ist auch zu erwarten, dass sie von sich selbst in der ersten Person spricht. Für Kegler ist die Übersetzung mit „du“ rätselhaft. Er fragt: „Ist den Exegeten hier das Selbstbewusstsein einer Frau zum Anstoß geworden? Ist dies wieder eine typisch männliche Korrektur? Vielleicht gilt es gar als unvornehm, in der Ichform Stolz über eine gelungene Großtat zu zeigen?“ Es darf nicht übersehen werden, dass Debora sich nicht selbst besingt, sondern dass es sich eindeutig um einen Hymnus, ein Loblied auf Jahwe handelt, wie die ersten Verse (Ri 5,2-5) ganz deutlich zum Ausdruck bringen. Dass Debora sich selbst aber in der Rolle, die sie tatsächlich gespielt hat, mit einbringt, scheint nur folgerichtig.

Schließlich ist noch das Ende des Liedes zu betrachten. Es wird geschildert, wie die Mutter Siseras und die Fürstinnen Ausschau halten nach der Heimkehr der Sieger und ihrer Streitwagen. Sie erwarten eine reiche Kriegsbeute (V. 30):

> Sie plündern vielleicht, sie verteilen die Beute, für jeden Mann eine Frau oder zwei, für Sisera die feinen, erbeuteten Stoffe, die feinen, erbeuteten Stoffe, für meinen Hals ein oder zwei bunte Tücher aus seiner Beute.

Im hebräischen Text steht hier für „Frauen“ wörtlich „Mutterschöße“; das zeigt, unter welchem Aspekt die Frauen gesehen wurden (so auch Buber!). In dem Prosatext Ri 4 fehlt dieser Zug der hohnvollen Erwartung der Frauen vollständig. Verständlich wird der Schluss jedoch, wenn das Lied von einer Frau gesungen wird. Es drückt dann auch die Freude darüber aus, diesem Schicksal entgangen zu sein, nämlich als rechtloses Sexualobjekt in die Hände der Sieger zu fallen, wie es damaliger Kriegssitte entsprach.

Betrachtet man diesen Schluss, in dem der Sieg Israels aus der Ferne, genauer aus der Perspektive der Frauen des Feindes gesehen wird, ist es bestimmt nicht abwegig zu sagen, dass das ganze Deboralied aus weiblicher Sicht eine entscheidende Tat in Israel besingt.

9.3.5 Spätere Entwicklung

Zum Schluss möchte ich noch kurz der Frage nachgehen, warum Debora, diese wichtige Persönlichkeit aus den Anfängen der Zeit Israels, im weiteren Verlauf der Tradition keine Rolle mehr spielt. Es dürfte hier in der Überlieferung ein ähnlicher Prozess abgelaufen sein wie an anderer Stelle bei Mose. In der späteren Sicht werden die Dinge vereinheitlicht und vergröbert. In den Erzählungen des Josuabuches werden alle wichtigen Siege des Nordens dem großen Josua zugeschrieben. Ein einziger (Mann) wird verherrlicht, alles wird auf ihn projiziert; auch Schlachten und Siege, an denen er nicht teilgenommen haben kann, weil er geographisch in ganz anderen Gebieten verwurzelt war, werden ihm zugeschrieben. Im Einzelnen schimmert noch durch, dass z.B. die in Jos 11 berichteten Ereignisse Zusammenfassungen aus früheren, detaillierteren Berichten sind.

9.4 Die Prophetin Hulda (7. Jh. v. Chr.)

9.4.1 Zeit und Umstände

Ich mache einen Sprung von rund 600 Jahren ins 7. Jh. v. Chr., dazu noch vom Norden in den Süden, nämlich nach Jerusalem, zur Hauptstadt des inzwischen recht kleinen Juda. Denn das Nordreich Israel wurde schon 722/21 v. Chr. von den Assyrern zerstört, was mit „Israel“ bezeichnet wird, ist im 7. Jh. v. Chr. sehr klein.

Die Stadt Jerusalem in neutestamentlicher Zeit, also nochmals 600 Jahre später, ist uns relativ gut bekannt. In dieser durch literarische und archäologische Zeugnisse rekonstruierten Stadt aus der Epoche Herodes d.Gr., wie man sie auch in einem Modell besichtigen kann, gibt es an der südlichen Tempelmauer zwei Doppeltore, die nach der Prophetin Hulda benannt waren. Ein breiter Treppenaufgang führte durch diese Tore zum Tempelplatz (man kam also von Süden, aus der Stadt Davids, über diese Treppe auf den Tempelplatz). Diese Tore sind heute, wenn auch zugemauert, noch gut zu sehen. – Weiter wird im Jerusalem des Herodes ein Hulda-Grab gezeigt. Was war das also für eine Frau, von der die Tradition noch in neutestamentlicher Zeit so lebendig war, dass wichtigste Gebäude mit ihrem Namen versehen wurden? Denn immerhin befinden wir uns zur Zeit Jesu etwa 600 Jahre nach dem Wirken dieser Prophetin Hulda. Sie liegt fast genau zwischen den Anfängen (Debora im 12. Jh. v. Chr.) und der Zeit Jesu. Sie ist die einzige namentlich bekannte Prophetin aus der Königszeit Israels.

Zunächst eine enttäuschende Feststellung: Über diese Hulda wissen wir nicht viel. Ihre Geschichte ist im 2. Königsbuch im 22. Kapitel aufgezeichnet mit einer Parallele in den Chronikbüchern (2 Chr 34,22-28). Danach war Hulda eine Zeitgenossin des Propheten Jeremia. Sie ist aber im Gegensatz zu Jeremia, von dem ein

Prophetenbuch mit 52 Kapiteln überliefert ist, so gut wie unbekannt. Von Hulda sind keine namentlichen Schriften überliefert, lediglich diese Erzählung am Ende des 2. Königsbuches berichtet von ihrem Wirken. Ähnlich war es rund zweihundert Jahre früher bei den Propheten Elija und Elischa, von denen es auch lediglich legendarisch gefärbte Geschichten gibt. Nur sind diese beiden Propheten recht gut bekannt, während von Hulda kaum jemand etwas weiß.

9.4.2 Hulda im zweiten Königsbuch

Wenige Jahrzehnte vor dem endgültigen Zusammenbruch des Südreichs Juda erlebte das Land nochmals eine kurze Blütezeit, denn die assyrische Oberherrschaft war am Zerfallen, die Hauptstadt des Weltreiches, Ninive, wurde 612 v. Chr. zerstört. Unter dem großen und frommen König Joschija begann 622 v. Chr. ein bedeutendes Reformwerk, das unter dem Namen „deuteronomische Reform" bekannt ist. Wie der Bericht in den Königsbüchern erzählt, wurde im Tempel bei Restaurationsarbeiten eine Buchrolle gefunden, die aller Wahrscheinlichkeit nach den Kern unseres heutigen Buches Deuteronomium, des 5. Buches Mose, enthalten hat. Das aufgefundene Gesetzbuch wird dem König vorgelesen, der drauf befiehlt:

> Geht und befragt JHWH für mich, für das Volk und für ganz Juda, wegen des Buches, das aufgefunden wurde. (2 Kön 22,13)

Die Befragung, die hier durchgeführt wird, richtet sich ausdrücklich an „JHWH, den Gott Israels". Es wird befürchtet, dass der Zorn Gottes über das ganze Volk kommt, weil die Gesetze dieses Buches bisher nicht befolgt wurden. Dies gilt besonders für die Alleinverehrung JHWHs. Überall im Lande, sogar in der Hauptstadt Jerusalems, werden andere Götter und Göttinnen verehrt. Dieses „Befragen JHWHs" geht nun so vor sich, dass der Priester Hilkija mit einer Gesandtschaft von vier hochgestellten Männern zur Prophetin Hulda geschickt wird. Ihr Wohnort in Jerusalem wird genau angegeben:

> Da gingen der Priester Hilkija, Ahikam, Achbor, Saphan und Asaja zu der Prophetin Hulda, der Frau des Kleiderverwalters Sallum, des Sohnes Thikwas, des Sohes Harhas – sie wohnte in Jerusalem, im zweiten Stadtviertel – und redeten mit ihr. (2 Kön 22,14)

Es ist das Quartier der Händler und Handwerker nordwestlich des Tempel- und Palastgebietes, in dem Hulda wohnt. Außerdem erfahren wir in dieser kurzen Notiz noch, dass Hulda verheiratet war mit einem Kleiderverwalter Sallum, dessen Vater und Großvater auch noch namentlich erwähnt werden. Während wir also von ihrem Mann, der in der Erzählung keine Rolle spielt, sowohl den eigenen Namen wie auch den des Vaters und Großvaters erfahren, ist von Hulda sonst nichts mehr überliefert. Außer ihrem Namen, dem Titel Prophetin und dem Ort geht aber deutlich hervor, dass sie offenbar eine anerkannte Autorität ist, sonst wäre die Selbstverständlichkeit nicht zu erklären, mit der sie aufgesucht wird. Auf die Anfrage des Königs erteilt nun Hulda ein autoritatives Gotteswort:

> So spricht JHWH, der Gott Israels: … Ich bringe Unheil über diesen Ort und seine Bewohner und erfülle alle Drohungen des Buches, das der König von Juda gelesen hat; denn sie haben mich verlassen, andern Göttern geopfert, um mich zu erzürnen mit dem Machwerk ihrer Hände … (2 Kön 22,16f)

Das Gotteswort der Hulda ist noch länger, es ist später auch verschiedentlich überarbeitet worden und stammt in seiner jetzigen Form erst aus der Zeit nach dem Exil. Der Kern ihrer prophetischen Rede ist, dass die Worte auf der entdeckten Rolle für Israel verbindlich sind. Bezeichnend ist hier zudem, dass das Gotteswort eingeleitet ist mit der von allen Schriftpropheten bekannten „Botenformel“: „So spricht JHWH, der Gott Israels … “. Die Botschaft der Prophetin Hulda wird sodann von den Abgesandten dem König übermittelt. Damit schließt der Bericht von Kapitel 22.

Das Gotteswort der Prophetin Hulda veranlasst nun den König zu einem großen Staatsakt. In einer umfangreichen Säuberungsaktion werden die heidnischen Kulte, Bilder, Altäre usw. aus der Umgebung Jerusalems und in der Hauptstadt selbst zerstört. 2 Kön 23 gibt ein anschauliches Bild, was im einzelnen dem Reformwerk zum Opfer fiel: Baal- und Ascherafiguren werden im Kidrontal verbrannt, darunter auch das Bild der Aschera, das im Jerusalemer Tempel selbst, offenbar als weibliches Gegenstück zu JHWH, aufgestellt war. Die Götzenpriester werden abgesetzt, die Altäre auf den verschiedenen Höhen des Landes dem Erdboden gleichgemacht.

Die Parallele in 2 Chr 34 bringt inhaltlich nichts Neues. Die Chronikbücher benutzen im Wesentlichen die alten Quellen der Königsbücher. Trotzdem lässt sich etwas Bezeichnendes anmerken: Auch in diesem Jahrhunderte später anzusetzenden Text – 2 Chr stammt erst aus hellenistischer Zeit – gab es keinen Grund, die Prophetin Hulda etwa als anstößig zu empfinden. Eine Frau in einem so wichtigen Prophetenamt war auch in dieser Spätzeit nicht etwas, das eines besonderen Kommentars bedurft hätte. Dabei haben sich die Chronikbücher an anderen Stellen nicht gescheut, bestimmte Erzählungen oder Stellen wegzulassen bzw. zu verändern, wenn sie theologisch damit nicht einverstanden waren (man denke beispielsweise an Davids Ehebruch, den zwar die Samuelbücher berichten, die Chronik aber weglässt!). Hulda als eine Prophetin JHWHs war somit zu den verschiedensten Zeiten eine anerkannte Größe – bis in neutestamentliche Zeit.

9.4.3 Einordnung in das Reformwerk des Joschija

Wie ist nun dies alles einzuordnen? Die Reform des Joschija und vor allem der in dieser Zeit verfasste Kern des Buches Deuteronomium gelten heute als der Anfang der schriftlichen Bibel, der Bibel als Buch. Das Reformwerk Joschijas gilt sowohl historisch wie theologisch als eines der wichtigsten Ereignisse in Israels Königszeit überhaupt. Wenn auch die Erzählungen von 2 Kön 22f erst nach dem Tode Joschijas 609 v. Chr. niedergeschrieben und nach dem Exil überarbeitet wurden, ist doch sicher, dass die Prophetin Hulda bei diesem Reformwerk mit ihrem Gotteswort die maßgebliche Rolle gespielt hat. Ihr Anteil an diesem historisch und theologisch so gewichtigen Schritt ist jedoch nicht reflektiert. Hulda steht sozusagen an der Wiege der Bibel als Buch, sie leistete „Hebammendienste" bei der Geburt der Bibel. Warum ist über diese wichtige Frau so gut wie nichts geschrieben worden? Zwar ist das Werk wichtiger als die Person, das gilt für männliche wie für weibliche Propheten. Jedoch ist über männliche Propheten, so den Zeitgenossen Jeremia, viel mehr bekannt, er wird auch beschrieben als Beispiel für die Nachwelt – ganz abgesehen davon, dass er in der christlichen Kunst an zahlreichen Kirchen und Kathedralen mit anderen, ausschließlich männlichen Propheten, thront. Warum ist man dagegen mit dieser Prophetin aus der letzten Phase Israels vor dem Exil so stiefmütterlich umgegangen? Ihr Wirken ist jedenfalls historisch nicht zu bestreiten, verwunderlich ist vielmehr, dass die spätere Tradition ihr wichtiges Eingreifen nicht ihrem Zeitgenossen Jeremia zugeschrieben hat. Sie hat das, was das Wesen eines Propheten/einer Prophetin ausmacht, nämlich als MittlerIn die Nöte, Sorgen und Fragen ihres Volkes vor JHWH zu bringen und darauf dessen Antwort, dessen Willen und Weg Israel mitzuteilen, in vorzüglicher Weise erfüllt. In diesem Sinn kann und muss Hulda der Titel „Prophetin" im vollen und eigentlichen Sinne zukommen, wie es die biblische Überlieferung ja auch tut.

Noch eine letzte Bemerkung sei gestattet: Anders als Debora, die ihr Volk rettet und die Glaubensgeschichte anregt, ist Hulda eine Unheilsprophetin. Sie hat den Untergang Jerusalems als verdiente Strafe zu verkünden. Nicht zuletzt deshalb ist sie wohl auch nach dem Exil als echte Prophetin weiter überliefert worden, denn das Eintreffen einer Botschaft gilt als Kriterium für deren Echtheit (vgl. Dtn 18,18ff). So ist Hulda als warnende Stimme für den kommenden Untergang durchaus zu vergleichen mit heutigen prophetischen Frauen, die wegen der Zerstörung von Welt und Umwelt ihre Stimme erheben. Auch in diesem Sinne wäre es angebracht, sich dieser großen Frau zu erinnern.

9.5 Zwei Prophetinnen als Rahmen des deuteronomistischen Geschichtswerks

Zur Einordnung der Prophetin Hulda in die Geschichte der Entwicklung des alttestamentlichen Glaubens ist mir noch ein wichtiger Zusammenhang aufgefallen: Das sog. deuteronomistische Geschichtswerk (Dtr) hört mit diesen Kapiteln 22 und 23 des 2. Königsbuches auf. Das Dtr ist jenes Werk, das in der nachexilischen Zeit versucht, eine geschichtlich-theologische Vergangenheitsbewältigung zu schaffen, ein ungeheurer Vorgang! Der Staat war untergegangen, das Königtum mit ihm, der Tempel zerstört, Israel muss ins Exil und ist total am Ende. Nun verbringt man seine Zeit aber nicht mit Jammern, sondern dieses Geschichtswerk sucht die Ursache bei sich selbst. „Wir haben gesündigt, wir haben unsern Gott verlassen, darum ist dies alles über uns gekommen", so könnte man den Grundgedanken zusammenfassen. Wo hat es solches sonst noch gegeben? Eine theologische Vergangenheitsbewältigung, die nicht einen Sündenbock sucht, sondern sich ehrlich besinnt und damit auch wieder einen Weg für die Zukunft schafft.

Dieses Dtr endet also mit 2 Kön 22f, mit der Auffindung des Kerns unseres Buches Deuteronomium und mit dem sog. Hulda-Orakel. Dieses Werk hört aber nicht nur mit der Tat und dem Wort einer Prophetin auf, sondern das ganze Werk fängt auch mit einer großen Frau an, wie wir gesehen haben, nämlich mit der Prophetin und Richterin Debora in Ri 4f. Wie kommen die sicher männlichen Verfasser des Dtr dazu, ein so wichtiges theologisches Werk zu rahmen mit der Tat und dem Wirken zweier bedeutender Frauengestalten? Ist es möglicherweise die nachexilische Erfahrung der eigenen Schwäche und Machtlosigkeit, die nun die Rettung in einer Frauengestalt darstellt? Solches kann man ja auch bei der späteren Juditfigur vermuten. Ich will die Antwort hier offen lassen. Immerhin gibt es ja den dunklen und rätselhaften Satz bei Jeremia, der bisher noch nie befriedigend erklärt worden ist:

> Denn JHWH hat Neues geschaffen auf der Erde;
> Weibliches wird den Mann umgeben/umfassen. (Jer 31,22)

9.6 Schlussbemerkung

Das Wirken der beiden großen Frauen vor und in der Königszeit Israels ist vergleichbar der Spitze eines Eisbergs: ein kleiner Teil dessen, was an Frauenerfahrungen, Frauenwirken in der Hebräischen Bibel zu finden ist. Es zeigt sich vor allem, dass gerade in Krisensituationen es immer wieder Frauen waren, die das Volk gerettet haben, wodurch neue Lebensmöglichkeiten aufgezeigt wurden.

Solche Erkenntnisse sind inzwischen auch in die exegetische Fachliteratur eingegangen. Was aber fehlt, ist immer noch die Vermittlung in der Praxis. Ich hoffe, es wird nicht noch zunehmend passieren – dies eine Erfahrung, die ich immer wieder mache –, dass man Menschen in Museen trifft, die hilflos vor biblischen Bildern stehen und keine Ahnung haben, was da dargestellt ist!

Weiterführende Literatur:

Helen Schüngel-Straumann, Frauen im Alten Testament (Mirjam und Debora), 1982. Wieder abgedruckt in: Anfänge Feministischer Exegese, Münster 2002, Seiten 9-22.

Frank Crüsemann, Debora und das Deboralied, in: Als Mann und Frau geschaffen. Exegetische Studien zur Rolle der Frau (Hg. F. Crüsemann/H. Thyen), Gelnhausen/Berlin 1978

Helen Schüngel-Straumann, Große Frauengestalten des Alten Testaments, in: Weil Gott nicht nur zu Mose sprach ... (Hg. Michael Langer), Wien 1996, Seiten 11-33.

Ulrike Bechmann, Das Deboralied zwischen Geschichte und Fiktion, St. Ottilien 1989

Helen Schüngel-Straumann, Art. „Prophetin. Biblisch“. in: Wörterbuch der Feministischen Theologie (Hg. Elisabeth Gössmann u.a.), Gütersloh 2. Aufl. 2002, 460-462.

10 Die biblische Paradieserzählung als ‚Gründungsmythos' der Geschlechter[1]

Feministische Theologie und Exegese haben mit feministischer Wissenschaft ein gespanntes Verhältnis. Große Teile der feministischen Bewegung sind der Meinung, die Bibel sei so patriarchal, dass sie für Frauen nicht mehr akzeptabel ist (so z.B. Mary Daly), andere, mehr christlich-konservativ geprägte Frauen haben Reserven gegen feministische Theologie. So führt eine Exegetin, die sich zugleich als Feministin bezeichnet, häufig einen Zweifrontenkampf: sie muss sich auf beiden Seiten immer rechtfertigen. Dies ist in nicht geringem Maß der christlichen Auslegung der ersten Kapitel der Bibel zu verdanken. Die ersten drei Kapitel der Bibel (Gen 1-3) sind die Schicksalstexte von Frauen durch mehr als zweitausend Jahre gewesen. Sie haben vor allem ein christliches, nicht-egalitäres Frauenbild geprägt. Diese Konstruktion der Geschlechterverhältnisse, sprich die Überordnung des Mannes und die Unterordnung der Frau, das Verständnis des Männlichen als Geist, der über das Weibliche (Körper, Leib, Sexualität) den Vorrang beansprucht, durchzieht die ganze abendländische Geistesgeschichte und wurde immer wieder unter Zuhilfenahme biblischer Texte der Genesis theologisch (d.h. von Gott verfügt, in der ‚Schöpfungsordnung' begründet) legitimiert und untermauert.

Dies gilt in Bezug auf das christliche Frauenbild. Im jüdischen Verständnis ist es weniger ausgeprägt, weil es dort kein correct reading, kein Dogma gibt. Die jüdischen Interpretationen haben den christlichen voraus, dass sie sich nicht mit den Implikationen der christlichen Auslegungsgeschichte, die stark vom Neuen Testament ausgingen, auseinandersetzen müssen. Vor allem haben sie keinen Anteil gehabt an der unseligen Entgegensetzung von Eva und Maria, mit der die christliche Tradition seit dem 2. Jahrhundert belastet ist, ebenso wenig wie an den dogmatischen Auslegungen über den so genannten Sündenfall und die ‚Erbsünde', wie sie seit Augustinus bestehen. Dies ist für das Gesamtverständnis wichtig.

Interessant wäre auch die Auseinandersetzung mit dem Islam. Die Diskussion ist auch hier im Gange. Weil die Aussage so typisch ist, sei hier lediglich die Außenansicht einer Islamwissenschaftlerin zitiert, die nach längerem Studium der christlichen Auslegungsgeschichte von Gen 1-3 folgende Quintessenz sieht (sie spricht von „drei theologischen Grundannahmen"):

---

1 in: Paradies. Topographie der Sehnsucht (Hg. Claudia Benthien/Manuela Gerlof), Köln 2010, 99-114.

Diese drei Annahmen sind, dass das erste Wesen, das Gott erschaffen hat, ein ‚Mann' und nicht eine Frau war, da die Frau angeblich aus der Rippe des Mannes geschaffen wurde, daher abgeleitet und ontologisch sekundär ist; dass die ‚Frau' und nicht der Mann das Hauptwerkzeug dessen war, was meist als ‚der Sündenfall' oder ‚die Vertreibung aus dem Paradies' bezeichnet wird und daher allen ‚Evastöchtern' mit Hass, Misstrauen und Verachtung begegnet werden muss; und dass die Frau nicht nur aus dem Mann, sondern auch ‚für' den Mann geschaffen wurde, was ihre Existenz nur instrumental, nicht fundamental macht.[2]

Das eigentliche Problem liegt somit nicht in den biblischen Texten selbst, sondern in einer mehr als zweitausendjährigen androzentrischen Auslegungs- und Rezeptionsgeschichte. Dabei hat besonders das Neue Testament eine verhängnisvolle Rolle gespielt, weil es bereits die hellenistisch geprägten frauenfeindlichen Rezeptionen, wie sie sich auch in zahlreichen – schon vorchristlichen – Apokryphen[3] fanden, benutzt hat. Die antike Rezeption im griechischsprachigen Raum hat die Bibel schon nicht mehr im hebräischen Urtext, sondern zumeist in der griechischen Übersetzung der Septuaginta (LXX) gelesen, wobei zahlreiche frauenfeindliche Argumente aus der griechischen Popularphilosophie, u.a. auch die Verbindung der bösen, verführerischen Eva mit Pandora, der Frau, die in der griechischen Tradition alles Unglück über die Menschheit bringt, eine Rolle spielt. Die lange Rezeptionsgeschichte hier auch nur in groben Zügen darzulegen, ist nicht möglich, sie füllt ganze Bibliotheken. Vor zwanzig Jahren habe ich diese Entwicklung bereits in einem Buch dargestellt.[4]

10.1 Geschlechtsspezifische Aspekte in Genesis 2 und 3

Die beiden Kapitel, die von einem Garten handeln (das Wort ‚Paradies' kommt nicht vor) sind vom gleichen Verfasser und stammen aus der Königszeit Israels, also aus der ersten Hälfte des 1. Jahrtausends v. Chr. Dass es sich um eine mythische Erzählung handelt, die mit anderen, älteren Erzählungen aus dem mesopotamischen Raum verwandt ist, ist inzwischen Gemeingut der Exegeten. Darum sind alle historisch geprägten Fragestellungen an die Texte von vornherein verkehrt. Die beiden Kapitel, die die Ambivalenz des menschlichen Lebens schildern, sind parallel (nebeneinander) zu lesen: Gen 2 schildert, wie Gott die Erschaffung

2 Hassan, Riffat. „Feministische Interpretationen des Islam". Feminismus – Islam – Nation. Hg. v. Claudia Schöning-Kalender und Ayla Neusel. Frankfurt a. M., 1997. 217-233, S. 220. Es wird sich zeigen, dass nicht ein einziger dieser Sätze an den Texten selbst verifizierbar ist.

3 Apokryphen sind fromme Schriften, antike Auslegungen biblischer Texte und ähnliche, die später nicht in den Kanon, in das Verzeichnis der für die christlichen Kirchen maßgebenden Bücher aufgenommen wurden.

4 Vgl. Schüngel-Straumann, Helen. Die Frau am Anfang. Eva und die Folgen. Freiburg 1989, 3. Aufl. Münster, 1999.

von Mann und Frau geplant hat, d.h. das ideale Miteinander der Geschlechter, Gen 3 dagegen die Verhältnisse, wie sie de facto sind. Sobald man nach Vorher oder Nachher fragt, z.B. nach einem ‚Urzustand', der verloren gegangen ist, wird die Intention der Erzählung verfehlt.

Für mythische Texte ist es charakteristisch, dass sie zeit- und ortlos sind. Sie gelten für alle Menschen, nicht nur für ein bestimmtes Volk, hier Israel. Die Geschichte Israels beginnt erst mit Abraham in Gen 12. In Gen 1-11, der so genannten Urgeschichte, sind Erzählungen gesammelt, die über und jenseits aller Geschichte spielen, Menschheitserfahrungen. Sie sind „am Anfang" situiert, so das erste Wort der Bibel. Gen 2-3 sind seltsam ortlos, es wird ein „Garten im Osten" angegeben, eine äußerst vage Geographie. Die Personen haben auch keine Namen, sie sind nur mit ihren Gattungsbezeichnungen benannt oder mit ihren Rollen, „Mensch" und – später – „Mann und Frau". Damit wäre ich schon bei einem ausschlaggebenden Missverständnis der hebräischen Texte, nämlich bei der Rede von ‚Adam' und ‚Eva'.

Die Namen der beiden ersten Menschen finden sich in den Texten selbst nicht, sondern sind erst seit der Übersetzung ins Griechische gebräuchlich geworden. Sie halten sich mit konstanter Bosheit bis in die heutige Reklame-Kultur. Dabei ist dies gerade für das gender-Verständnis ein äußerst wichtiger Punkt. Darum sei gleich zu Anfang diese wichtige Weichenstellung in der Interpretation am Text überprüft. Unterstrichen wird dies noch dadurch, dass in der gesamten hebräischen Bibel die beiden Namen Adam und Eva zusammen nicht mehr vorkommen! Das ist doch sehr erstaunlich, sollten dies die Namen für das erste Menschenpaar gewesen sein.[5]

10.1.1 Anthropologische Semantiken der Paradieserzählung

Der Verfasser der beiden Kapitel, um die es hier geht, arbeitet äußerst gern mit Wortspielen. Mindestens vier solcher Wortspiele setzt er ein, wobei sich einige auch in den folgenden Kapiteln der Urgeschichte fortsetzen.

(1) Das erste und zentrale Wortspiel ist *ʿadam* („Mensch") und *ʿadamah* („Erde", „Ackerboden"). *ʿadamah*, der feminine Begriff ist eine fast personifizierte Größe; Gen 2,6 spricht vom „Angesicht der Erde" (*pene' haʿadamah*), dieser Begriff kommt in Gen 6 zu Beginn der Sintflut wieder. *ʿadamah* („Mutter Erde" vgl. Sir 40,1) ist dem daraus entstandenen Geschöpf *ʿadam* im Text vorgeordnet. *ʿadam* („Erdling") wird aus der *ʿadamah* geschaffen und bezeichnet die Menschheit insgesamt, Männer und Frauen. *ʿadam* ist ein Kollektivbegriff, er kommt nur im Singular vor, er kann übersetzt werden mit „Mensch", „Menschheit" oder „alle Menschen". Gen 6,1 beginnt die Erzählung von den Übergriffen der Göttersöhne auf

5 Einzig in Gen 3,20 wird die erste Frau ḥawwah, von ḥaj („Leben"), genannt, dies führte in der späteren Tradition zu „Eva". Vgl. auch unten 10.1.2.(4).

die Menschentöchter mit dem Satz: „Als aber die Menschen [*ʿadam*] anfingen, sich auf der Erde [*ʿadamah*] zu vermehren und ihnen Töchter geboren wurden, sahen die Göttersöhne, wie schön die Menschentöchter waren, und sie nahmen sich alle von ihnen, die ihnen gefielen, zu Frauen." Alle Untaten der Menschen vor der Flut sind auf der *ʿadamah* situiert, so der Mord Kains an seinem Bruder Abel (Gen 4), die Gewalttaten Lamechs, die Untaten der Göttersöhne, die sich an den Menschentöchtern vergreifen (Gen 6,1-4), bis zu der pauschalen Aussage über die Verderbtheit der ganzen Menschheit (*ʿadam*), die Gott in der Rede vor der Flut beklagt (Gen 6,5-7). Wären in der Sintfluterzählung mit *ʿadam* nur die Männer gemeint, wären die Frauen nicht ertrunken – ein absurder Gedanke![6]

ʿadam und *ʿadamah* ist somit das erste und tragende Wortspiel in Gen 2 und 3. *ʿadamah* wird dann in der Kain und Abel-Erzählung (Gen 4), wo das Blut Abels von der *ʿadamah* zu JHWH[7] schreit sowie in der Vertreibung Kains „vom Angesicht der Erde" (*pene' haʿadamah*) wiederkehren. In der älteren Version der Fluterzählung, die vom gleichen Verfasser stammt wie Gen 2 und 3, wird Bezug auf die Erschaffung von *ʿadam* aus der *ʿadamah* genommen, wenn JHWH sagt: „Ich will die Menschen [*ʿadam*], die ich geschaffen habe, vom Angesicht der Erde [*pene' haʿadamah*] vertilgen" (Gen 6,7). Auch in dem Schluss-Fazit Gottes von Gen 3, wo JHWH-*,elohim*[8] sagt: „*ʿadam* ist geworden wie unsereiner", entspricht dem kollektiven *ʿadam* der göttliche Plural. Selbstverständlich bezieht sich die Aussage auf beide Geschlechter. Beide haben ja vom Baum der Erkenntnis gegessen. In allen Erzählungen der Urgeschichte bedeutet *ʿadam* damit Mensch und schließt regelmäßig die Frau ein.[9]

Eine traditionsgeschichtliche Betrachtung unserer Texte kommt zum Ergebnis, dass der Verfasser eine Vorlage bearbeitet hat, wie sie ähnlich in anderen altorientalischen Mythen vorliegt: *ʿadam* wird aus der *ʿadamah* geschaffen („getöpfert");

---

6 Vgl. zum Kontext von Gen 1-11: Schüngel-Straumann, Helen. Gen 1-11. Die Urgeschichte. Kompendium Feministischer Bibelauslegung. Gütersloh, 1998, S. 1-11; Baumgart, Norbert C. Die Umkehr des Schöpfergottes. Zu Komposition und religionsgeschichtlichem Hintergrund von Gen 5-9. Freiburg, 1999.

7 Dies ist der biblische Gottesname, das so genannte Tetragramm, das aus vier hebräischen Konsonanten besteht.

8 Diese Kombination des Gottesnamens, einmal das für Israel typische Tetragramm mit dem gemeinorientalischen Plural *,elohim* für die Gottheit bzw. die Götter, findet sich in der hebräischen Bibel nur in Gen 2 und 3. Der Verfasser will wohl in dieser Menschheitserzählung damit ausdrücken, dass die Gottheit *par excellence*, die für uns JHWH heißt, hier am Werk sei.

9 Dies gilt nicht für die Stammbäume. Diese gehören einer anderen, späteren Quelle an. Durch die Einarbeitung der Szene über die Erschaffung der Frau – dies ist das spezifische Interesse unseres Verfassers – hat er allerdings Weichen gestellt für viele späteren Missverständnisse: An einigen Stellen wurde dem grundlegenden Begriff *ʿadam* die Zufügung „und seine Frau" beigegeben. Damit ändert sich natürlich der Sinn von *ʿadam*. Dies kommt in Gen 2 nur einmal vor, 2,25, in Gen 3 dreimal: Gen 3,8.20.21.

ʿadam erhält ein Verbot; *ʿadam* übertritt das Verbot; *ʿadam* wird aus dem Garten vertrieben und muss wieder zur *ʿadamah* zurück, d.h. sterben. Ein ähnlicher Aufbau liegt einem Mythos zugrunde, der in Ezechiel 28 überliefert ist. Alle genannten Aussagen betreffen Mann und Frau. Wäre dem nicht so, würde nur der Mann aus dem Garten vertrieben, zudem müsste die Frau nicht sterben, d.h. zur *ʿadamah* zurückkehren.

Die Vorlage, die der Verfasser bearbeitet hat, macht somit Aussagen über die gesamte Menschheit, über alle Menschen. Aus dieser Vorlage stammt auch der Baum des Lebens, der in der Mitte des Gartens steht. Dieser Baum des Lebens oder das Lebenskraut spielt in allen altorientalischen Schöpfungsmythen eine zentrale Rolle, am bekanntesten ist hier das Gilgamesch-Epos. Inkonsequenzen in unserem Text ergeben sich daraus, dass man in der Antike ein neues, eigenes Anliegen einfach hinzufügen konnte, ohne die Texte logisch zu glätten, wie das ein moderner Lektor tun würde. So fügt unser Verfasser dem Lebensbaum den „Baum der Erkenntnis von Gut und Bös" hinzu, so dass nun in der Mitte des Gartens eigentlich zwei Bäume stehen. Dies hat antike Autoren nicht gestört, in der Rezeptionsgeschichte hat dies aber zu vielen abenteuerlichen Interpretationen geführt.

Weil nun aber der Verfasser von Gen 2-11 besonders an Beziehungen interessiert war, fügt er in das Grundkonzept mit dem Begriff *ʿadam* die Erschaffung der Frau eigens hinzu. In Gen 2 und 3 soll das grundlegende und erste Verhältnis, nämlich die Beziehung zwischen Mann und Frau geklärt werden, in Gen 4 dann das Verhältnis von Brüdern (Kain und Abel), weiter dann das von Hirten und Ackerbauern sowie von Stadt- und Landbewohnern, in Gen 6 sogar die Beziehungen zwischen Himmlischen und Irdischen. Immer werden dabei die Anfälligkeiten, die Störungen der Beziehungen thematisiert. Bei dieser Überarbeitung älterer Vorlagen, bei denen die Frau fehlte – es gibt im ganzen Alten Orient keine einzige Schöpfungserzählung, die die Erschaffung der Frau eigens thematisiert – kommt es natürlich zu einer Reihe von Unebenheiten und Widersprüchen, an denen sich Generationen von Interpreten die Zähne ausgebissen haben.[10]

Als Fazit dieser Ausführungen zum ersten Wortspiel steht die Erkenntnis, dass das zuerst erschaffene Menschenwesen kein Mann ist. *ʿadam* („Erdling") meint die Menschheit insgesamt und schließt männlich und weiblich ein. Erst die hellenistische Interpretation hat ʿadam an vielen Stellen als Eigennamen gelesen und entsprechend übersetzt (Adam). Damit wurde der Sinn verändert. Zahlreiche Aus-

[10] Dies war natürlich vor der Aufklärung, in der Zeit, in der man die Texte wörtlich und historisch verstand, besonders tragisch. Hier als Beispiel einer der stärksten Widersprüche in Gen 2 und 3: An *ʿadam* erging das Verbot, von dem Baum zu essen. Die Frau hat es aber zuerst übertreten. Wie konnte sie von dem Verbot wissen, sie war doch noch gar nicht geschaffen! Wenn man *ʿadam* als Mann versteht, lässt sich dieser Widerspruch schlecht auflösen. Vgl. Miltons Gedicht *Paradise lost!* (1667).

sagen, die für Mann und Frau in der gleichen Weise gelten, wurden so auf den Mann eingeschränkt. Diese Interpretation, die vor allem über das Neue Testament verheerende Folgen für Frauen hatte, ist die Crux der gesamten Auslegungsgeschichte. Bei dieser Sicht fallen Frauen aus wesentlichen Aussagen einfach heraus, z.B. bei der Gottebenbildlichkeit von Gen 1. Die Wiedergabe von *ʿadam* ist somit der Knackpunkt bei der Interpretation von Gen 2 und 3 sowie der Urgeschichte überhaupt. Der erste Satz von den „drei Grundannahmen" Riffat Hassans aus islamischer Sicht ist somit durch den Text selbst von Gen 2 widerlegt; das zuerst geschaffene Wesen war kein Mann.[11]

(2) Zunächst sollten meine Ausführungen auf die Kapitel 2 und 3 der Genesis beschränkt bleiben. Es kann aber nicht angehen, die theologisch so wichtigen Aussagen über die Gottebenbildlichkeit der Menschen (*ʿadam*), wie sie in Gen 1 berichtet werden, einfach zu übergehen. Der Grund dafür ist der, dass schon in der gesamten Antike und auch in der christlichen Auslegungsgeschichte die ersten drei Kapitel einfach vermischt worden sind, d.h. erst seit der Aufklärung wurden die beiden Komplexe nach den unterschiedlichen Verfassern, der anderen Zeit und der anderen Sprache berücksichtigt. Gen 1, ein Kapitel, das aus dem Babylonischen Exil stammt (6. Jh. v. Chr.), und den Anfang der gesamten hebräischen Bibel bildet, ist in der Exegese wesentlich weniger umstritten als die beiden narrativen Kapitel Gen 2-3. Dem Kernsatz für die Erschaffung des Menschen am Ende der sechs Schöpfungstage (Gen 1,27) geht ein ausdrücklicher Vorsatz Gottes voraus:

> Und Gott sagte:
> Lasst uns Menschen [*ʿadam*] machen als unser Bild: etwa in unserer Gestalt, damit sie herrschen über die Fische des Meeres und über die Vögel des Himmels und über das Vieh und über alles wilde Getier der Erde und über alles Kriechgetier, das auf der Erde kriecht. Und es erschuf Gott den Menschen [*ʿadam*] als sein Bild; als Bild Gottes erschuf er ihn, männlich und weiblich erschuf er sie. (Gen 1,26f)

Der Knackpunkt einer verkehrten Auslegung dieser Sätze hängt wiederum am Begriff *ʿadam*, der in den drei Zeilen von Vers 27 grammatisch zwischen Singular und Plural wechselt, weil *ʿadam* nur im Singular vorkommt. Bei der letzten Zei-

[11] Wie sehr hier die androzentrische Interpretation bei der Betonung von der Überordnung des Männlichen mit den Argumenten schlicht jongliert, sei an einem Beispiel ergänzt: In der Interpretation von Gen 1, wo die Menschen am Schluss geschaffen werden, als letztes Werk am 6. Tag, wird der Mensch (gemeint ist natürlich der Mann) als „Krone der Schöpfung" bezeichnet. In Gen 2 wird die Frau als letztes Schöpfungswerk genannt, hier gilt dann plötzlich das gegenteilige Prinzip: Der Erste ist der Beste! Dieses griechische Prinzip der Reihenfolge spielt im Alten Testament gar keine Rolle. Ganz im Gegenteil: Immer wieder wird der jüngste Sohn dem älteren vorgezogen, z.B. David bei seiner Auswahl zum König Israels.

le „männlich und weiblich“ muss daher das Pronomen („sie“) im Plural stehen, obwohl sich dieser Satzteil auf das singulare, gesamtmenschliche *ʿadam* bezieht.

Kein Exeget kann heute mehr bezweifeln – so er sich denn nicht lächerlich machen will –, dass hier von der gesamten Menschheit, insbesondere von den beiden Geschlechtern, die als Bild Gottes erschaffen werden, die Rede ist. Was dies genau bezeichnet, sei an dieser Stelle nicht detailliert ausgeführt, auch darüber gibt es eine uferlose Diskussion. Es ist jedenfalls etwas Bleibendes, zutiefst mit dem Menschsein an sich Verbundenes, es geht weder durch eine wie auch immer geartete Sünde noch durch die Sintflut verloren. Im Gegenteil: Explizit wird nach der großen Flut die Aussage wiederholt und bestätigt (Gen 9,6, wo auch der Segen wiederholt wird, diesmal über Noah und seine Nachkommen). Die Inhalte der Aussagen über die Gottebenbildlichkeit des Menschen sind im Übrigen in das eingegangen, was heute als Menschenrechte bezeichnet wird, wenn dies auch nicht ohne Auseinandersetzungen geschah.

Das Problem in der Antike war nun, dass man wie bei der Rede von Adam und Eva den Begriff *ʿadam*, wie er in Gen 1 gebraucht wird, zunehmend auf den Mann eingeschränkt hatte. Ein Mensch im Vollsinn war nur der Mann, darum kann das Bild Gottes im Vollsinn eigentlich auch nur der Mann sein. Diese Einschränkung hat schon Paulus aufgrund der antiken Interpretationen von Gen 1 übernommen, indem er im 1. Korintherbrief sagt: „Jedes Mannes Haupt ist Christus, / das Haupt der Frau ist der Mann, / das Haupt Christi aber ist Gott.“ (1 Kor 11,3) Mit dem Haupt-Sein ist die Über- und Unterordnung gemeint, eine klare Hierarchie liegt hier vor: Gott – Christus – Mann – Frau, wobei die Frau an die letzte Stelle kommt. Weil das Neue Testament ernster genommen wurde als die grundsätzliche Aussage des Alten Testaments auf der ersten Seite der Bibel, haben diese Sätze und die folgenden von 1 Kor 11 eine geradezu katastrophale Wirkung für das christliche Frauenbild entfaltet. Die Fortsetzung in 1 Kor 11 bezieht sich dann ausdrücklich auf den biblischen Ursprungstext, indem Paulus direkt auf Gen 1,27 Bezug nimmt:

> Der Mann ist Gleichbild und Abbild Gottes,[12] die Frau aber ist Abbild des Mannes. DENN: Nicht ist der Mann aus der Frau, sondern die Frau aus dem Mann. Nicht ist der Mann wegen der Frau geschaffen, sondern die Frau wegen des Mannes.[13] (1 Kor 11,7-9)

Der erste Satz wird in der lateinischen Bibel, der so genannten Vulgata, die für das ganze Mittelalter verbindlich war, so übersetzt: *Vir imago et gloria Dei est, mulier*

[12] Dass Paulus hier zwei Begriffe für die Aussage der Gottebenbildlichkeit gebraucht, zeigt, dass er Gen 1,27 vor Augen hat, allerdings in der griechischen Übersetzung der LXX.

[13] Küchler, Max. Schweigen, Schmuck und Schleier. Drei neutestamentliche Vorschriften zur Verdrängung der Frauen auf dem Hintergrund einer frauenfeindlichen Exegese des Alten Testaments im antiken Judentum. Göttingen, 1986, S. 75. Auch hier zeigt sich die Vermischung der Aussagen von Gen 1 mit denen von Gen 2 und 3!

autem gloria viri est („Der Mann ist Bild und Abglanz Gottes, die Frau dagegen Abglanz des Mannes"). Die Folgen dieser falschen Überlieferung und Übersetzung dauern bis heute an, wenigstens in bestimmten Fragen. Denn auch Thomas von Aquin, sozusagen Hoftheologe des gesamten Mittelalters, hat die Auffassung dieser verminderten Gottebenbildlichkeit der Frau übernommen. Er hat ein aristotelisches Menschenbild zugrunde gelegt, das auf falschen biologischen Voraussetzungen beruhte. Dies kann man ihm nicht vorwerfen. Dass man aber rund 800 Jahre später die Folgerungen, die daraus gezogen wurden, noch immer nicht berichtigt hat, ist ein Skandal. Vor allem wegen dieser Minderbewertung der Gottebenbildlichkeit der Frau wird bis heute u.a. in der katholischen Kirche der Ausschluss von Frauen aus allen Ämtern begründet. Ich zitiere hier den entscheidenden Satz des Thomas, der eine klare Parallelsetzung von „Mann" und „Gott" aufweist:

> *Vir est principium mulieris et finis,*
> *sicut Deus est principium et finis totius creaturae.*
> („Der Mann ist Ursprung der Frau und ihr Ziel,
> so wie Gott Ursprung und Ziel aller Kreatur ist"; STh I 93 a 4.ad 1)

Solche Sätze liegen auch noch päpstlichen Verlautbarungen wie *Mulieris Dignitatem* (1988) zugrunde.[14] Die Interpretation der Texte sowohl von Gen 2-3 wie auch von Gen 1 arbeiten somit Hand in Hand für eine Minderbewertung der Frau, für eine Zementierung des männlichen Anspruchs auf Überordnung. Dies liegt in erster Linie daran, dass alle Übersetzer und Interpreten der Bibel Männer waren, und zwar bis ins 20. Jahrhundert.

(3) Das Wortspiel *‚,iš' – ‚,iššah'* („Mann" – „Frau": Außer dem zentralen Wortspiel *ʿadam – ʿadamah* enthält Gen 2-3 noch ein zweites: *‚iš – ‚iššah*, das besonders für die gender-Rollen zentral ist. Die beiden Begriffe für Mann und Frau sind übrigens nur klanglich ähnlich, sie haben jedoch eine unterschiedliche Wortwurzel. Insofern ist die Übersetzung Luthers mit „Mann" – „Männin" heute philologisch überholt. Diese enthielt ja auch wieder die überlieferte Auffassung, dass die Frau irgendwie vom Mann abgeleitet sei.

Nachdem Gott festgestellt hatte, es sei nicht gut für *ʿadam*, allein zu sein, will er für ihn eine Hilfe schaffen. Darauf schafft er aus der *ʿadamah* (wie beim ersten Menschen!) verschiedene Tiere, die aber dem Menschen nicht entsprechen.[15] So lässt Gott einen Tiefschlaf auf *ʿadam* fallen, entnimmt ihm eine Seite und baut daraus eine Frau (*‚iššah*). Es wird hier ein anderes Verb gebraucht als bei der Erschaf-

[14] Vgl. zum Mittelalter: Gössmann, Elisabeth. „Gottebenbildlichkeit". Wörterbuch der Feministischen Theologie. 2. Aufl. Gütersloh, 2002, S. 262 f.

[15] Dies dürfte eine Anleihe aus verschiedenen altorientalischen Mythen sein, u.a. auch dem Gilgamesch-Epos, wo der erste Mann zuerst mit den Tieren lebt.

fung von *ʿadam*, nämlich *banah* („bauen"), ein Verb, das auch für den Tempelbau verwendet wird. Gott führt die neugeschaffene Frau zu *ʿadam*, dieser ruft Vers 23 aus (wörtlich übersetzt): „Diese endlich ist Bein von meinem Bein und Fleisch von meinem Fleisch, / Frau [*,iššah*] soll sie genannt werden, / denn vom Mann [*,iš*] genommen ist diese [*zot*]!" Dieser Höhepunkt des Kapitel 2 – der poetische Vers beginnt mit „diese" und endet mit dem gleichen Ausdruck – will ätiologisch das Aneinanderhängen der Geschlechter begründen. Sie wollen, wie das Ende des Textes sagt, wieder „ein Fleisch" werden, so wie sie ursprünglich aus einem Stück sind. Die Terminologie dieses Verses stimmt aber nicht mit dem Kontext überein. In der zweiten Zeile fällt erstmals in der Bibel das Wort *,iš* („Mann"). Es heißt, *,iššah* sei vom *,iš* genommen, der Kontext sprach aber von *ʿadam*. Hier kann man die Nahtstelle der Vorlage erkennen: Einem Grundtext mit der allgemeinen Bezeichnung „Mensch" ist die Szene von der Erschaffung der Frau eingefügt worden. So ergibt sich eine terminologische Inkonsequenz. Damit werden aber auch die Weichenstellungen für spätere Fehlinterpretationen sichtbar. Denn der Text ist ohne Zweifel in einer patriarchalen Gesellschaft mit entsprechend androzentrischer Perspektive verfasst worden. Interessant ist, dass der Begriff *,iššah* („Frau") der erste geschlechtspezifische Ausdruck in Gen 2 und damit der ganzen Bibel ist. Erst nach der Erschaffung der Frau wird der Mensch zum Mann. So wie das feminine *ʿadamah* dem maskulinen *ʿadam* vorgeordnet war, ist das feminine *,iššah* dem maskulinen *,iš* vorgeordnet. In der später dazu gekommenen Erklärung in Vers 24: „Darum wird der Mann Vater und Mutter verlassen und seiner Frau anhangen" finden sich wieder die beiden Begriffe *,iš* und *,iššah*. Der mit „Darum" eingeleitete Satz gibt sich klar als spätere Ergänzung zu erkennen, denn „Vater und Mutter" haben in diesem Text ja keine Grundlage. Der letzte Satz aber (Vers 25), der noch zur alten Vorlage gehörte, hat *ʿadam* ergänzt mit „und seine Frau": „Der Mensch [*ʿadam*] und seine Frau waren nackt, aber sie schämten sich nicht voreinander." Dieser Vers bringt die Überleitung zu Kapitel 3, wo es um Nacktheit und Scham geht. Nacktheit und Scham sind in der Antike sehr wichtig, sie sind das zentrale Thema von Gen 3, nicht ein wie auch immer gearteter ‚Sündenfall'.

(4) Am Schluss des 3. Kapitels findet sich erstmals so etwas wie ein Name. Dieses Wortspiel verbindet Kapitel 3 und 4 (Kain und Abel), nur an diesen zwei Stellen, in Gen 3,20 und im ersten Satz von Gen 4 findet sich der Name, der später mit „Eva" wiedergegeben wird, ḥawwah, vom Wort ḥaj („Leben") abgeleitet. Es wird auch damit begründet: „denn sie ist [wurde] Mutter alles Lebendigen". Diese Benennung hat keinerlei Anhalt in Gen 2 und 3, denn dort geht es nicht um Kinder,

sondern um die Beziehung der Geschlechter. Erst in Gen 4 wird die Geburt des ersten Kindes (Kain) thematisiert, und hier ist der Name auch passend.[16]

Bei dem Namen *ḥawwah* handelt es sich offenbar um den alten Namen einer Urmutter, der hier an vermeintlich passender Stelle eingefügt wurde. Dass er im Text schlecht verankert ist, zeigt auch die Tatsache, dass dieser wichtige Name, wie bereits erwähnt, in der ganzen Hebräischen Bibel nicht mehr vorkommt. Die übliche Übersetzung mit „Mutter aller Menschen" ist auch falsch, richtig muss es heißen „Mutter alles Lebendigen" (*col-ḥaj*) oder „allen Lebens". Solches kann von einem Menschen gar nicht ausgesagt werden, darum spricht hier viel dafür, dass der Titel einer alten Göttin an dieser Stelle eingefügt wurde. Dies ist jedenfalls heute Meinung zahlreicher Exegeten.[17]

10.1.2 Die so genannte Sündenfallerzählung

Theologisch am meisten frauenfeindlich hat in der Tradition gewirkt, dass der Frau die Schuld am so genannten Sündenfall, am Tod und dem schwierigen Schicksal der Menschheit überhaupt angelastet wurde.[18] Dies ist vom Text her nicht gedeckt. Man hat z.B. nicht beachtet, dass Gen 2 und 3 keinen einzigen der mehr als ein halbes Dutzend hebräischer Begriffe für Sünde oder Schuld enthalten. Davon ist erst in Kapitel 4 die Rede, in der Geschichte von Kain und Abel. Hier warnt Gott Kain vor dem Mord an seinem Bruder Abel mit den Worten: „die Sünde lauert vor der Tür, du aber sollst sie beherrschen" (Gen 4,7). Dass die Frau in Gen 3,1-5 die Hauptperson ist, die allein mit der Schlange spricht, ist fast immer dahingehend interpretiert worden, dass die Frau eine größere Nähe zur Sünde habe, dass sie anfälliger sei für das Böse, schwächer, fleischlicher, verführbarer usw. (Manche Kirchenväter haben sogar betont, dass sich der Satan/Teufel an den Mann, das Ebenbild Gottes (!) gar nicht gewagt hätte. Einmal wurde in der Tradition aus der Schlange – hebräisch maskulin und als ein Geschöpf Gottes bezeichnet (Gen 3,1) – der Teufel, weiter geht aus dem Satz hervor, dass die Frau nicht als Ebenbild Gottes betrachtet wird.)[19]

[16] Gen 4,1 lautet: „Und der Mensch [*ʿadam*] erkannte seine Frau [*ḥawwah*] und sie wurde schwanger und gebar den Kain."

[17] Vgl. z.B. Keel, Othmar u. Schroer, Silvia. Eva – Mutter alles Lebendigen. Freiburg i.d. Schweiz, 2004.

[18] Vgl. z.B. außer der in Anm. 4 angegebenen Literatur: Leisch-Kiesl, Monika. Eva als Andere. Eine exemplarische Untersuchung zu Frühchristentum und Mittelalter. Köln, 1992; Gössmann, Elisabeth. Eva – Gottes Meisterwerk. 2. Aufl. München, 2000.

[19] Seit dem Spätmittelalter, besonders dann aber in der Frühen Neuzeit, wird die Verunglimpfung alles Weiblichen im Rahmen der so genannten Sündenfallerzählung immer drastischer: In zahlreichen Bilddarstellungen wird die Schlange mit einen Frauenkopf, ja mit einem weiblichen Oberkörper – gleich der Eva – dargestellt. Und dies im klaren Gegensatz sowohl zum hebräisch maskulinen Wort für Schlange wie auch zum Lateinischen (*serpens*).

Was ist genau mit ‚Erkenntnis' gemeint, die die Frau hier sucht? Sie ist für sie zentral, sie will klug werden (der Mann dagegen ist in Gen 3, obwohl anwesend, völlig passiv, nicht daran interessiert; er isst nur). Die Schlange, wie sie in den mythologischen Texten vorkommt, ist ja u.a. auch ein Symbol für Weisheit. Diese Weisheit als weibliche Vorstellung ist sehr oft mit einem Baum verbunden. Sicher kann niemand behaupten, das Streben nach Weisheit oder der Wunsch, klug zu werden, sei etwas Verbotenes, etwas Schlechtes! Was wird nun genau mit dem Ausdruck „erkennen von gut und bös" in Gen 3 bezeichnet? Bei dieser Formel geht es nicht um etwas Moralisches, sondern um eine Ganzheitssaussage. „Gutes und Böses erkennen" kann man deuten als das Leben kennen lernen, Zusammenhänge durchschauen, aus der Naivität heraus treten, in die Geschichte eintreten und vieles andere. Auch im Gilgamesch-Epos wird der männliche Held, der noch bei den Tieren (!) lebt, durch eine Frau aus dem Naturzustand in das Leben eines zivilisierten Menschen eingeführt. Solche Traditionen waren unserem Verfasser geläufig. Der Begriff *jada'* („erkennen"), den er hier verwendet, heißt „sich mit etwas vertraut machen", „intim werden", „Erfahrung machen mit", und zwar ohne Berührungsängste. *jada'* kann gebraucht werden für die tiefste Gotteserkenntnis wie auch für die geschlechtliche Begegnung von Mann und Frau wie es Gen 4,1 tut: „Und *ʿadam* [„Mensch"] erkannte seine Frau [*ḥawwah*], und sie wurde schwanger und gebar den Kain." „Gut und bös erkennen" schließt somit auch eine sexuelle Komponente ein, geht aber weit darüber hinaus.

Wenn also der Verfasser hier dieses Motiv von Lebensbaum und Schlange verwenden wollte, dann konnte er gar nicht anders, als diesem Motiv die Frau zuzuordnen. Jeder Mensch ist seiner Zeit und deren Vorstellungswelt verpflichtet – dies gilt in alten Kulturen und Bilderwelten noch viel mehr als in modernen, wo jeder machen kann, was er will. Wie das veröffentlichte Bildmaterial zur altorientalischen Ikonographie – das heute ein ungeheueres Maß angenommen hat, von dem frühere Zeiten nichts wussten – zeigt, war der Verfasser diesen Zusammenhängen verpflichtet. Das Motiv Frau – Baum – Schlange gehört als Komplex zusammen und ist zunächst wertfrei. Die Folgerungen einer frauenfeindlichen Tradition gehen sämtlich an dem Text vorbei. Inzwischen ist solches Bildmaterial bekannt durch das große Werk von Urs Winter und Silvia Schroer.[20]

An der Grenze zwischen Kapitel 2 und 3 arbeitet der Verfasser nochmals mit einem Wortspiel, das zum Thema Wissen/Erkenntnis gehört. Es ist das 4. in diesen Texten, und zwar geht es um *'arom* („nackt") und *'arum* („klug", „weise"). Da im Hebräischen nur die Konsonanten zählen, schreiben sich die Worte gleich, sie klingen auch ähnlich. Gen 2,25 hatte damit aufgehört: „Die Menschen waren

[20] Winter, Urs. Frau und Göttin, Exegetische und ikonographische Studien zum weiblichen Gottesbild im Alten Israel und in dessen Umwelt. 2. Aufl. Fribourg u. Göttingen, 1987. Hier finden sich auch hunderte von Abbildungen. Schroer, Silva. In Israel gab es Bilder. Fribourg u. Göttingen, 1987.

nackt [*ʿarom*], aber sie schämten sich nicht voreinander." In Gen 3,1 wird dann die Schlange eingeführt mit den Worten: „Die Schlange aber war klüger [*ʿarum*, „listiger", „gerissener" – oder auch „nackter"?] als alle Tiere des Feldes, die JHWH-*ʾelohim* gemacht hatte." Der Verfasser spielt also mit den beiden Begriffen: Die Menschen sind nackt, und schämen sich nicht voreinander. Die Schlange ist klüger (nackter?) als alle Tiere des Feldes. Das Essen der Frucht sollte die Menschen klüger, weiser machen – aber, als ihnen die Augen aufgehen, erkennen sie nicht ihre größere Weisheit, sondern nur ihre Nacktheit (Gen 3,7). Die Schlange hatte eigentlich gar nicht gelogen, sie hat sich vielmehr nur um die Begriffe „nackt"/„klug" gewunden, und die Menschen gewinnen Erkenntnis, aber nicht die, die sie sich vorgestellt hatten. Die Reaktion ist eine solche der Scham: Sie machen sich aus Feigenblättern Schürzen, um ihre Nacktheit zu verdecken.

Bei diesem vierten und letzten Wortspiel in den Texten von Gen 2 und 3 kann man ermessen, wie schwierig es ist, solche Feinheiten in einer Übersetzung adäquat wiederzugeben. Dies war vor allem in der Antike ein Problem, wo man grundsätzlich nicht mehr aus den Urtexten, sondern schon aus der griechischen, später dann aus der lateinischen Übersetzung zitiert hat. Dies gilt wie oben gezeigt bereits für das Neue Testament. Es bleibt als Resultat, dass beide Menschen, Mann und Frau, das Gebot Gottes übertreten. Das Essen vom verbotenen Baum wird in einem Satz erzählt, wobei wie in einem Stakkato von fünf Verben die Tat erzählt wurde: „Die Frau sah, [...] sie nahm, aß [...], gab auch ihrem Mann neben ihr, und er aß." (Gen 3,6) Die spätere Tradition hat in zahlreichen Apokryphen diesen einen Satz in viele Akte aufgeteilt, so dass es aussah, als hätte es einer langen Verführung durch die Frau gebraucht, damit auch der Mann aß. Nirgendwo kommt in der Erzählung bezüglich der Frau ein Wort wie ‚verführen' vor. Nur von der Schlange wurde gesagt, dass sie „täuscht".

Für den Verfasser sind Menschen, Männer und Frauen, von Anfang an solche, die die Gebote Gottes übertreten, wenn ihnen dies nur in passender Weise schmackhaft gemacht wird. So wie der Mensch zur Zeit des Verfassers ist, so war er auch am Anfang. Der Verfasser gibt keine Erklärung für das Böse in der Welt, er zählt lediglich in dieser und den folgenden Kapiteln die vielen Facetten des Bösen und der Gewalt auf. Der Mensch, wie er ihn sieht, soll diesen Möglichkeiten widerstehen, wie besonders Kapitel 4 zeigt. Alle diese Erzählungen haben auch zum Ziel zu zeigen, dass jeder Fortschritt, jede neue Erkenntnis, auch mit Gefahren verbunden ist.

In Gen 3 finden sich drei Blöcke poetisch abgefasster Sprüche, die ganz offensichtlich aus unterschiedlichen Zeiten stammen und sukzessive gewachsen sind. In der ursprünglichen Vorlage kam nur *ʿadam* vor, und für ihn, den Menschen (Mann und Frau) gilt die Mühe auf der Ackererde und das Schicksal, wieder zur *ʿadamah*, zur Erde zurückzukehren. In diesem letzten der drei Sprüche kommt wieder das

Wortspiel *ʿadam* und *ʿadamah* wie zu Beginn von Gen 2 zum Zuge. Beide Tatsachen entsprechen dem Leben im Alten Orient: Mann und Frau sind sterblich und beide arbeiten auf dem Feld und auf dem Acker. Eine Arbeitsteilung wie in der Frühen Neuzeit oder später gab es in dieser Zeit noch nicht (etwa nach dem mittelalterlichen Spruch „Und Adam grub, und Eva spann").

In dem mittleren Spruch über die Frau geht es recht eigentlich um gender-Fragen. Zwei spezifische Themen für das Leben der Frau sind angesprochen, nämlich das Kindergebären und die Beziehung zum Mann. Der Verfasser schildert hier die Zustände, wie er sie in der Königszeit Israels vorfindet: Die Frau hat viele Mühen mit Schwangerschaft und Geburt – man denke an die hohe Kinder- und Frauensterblichkeit – und sie ist gesellschaftlich dem Mann untergeordnet. Diese Zustände werden durch den Textzusammenhang selbst als Unheilszustand benannt: So sollte es nicht sein. Diese Unheilszustände sind Folgen der Übertretung, Folgen des Auseinanderbrechens des Vertrauens, einmal zwischen Gott und Mensch, aber dann auch zwischen Mann und Frau, wo der eine die andere anklagt. Ihre Solidarität ist dahin, und von der Freude in dem Spruch von Gen 2 ist nicht mehr die Rede.

Die geltende Geschlechterordnung in diesem Vers ist aus der Sicht des Verfassers korrigierbar, es werden Zustände genannt, wie sie nicht sein sollten. Leider hat aber die Tradition diese Sätze weitgehend als Gebot gelesen, was häufig durch eine falsche Übersetzung suggeriert wurde: „Unter Schmerzen sollst du Kinder gebären […]. Er aber soll dein Herr sein!"[21] Solche falschen Übersetzungen sind aus neueren Bibelübersetzungen weitgehend verschwunden, und die frauenfeindliche Interpretation wird auch zunehmend explizit in der exegetischen Literatur aufgearbeitet, manches kommt inzwischen schon in Lexika zum Ausdruck, leider aber noch kaum in der Praxis. Besonders gilt dies für den Satz über die Frau in Gen 3,16b, den Carol Meyers sogar für den problematischsten Satz in der ganzen hebräischen Bibel hält[22]. Er drückt eine klare gender-Ordnung aus: „Nach deinem Mann [*ʾiš*] geht dein Verlangen, / er aber wird über dich herrschen!" Der Begriff „verlangen, sehnen" (*tešukah*) kommt außer an dieser Stelle nur noch zweimal im

[21] Die Inkonsequenz einer Jahrhunderte langen männlichen Interpretation hat besonders treffend Othmar Keel angeprangert: „Man hat in der kirchlichen Praxis die Worte von den Schmerzen der Geburt und die von der Herrschaft des Mannes über die Frau nicht selten als Gebot aufgefasst, statt sie als das zu nehmen, was sie sind, nämlich die Beschreibung eines Unheilszustands, der überwunden werden muss. So hat man sich mit Hilfe von Gen 3,16a bis in die neueste Zeit gegen Bemühungen um eine schmerzarme Geburt zur Wehr gesetzt. Das Verräterische daran ist, dass man nicht gleichzeitig unter Berufung auf Gen 3,17-19 gegen die Einführung von Traktoren und Motorsägen zu Felde gezogen ist, die den von Gen 3,19 bei der Feldarbeit vorgesehenen Schweiß verringern." Keel, Othmar. „Die Stellung der Frau in der Erzählung von Schöpfung und Sündenfall". Orientierung 39 (1975): 74-76, S. 75.

[22] Vgl. Meyers, Carol. Discovering Eve. Ancient Israelite Women in Context. New York, 1988, S. 113.

Alten Testament vor, und zwar in Gen 4,7 (dem schon zitierten Wort an Kain über die Sünde) und Hld 7,11. Im Hohenlied ist die Aussage genau konträr zu Gen 3,16b; hier sagt die Frau: „Ich gehöre meinem Geliebten, / und nach mir geht sein Verlangen [*tešukah*]". Hier ist eine Gegenseitigkeit, ein Verhältnis ausgedrückt, wie es auch dem Jubelruf des Mannes in Gen 2 entspricht. Wo diese Gegenseitigkeit nicht mehr gewährleistet ist und der Mann seine Position zur Unterdrückung der Frau ausnützt, kommt es zur Verkehrung eines guten Zustandes. Das Hohelied im Alten Testament wird von zahlreichen ExegetInnen geradezu als Gegenstück zur so genannten Paradieserzählung gelesen.[23]

10.2 Fazit

Der biblische Text selbst ist bei Weitem nicht so frauenfeindlich wie eine lange christliche Rezeptionsgeschichte glauben macht. Vielmehr ist es erstaunlich, wie stark die Aussagen in der gender-Problematik die Gleichheit, die Gleichwertigkeit und die Stellung der Frau hervorheben, und dies trotz der Entstehung in einer klar patriarchal strukturierten Gesellschaft. Die negativen Konsequenzen, die eine lange frauenfeindliche Tradition gezogen hat, lagen zum großen Teil an einer unglücklichen Vermischung ursprünglich nicht zusammenhängender antiker Traditionen. Diese wurden weitergeführt von christlichen Theologen – ausschließlich Männern –, die ein großes Interesse daran hatten, ihre Vormachtstellung über die Frauen theologisch zu begründen sowie einen Sündenbock für Sünde, Tod und Übel der Welt zu finden. So krass wird heute nicht mehr argumentiert, aber zahlreiche subtile Unterscheidungen spielen bis heute noch eine große Rolle. Vor allem aber sind die Konsequenzen einer frauenfeindlichen Interpretationsgeschichte noch nicht beseitigt.[24]

[23] So meiner Kenntnis nach zuerst von Trible, Phyllis. „Gegen das patriarchalische Prinzip in Bibelinterpretationen". Frauenbefreiung. Biblische und theologische Argumente. Hg. v. Elisabeth Moltmann-Wendel. München, 1978. 93-117.

[24] Dies gilt in vielen christlichen Kirchen besonders für die Ordination von Frauen, vgl. Gössmann (Anm. 14).

Vorträge (unveröffentlicht)

11 Wie sind die biblischen Schöpfungsaussagen zu lesen?[1]

11.1 Vorbemerkung

Bevor ich ins eigentliche Thema einsteige, möchte ich einige Vorbemerkungen machen. Da in einem anderen Vortrag die Auseinandersetzung mit den modernen Naturwissenschaften vorgesehen ist, kann ich mich hier auf die biblische Überlieferung beschränken. Nach meiner Auffassung ergibt sich nur dann ein Gegensatz zwischen den alttestamentlichen Schöpfungsaussagen und den naturwissenschaftlichen Erkenntnissen, wenn man das, was wir in der hebräischen Bibel vorfinden, *wörtlich* und im historischen Sinn verstehen würden. Dies ergäbe Widersprüche, die auch nicht mit größten theologischen Klimmzügen zu bewältigen wären. Eine ernsthafte historisch-kritische Exegese aber, die die Entstehungssituation der Texte berücksichtigt, die die andere Zeit, das andere Weltbild und den gesamten Kontext einbezieht, kann so naiv nicht mehr sein.- Insofern sind die Feindbilder, die noch in meiner Studienzeit vor über 40 Jahren eine Rolle gespielt haben (Evolution oder Bibel) überholt. Es sei denn, es handelt sich um fundamentalistisches Denken, mit dem ich mich hier aber nicht auseinandersetzen kann.

Die alttestamentliche Bibel fragt nicht, *wie* der Mensch entstanden ist, was genau abgelaufen ist, sondern es geht immer um die Frage: *Wozu* ist der Mensch da, wie ist sein Verhältnis zur Umwelt, zu seinen Mitmenschen und ganz zentral auch seine Beziehung zu Gott. Es geht also um *Beziehungs*fragen und um *Sinn*fragen, nicht um die Klärung von wissenschaftlichen Fakten, so sehr die Autoren auch versucht haben, das Wissen ihrer Zeit angemessen zu berücksichtigen.

In unsere Fragestellung einzubeziehen ist auch die altorientalische Umwelt mit ihren zahlreichen Schöpfungsvorstellungen und Schöpfungsmythen. Darüber haben wir heute eine Fülle von Material, wie es früheren Jahrhunderten unvorstellbar gewesen wäre. Leider reicht die Zeit nicht aus, um hier nur die wichtigsten Vergleiche anzustellen. *Eine* Grundkonstante möchte ich jedoch kurz erwähnen: Allen mesopotamischen Schöpfungserzählungen, die bekanntlich älter sind als die Bibel, haben diesen Spannungsbogen wie Gen 1-11, der von der Erschaffung der Welt reicht bis zu einer großen Flut, in der die Menschheit wieder vernichtet wird. Diese Vorstellungen waren somit den biblischen Autoren vorgegeben. Interessant ist, wie sie diese Muster aufgrund ihres Gottesglaubens gestaltet und verändert

[1] Vortrag an der Kath. Akademie München, 12.10.2005.

haben. Zudem gehen alle altorientalischen Schöpfungsaussagen davon aus, dass es eine oder mehrere Schöpfergottheiten gibt. Von „Schöpfung" kann ja nur gesprochen werden, wenn ich einen „Schöpfer" annehme. Ansonsten müsste ich von *Welt, Kosmos* o.ä. sprechen, zwei Begriffe, die es im biblischen Hebräisch gar nicht gibt. Dass die Welt nicht aus sich selbst entstanden sein konnte, setzen alle Mythen von Mesopotamien bis zum Alten Ägypten voraus. So hat auch das Alte Testament JHWH, den Gott Israels, als den erfahren und beschrieben, der alles geschaffen hat und darum Verantwortung von den Menschen fordern kann.

Im folgenden möchte ich einige Komplexe behandeln, die natürlich nur eine bescheidene Auswahl aus einer Tradition von mehr als tausend Jahren darstellen:

- Schöpfung und Weisheit (mit drei Textbeispielen aus verschiedenen Weisheitskomplexen)
- Die Schöpfungsberichte der Genesis, vor allem Gen 1,1-2,4a, wobei ich zwei Aspekte exemplarisch hervorheben möchte:
- die Gottebenbildlichkeit des Menschen
- der sog. „Herrschaftsauftrag" des Menschen

Die beiden letzteren Themen sind in den Versen über die Erschaffung des Menschen in Gen 1,26-28 eng miteinander verknüpft; sie sind so ineinander verschlungen, dass es schwierig ist, sie für eine genaue Analyse getrennt zu behandeln. Es sind aber entscheidende Themen, die vor allem in der Rezeption stark auseinander gegangen sind und sehr verhängnisvolle Folgerungen hervorgebracht haben, besonders, was die eine Hälfte der Menschheit angeht, nämlich die Frauen.

11.2 Hauptteil

11.2.1 Schöpfung und Weisheit

Ich möchte nicht mit den bekannten Schöpfungstexten beginnen, so wichtig diese sind, sondern mit einer Thematik, die erst in den letzten zwanzig Jahren wieder so richtig zum Zuge gekommen ist, mit der Weisheitsliteratur. Lange Zeit wurde, vor allem in der protestantischen Exegese, mehr die Geschichtlichkeit der alttestamentlichen Botschaft beschrieben, wobei die Propheten und die vorexilische Zeit im Zentrum standen. Dabei macht die weisheitliche Literatur schon rein mengenmäßig einen sehr großen Teil der alttestamentlichen Texte aus. Vor allem die feministische Exegese hat diese wieder neu entdeckt. Aber auch andere haben die Wichtigkeit dieser biblischen Bereiche erkannt. So beginnt der evangelische Alttestamentler Dieter Georgi seinen Aufsatz „Frau Weisheit oder das Recht auf Freiheit als schöpferische Kraft" mit folgendem Satz: „Das Geschick der Erforschung der biblischen Weisheitstradition in der modernen Forschung erinnert an die Entdeckung Amerikas. Man vermutete ein Randphänomen und entdeckte einen Kontinent."[2]

In dieser Literaturgattung finden sich zahlreiche Schöpfungsaussagen, die auch mit der Personifikation der Weisheitsgestalt als „Frau Weisheit" zusammenhängen. In Aussagen und Bildern kann darin ein biblisches Weltbild vorgestellt werden, das sich deutlich unterscheidet von dem in vielen Lehrbüchern verbreiteten „Käseglockenmodell". Dass die Welt eine Scheibe sei und die Sonne vorgestellt wurde als ein Gestirn, das sich um die Erde dreht, ist bekannt; aber die Vorstellung ist insgesamt nicht so primitiv, wie dies häufig dargestellt wird, sondern sehr viel differenzierter. Ich möchte nun erst einige Texte zum Zusammenhang von Weisheit und Schöpfung vorstellen und danach zum Weltbild zurückkehren.

a) Psalm 104

Zunächst habe ich Psalm 104 ausgewählt sowie einige Belege aus dem Buche Ijob und Sprüche. Hier werden Aussagen zur Schöpfung, zur Tier- und Pflanzenwelt wie auch zum Kosmos gemacht, vor allem aber zum Zusammenspiel der verschiedenen Bereiche.

Mit Ps 104 zu beginnen, ist auch deswegen sinnvoll, weil darin sichtbar wird, wo der eigentliche Ursprung der biblischen Rede über Schöpfung liegt. Dies ist nämlich das *Gotteslob*. Aus dem *Staunen* über das Wunder der Schöpfung sind die ältesten Texte entstanden, die beschreiben, wie gut dieses Zusammenspiel alles Geschaffenen funktioniert.

So beginnt denn dieser Psalm, der in zahlreichen Kirchenliedern verarbeitet wurde, mit den Worten „Lobe den Herrn, meine Seele" (Einheitsübersetzung). Dieser großartige Hymnus auf die Schöpfung ist eng verwandt mit dem berühmten Sonnenhymnus des Pharao Echnaton aus Ägypten, wobei anstelle des Sonnengottes hier JHWH, der Gott Israels, den Platz des Schöpfers einnimmt. Der erste Teil geht auf die Erschaffung der großen Dinge (Himmel), um dann immer stärker auf die Erde, die gesamte Tierwelt und ihre Ernährung einzugehen.

5 Du hast die Erde auf Pfeiler gegründet;
in alle Ewigkeit wird sie nicht wanken.
6 Einst hat die Urflut sie bedeckt wie ein Kleid,
die Wasser standen über den Bergen.
7 Sie wichen vor deinem Drohen zurück,
sie flohen vor der Stimme deines Donners.
8 Da erhoben sich Berge und senkten sich Täler

[2] in: Leonore Siegele-Wenschkewitz, Verdrängte Vergangenheit, die uns bedrängt, München 1988, 243-276, Zitat S. 243.

an den Ort, den du für sie bestimmt hast.
9 Du hast den Wassern eine Grenze gesetzt,
sie dürfen sie nicht überschreiten;
nie wieder sollen sie die Erde bedecken. (Ps 104,5-9 EÜ)

In diesem Teil ist die Bedrohung durch das Chaoswasser, das in allen altorientalischen Schöpfungsmythen eine große Rolle spielt, noch stark greifbar. Im folgenden kommen die Pflanzen- und Tierwelt zur Sprache. V 14 spricht von den Pflanzen, aus denen der Mensch Brot gewinnt, V 23 davon, dass der Mensch am Morgen zur Arbeit geht, während die Nacht den wilden Tieren gehört. Der Mensch steht nicht im Zentrum, er ist eines der vielen Wesen, die in diese Harmonie eingebettet sind.

Dieser Teil schließt mit den staunenden Worten:

24 JHWH, wie zahlreich sind deine Werke,
mit *Weisheit* hast du sie alle gemacht,
die Erde ist voll von deinen Geschöpfen!

Die letzte große Strophe vor dem Schlusshymnus widmet sich der Ernährung aller Lebewesen:

27 Sie alle warten auf dich,
dass du ihnen Speise gibst zur rechten Zeit.
28 Gibst du ihnen, dann sammeln sie ein;
öffnest du deine Hand, werden sie satt an Gutem.
29 Verbirgst du dein Gesicht, sind sie verstört;
nimmst du ihnen den Atem, so schwinden sie dahin
und kehren zurück zum Staub der Erde.
30 Sendest du deinen Geist aus, so werden sie alle erschaffen,
und du erneuerst das Antlitz der Erde. (V 27-30 EÜ)

b) Ijob 38 und 39

Ein zweites Beispiel ist die Gottesrede im Buch Ijob (38 und 39), in der Gott dem Ijjob auf alle seine Klagen aus dem Wettersturm antwortet – mit einer großartigen Rede über die Weisheit der Schöpfung.

Lauter Fragen stellt JHWH seinem aufsässigen Knecht Ijjob („Wo warst du, als ... " – „Kennst du .... ." usw.):

4 Wo warst du, als ich die Erde gegründet?
Sag es denn, wenn du Bescheid weißt.
5 Wer setzte ihre Maße? Du weißt es ja.
Wer hat die Meßschnur über ihr gespannt?
Wohin sind ihre Pfeiler eingesenkt?
oder wer hat ihren Eckstein gelegt,
als alle Morgensterne jauchzten,
als jubelten alle Gottessöhne?
Wer verschloss das Meer mit Toren,
als schäumend es dem Mutterschoss entquoll,
als Wolken ich zum Kleid ihm machte
ihm zur Windel dunklen Dunst,
als ich ihm ausbrach meine Grenze,
ihm Tor und Riegel setzte
und sprach: Bis hierher darfst du und nicht weiter,
hier muss sich legen deiner Wogen Stolz (Ijjob 38,5-11 EÜ)

Während hier stark die Thematik des Wassers im Mittelpunkt steht, geht es im Folgenden mehr um Finsternis und Licht:

17 Haben dir sich die Tore des Todes geöffnet,
hast du der Finsternis Tore geschaut?
18 Hast du der Erde Breiten überblickt?
Sag es, wenn du das alles weißt.
19 Wo ist der Weg zur Wohnstatt des Lichts?
Die Finsternis, wo hat sie ihren Ort?
...
21 Du weißt es ja; du wurdest damals ja geboren,
und deiner Tage Zahl ist groß. (Ijjob 38,17-21 EÜ)

Im weiteren durchmisst die Rede kosmische Räume und geht allmählich zu den Tieren über:

36 Wer verlieh dem Ibis Weisheit,
oder wer gab Einsicht dem Hahn?
37 Wer zählt in Weisheit die Wolken,
und die Schläuche des Himmels, wer schüttet sie aus,
38 wenn der Erdboden hart wird, als sei er gegossen,
und Erdschollen zusammenkleben?
39 Erjagst du Beute für die Löwin,

stillst du den Hunger der jungen Löwen,
40 wenn sie sich ducken in den Verstecken,
im Dickicht auf der Lauer liegen?
41 Wer bereitet dem Raben seine Nahrung,
wenn seine Jungen schreien zu Gott
und umherirren ohne Futter?
39,1 Kennst du der Steinböcke Wurfzeit,
überwachst du das Werfen der Hirsche?... (Ijjob 38,36-39,1)

Hier wird die Weisheit der Schöpfung, ihre Ordnung, ihr Plan in einem Zusammenspiel gezeigt, das der Mensch nicht durchschaut. Es ist oft gesagt worden, in dieser Gottesrede wolle JHWH seine Größe demonstrieren und Ijjob am Ende seine Nichtigkeit erkennen lassen, die Relativität aller seiner Leiden. Aber das ist wohl zu kurz gegriffen. Keiner hat diese Gottesrede besser kommentiert als Fridolin Stier in seinem Ijjob-Kommentar:

„Noch steht die Frage offen, ob sich jener, Gott zur Rede stellende Ijjob und der hier von Gott zur Rede gestellte Ijjob am selben ‚Ort' befinden. Es sei versucht, die Weisheit, die chokmah, als den Standort zu bestimmen, auf dem der Fordernde wie der Gefragte steht. Gewiß, Ijjob hat im Streit mit den Freunden und mit Gott sich mit keinem Wort anheischig gemacht, ein Wissender in den ‚naturkundlichen', letztlich aber gotteskundlichen Dingen zu sein, über die Gott ihn befragt. Ijjob gründet seine Rechtsforderung auf das in der Weisheit lebendige, rationalethische Bild von Gott und Mensch, von Gottes Wollen und des Menschen Sollen. Diese ‚praktische', von Gottes Ordnung wissende und sie weisende Weisheit blieb sich aber ihrer Wurzel- und Stammverbundenheit mit jener Gestalt der Weisheit bewusst, die der Schöpfer als Plan, Ordnung, Gesetz, Maß und Zahl dem himmlischen und irdischen Weltbau wie dem Ingrund der Dinge und Wesen einschuf."[3] Und weiter: „Durch Fragen, lauter Fragen geschah es, daß ihm (Ijjob) die Welt der bekannten, vertrauten, gewohnten Dinge, die geheure Welt in ein unvertraut Fremdes, in eine Atmosphäre überging, in der es dem Menschen ‚anders' wird."[4]

Die Lektüre dieser Kapitel des Ijjob-Buches, das leider viel zu wenig verwendet wird, sei nachdrücklich empfohlen. Die Texte sind so lang, dass ich hier nur einige Ausschnitte geben konnte.

c) Sprüche 8

Ein drittes Beispiel entnehme ich dem Sprüchebuch. In Kap. 8 spricht die personifizierte Weisheit in der Ich-Form.

3 Fridolin Stier, Das Buch Ijjob hebräisch und deutsch, München 1953, 247f.
4 a.a.O. 250.

22 JHWH erschuf mich als Erstling seines Waltens,
als Uranfang seiner Werke von damals.
23 Seit jeher bin ich geformt,
seit Anbeginn, seit den Urzeiten der Erde.
24 Als es noch keine Urfluten gab, wurde ich geboren,
als es noch keine Quellgründe gab, schwer vom Wasser.
25 Bevor Gebirge eingesenkt wurden,
vor den Hügelzügen wurde ich geboren,
26 als er noch keine Erde gemacht hatte und keine Steppen
und nicht die Masse des losen Erdreichs.
27 Als er (dann) den Himmel festmachte, war ich dabei,
als er den Horizont abgrenzte über der Urflut,
28 als er den Wolken droben Kraft verlieh,
als die Quellen der Urflut mächtig wurden,
29 als er dem Meer seine Grenzen setzte,
sodass die Wasser seinen Befehl nicht übertreten,
als er die Fundamente der Erde festlegte.
30 Ich war bei ihm, einem Meister *(,mwn)*,
ich war (nichts als) Wonne Tag für Tag,
lachend und scherzend vor ihm die ganze Zeit,
31 lachend und scherzend auf dem Festland seiner Erde,
und meine Wonne ist es, bei den Menschen zu sein. (Spr 8,22-31)[5]

Die meisten biblischen und altorientalischen Schöpfungsberichte sind charakterisiert durch die Formulierung „Als noch nicht… “. Die gegenwärtigen Wirklichkeiten werden negiert, ein Wort für „Nichts“ haben die semitischen Sprachen nicht. Dafür stehen diese „Als-noch-nicht-Formulierungen“ und die Beschreibung des Chaos.[6] Dann wird die Zeit, der Raum (die Räume) geschaffen, weiter die Lebensbereiche für Tiere und Menschen.

In Spr 8 ist die Weisheit (hebr. *chokmah*, griech. *sophia*) eine göttliche Größe, die am Anfang der Erschaffung des Kosmos dabei ist. Sie nimmt in Spr 8 die gleiche Stelle ein und hat die gleiche Funktion wie die Geistkraft Gottes, die *ruach*, in Gen 1,2, die über den Wassern schwebt, bevor die eigentliche Schöpfung, die dort mit dem Wort Gottes verbunden ist, anfängt. Gen 1 beginnt mit dem Wort *bereschit* (am Anfang), dieses gleiche Wort findet sich in Spr 8 in der 1. Zeile:

[5] Übersetzung Othmar Keel, Die Weisheit spielt vor Gott. Ein ikonographischer Beitrag zur Deutung des mesachäqät in Sprüche 8,30f., Fribourg/Göttingen 1974, 13ff., wieder zitiert bei Urs Winter, Frau und Göttin, Exegetische und ikonographische Studien zum weiblichen Gottesbild im Alten Israel und in dessen Umwelt, Fribourg/Göttingen 1983, 516f.

[6] Vgl. hierzu Claus Westermann, Genesis 1-11 (BK-AT I/1), Neukirchen 1974, 59ff.

JHWH schuf die Weisheit als *Anfang* oder Erstling seiner Werke. (Es gibt nur noch einen Text in der Bibel, der so anfängt: Joh 1 mit dem Satz „Im Anfang war das Wort ... ").

In der Weisheitsliteratur wie auch in der Genesis ist bei den kosmischen Schöpfungsaussagen (damit meine ich die Erschaffung der Räume, der Gestirne, der Trennung der Wasser usw.) eine weibliche Größe, die *ruach* bzw. die *chokmah*, als anwesend gedacht. In der Spätzeit werden die beiden weiblichen Größen häufig in einem Atemzug genannt, manchmal werden sie sogar synonym gebraucht.

Nach diesen kurz skizzierten Aussagen über die Schöpfung in der Weisheitsliteratur des Alten Testaments möchte ich nun das biblische Weltbild vorstellen, wie es auf diesen unterschiedlichen Texten gründet. Alle diese Schöpfungsaussagen zeigen ein sehr komplexes Bild, das schon vor 20 Jahren von Othmar Keel plastisch dargestellt wurde.

d) Das biblische Weltbild

(Wichtig ist die Scheidung: die gefährlichen Wasser von den fruchtbaren, die Bedeutung der *rakijjah* (Feste, Firmament) oben und unten.

Die Weisheit trägt das Ganze, sie ist aber nicht nur unten, auch oben.

Die Meeresungeheuer: es geht um die Angst der Menschen (das Lochness-Monster als Rest dieser mythischen Angst?)

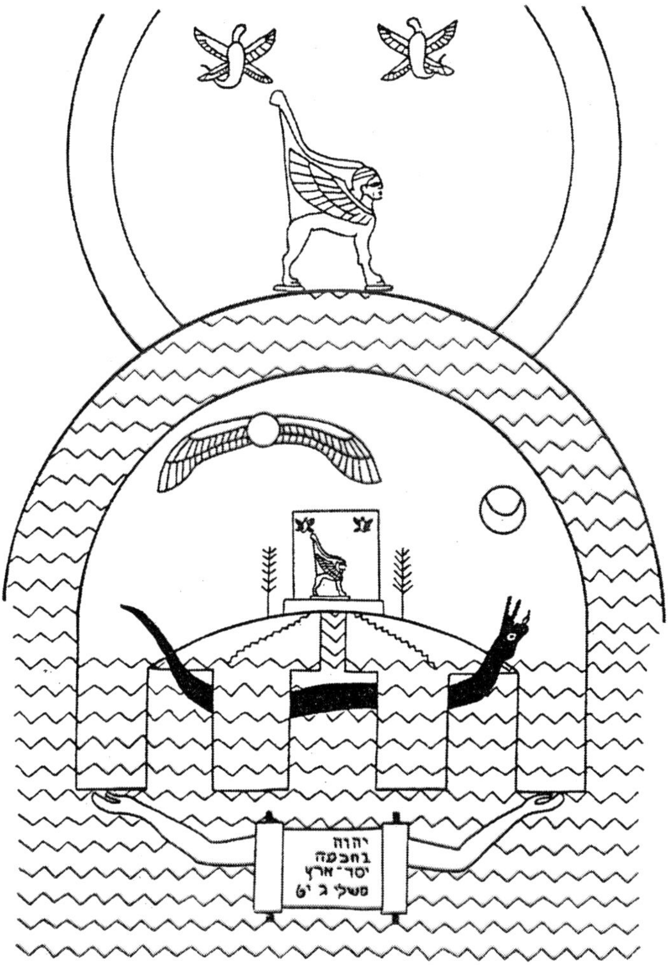

Othmar Keel, Bibel und Kirche 40 (1985) 157-164, jetzt wieder abgedruckt in Bibel und Kirche 60 (2005) Schöpfung – Gabe und Aufgabe, Abb. S. 5.

11.3 Zweiter Teil

11.3.1 Gen 1,1-2,4a

Während ich mich im ersten Teil überwiegend mit Schöpfungsaussagen aus der Weisheitsliteratur mit einem größeren (kosmischen) Rahmen beschäftigt habe, werde ich mich im zweiten Teil bei Gen 1 stärker auf den Menschen beschränken.

a) Kontext und Aufbau

Zunächst muss für unseren Text nach der Entstehungszeit und dem Aufbau gefragt werden. Nur auf diesem Hintergrund sind die Fragen nach Inhalt und Aussageabsicht zu verstehen. Denn die Bibel ist kein Lehrbuch der Dogmatik, sondern ein Buch aus dem Leben, aus dem Glaubensleben, und zwar aus einer Zeit mit sehr ambivalenten Situationen. Für Gen 1 haben wir das Glück, dass es einen großen Konsens gibt zwischen den Exegeten, welcher Schicht (Quelle) und welcher Zeit dieser Text zugewiesen wird. Es ist die sog. Priesterschrift (P), so genannt, weil sie eher konservativen priesterlichen Kreisen zugeschrieben wird. Entstanden ist dieser Schöpfungsbericht im Babylonischen Exil (6. Jh. v. Chr. und danach), in einer Zeit, in der die nach Babylon deportierten Israeliten teilweise auch schon wieder in ihr Land zurückkehren konnten aufgrund eines Edikts des Perserkönigs Kyros. So lassen sich in Gen 1 zahlreiche Aspekte dieser Zeit ausmachen. Die Auseinandersetzung mit einer fremden Religion, vor allem der Babylonier mit ihren ausgeprägten Gestirnskulten, mit einer neuen Umwelt und all ihren Veränderungen ist in den Texten deutlich zu spüren.

Die Krise, die für Israel mit dem Verlust des Landes, der Hauptstadt Jerusalem, des Tempels mit seinem Kult, des Königtums, mit einem Wort, der gesamten Eigenständigkeit eingetreten war, kann gar nicht überschätzt werden. Politisch, sozial und religiös muss sich Israel vollständig umstellen. Jerusalem ist nur noch eine periphere Größe, die JHWH-Religion lediglich eine unter vielen. Wie kann Israel in dieser Zeit seine eigene Identität finden und bewahren? Aufgrund dieser neuen und aufregenden Situation hat natürlich eine Erzählung wie Gen 1 nicht in erster Linie die Aufgabe, Belehrung über die Entstehung der Welt und des Menschen zu geben, sondern die eigene Glaubenssituation zu stärken, sich seiner Identität zu versichern, neue Grundlagen für das Leben in der Diaspora zu erarbeiten.

Das Ziel des Berichts von Gen 1 ist dann auch nicht der Mensch, wie vielerorts zu lesen ist, sondern *der Sabbat.* Der 7. Tag, auf den der ganze Text hin konzipiert ist, will neue Orientierung geben für diese Zeit der Krise, einen festen Punkt, an dem sich der fromme Jude/die gläubige Jüdin in Zukunft ausrichten kann. Gerade weil im Exil die rein nationalen Aspekte nicht mehr ausreichen, wird nun der

Sabbat in der Schöpfung begründet, um in der Folgezeit zu einem Unterscheidungsmerkmal zwischen Juden und Heiden zu werden. Der Sabbat kann überall begangen werden, es braucht dazu keinen Tempel; dieser ist ja verloren, genauso wie der eigene Staat und der König.

In dieser existentiellen Identitätskrise versucht Israel sich neu zu versichern, festen Boden unter den Füssen zu bekommen, indem es in die Vergangenheit, zu den Anfängen, zurückgeht. Es ist ja sicher kein Zufall, dass gerade aus dieser Zeit die meisten Schöpfungsaussagen des Alten Testaments stammen, auch der Ps 104 gehört in diese Zeit. Das erste Kapitel der Bibel hat aber ein besonderes Gewicht, nicht nur, weil versucht wird, neue Perspektiven für die Zukunft aufzuzeigen, sondern auch, weil die Bibel damit anfängt. Die Redaktoren, die im und nach dem Exil die Hebräische Bibel in ihrer heutigen Form zusammenstellten und redigierten, haben aus logischen Gründen diesen Text an den Anfang gestellt. Damit hat er sicher eine programmatische Funktion, sowohl was seine Stellung, seine Ausführlichkeit als auch sein Inhalt angeht.

Der Aufbau des Textes ist überaus klar und sehr schematisch. Wir haben eine stereotype Redeweise Gottes, z.B. „Und Gott sprach … “, dann entsteht ein Werk, das abschließt mit „Und Gott sah, dass es gut war.“ Dies zeigt, dass hier Verfasser am Werk waren, die die *Ordnung* liebten, sie hatten eine Vorliebe für Strukturen und Zahlen und eine entsprechende Sprache. Daran lässt sich auch die P gut erkennen: sie hat eine Reihe von „Leitbegriffen“, die immer wieder vorkommen.

Anschaulich lässt sich dies an dem Schema erkennen, das Erich Zenger am Schluss seiner Studie über die priesterschriftliche Schöpfungsaussagen aufführt.[7]

Bei diesem kunstvollen Aufbau kommt die Erschaffung des Menschen als 8. Werk an das Ende des 6. Tages zu stehen. Erst wird der Lebensraum geschaffen, dann das Lebenshaus, dann der Mensch, der darin wohnen soll.

Ich sagte schon, das Ziel dieses Textes sei nicht der Mensch, sondern der *Sabbat.* Dafür presst der Verfasser die 8 Werke der Schöpfung in 6 Tage, um den 7. Tag als Höhepunkt zu erhalten. (vgl. Sie das Schema!) Leider hat die christliche Theologie schon im 3. Jh. die Weichen gestellt in Richtung einer Engführung von Gen 1 auf den *Menschen.* Seither wird immer wieder betont, der Mensch sei die Krone der Schöpfung, das Ziel unseres Berichts. Diese Deutung ist zwar weit verbreitet, aber von unserem Text her eindeutig falsch. Höhepunkt und Ziel dieser Aussagen ist der Sabbat, der 7. Tag. Dass der Text in der christlichen Tradition, und zwar fast von Anfang an, in diesem Punkt einseitig ausgelegt wurde, zeigt die ganz unsinnige Kapiteleinteilung von Gen 1-3. Der erste Schöpfungsbericht von Gen 1 geht bis Gen 2,4a, die zweite Erzählung vom Garten Eden beginnt mitten im Vers, d.h.

[7] Erich Zenger, Gottes Bogen in den Wolken. Untersuchungen zu Komposition und Theologie der priesterschriftlichen Urgeschichte (SBS 112), Stuttgart 1983 (2. Aufl. 1987), S. 200.

mit 2,4b (sie stammt von einem anderen Verfasser, leider kann ich darauf nicht im einzelnen eingehen). Die altchristliche Kapiteleinteilung hat somit den Schluss des priesterschriftlichen Schöpfungsberichts nach der Erschaffung des Menschen einfach weg gebrochen. Diese Einteilung besteht seit Origenes (185-254), also seit dem 3. Jh. Seither wird in der christlichen Tradition die Schöpfung als ein Sechstagewerk (*Hexaaemeron*) gesehen. Darauf, dass gerade diese Fehleinteilung mit ein Grund für das stark auf den Menschen zentrierte Weltbild und den Ausschluss der übrigen Schöpfung ist, machen neuerdings Werke aufmerksam, die von der ökologischen Krise ihren Ausgangspunkt nehmen. Diese beklagen den starken Anthropozentrismus, der zur Folge hatte, dass die Tiere und die übrige Schöpfung nicht jene Aufmerksamkeit gefunden haben, die ihnen von der Bibel her zustünde.

Trotz dieser Einschränkungen möchte ich mich im folgenden auf zwei Problemkreise über die Erschaffung und Aufgabe des Menschen konzentrieren, die ganz eng zusammenhängen. Einmal die Erschaffung des Menschen als Bild Gottes, dann den sog. Herrschaftsauftrag an den Menschen, den Auftrag, die Erde in Besitz zu nehmen und zu kultivieren.

Aus der Zeit des Exils, in der die *nationalen Aspekte* – wie ich schon sagte – nicht mehr genügen, ist auch die Redeweise „der Mensch, die Menschen" zu erklären. Der ganze Text spricht von *ʿadam*, d.h. von allen Menschen. Nicht mehr nur die Israeliten haben die Verfasser im Blick, sondern grundsätzlich die ganze Menschheit. Auch hier haben die Verfasser einen übernationalen, ganz universelles Konzept, wenn sie vom Menschen schlechthin sprechen. Ich komme darauf noch zurück.

b) Der Text von Gen 1,26-28

In dem ganzen Schöpfungsbericht wird vom Menschen immer als *ʿadam* gesprochen, dieser Begriff, der nur im Sigular vorkommt, ist ein Kollektiv, einen Plural davon gibt es nicht. Vor allem aber ist *ʿadam* in allen Erzählungen der Urgeschichte (Gen 1-11) nie ein Individuum, und vor allem kein Eigenname, wie er sich aus einer falsch verstandenen Interpretation der Erzählungen von Gen 2f („Adam" und „Eva" in der Spätzeit entwickelt hat.

Am Ende der Schöpfungswerke von Gen 1, am sechsten Tag, steht die Erschaffung von *ʿadam*. Diese wird – anders als bei den übrigen Schöpfungswerken – mit einem expliziten Entschluss Gottes eingeführt:

26 a Und Gott sagte:
b „Lasst uns Menschen machen als unser Bild: etwa in unserer Gestalt,
c damit sie herrschen über die Fische des Meeres,
über die Vögel des Himmels und über das Vieh und über alles

wilde Getier auf der Erde und über alles Kriechgetier,
das auf der Erde kriecht."

In seinem Vorsatz spricht Gott im Plural ("Lasst uns ... "). Mit ʿ*adam* sind eindeutig *alle* Menschen gemeint, die Fortsetzung spricht von ihnen denn auch im Plural. In einem Finalsatz wird deutlich, wozu diese Erschaffung als Bild Gottes dient: die Menschen sollen herrschen.

Nur in V. 26 wird die Aussage vom „Bild Gottes" mit zwei verschiedenen Begriffen ausgedrückt, es stehen hier die beiden Ausdrücke (*ṣelem* Gestalt, Standbild, etwa eines Königs) und zusätzlich (*d*ᵉ*mut*, „etwas in der Ähnlichkeit wie"). Die vorsichtige Formulierung „als unser Bild: etwa in unserer Gestalt" heißt auch, dass dem Verfasser eigentlich die Worte fehlen, um das auszudrücken, was er meint. Den gleichen Ausdruck (*d*ᵉ*mut*) verwendet z.B. der Prophet Ezechiel, wenn er seine Visionen beschreibt. Damit bringt er zum Ausdruck, dass ihm letztlich die passenden Worte gar nicht zur Verfügung stehen: „Ich sah etwas, das aussah wie ... das ähnlich war wie ... " (vgl. Ez 1,5.16.22.26).

Aus der Doppelung des Begriffs für Bild hat man in der Tradition, vor allem durch die lateinische Übersetzung, weitreichende Schlüsse gezogen. Aus dem Begriff *imago dei* für den ersten und *similitudo* für den zweiten Begriff hat man seit der Patristik ganze philosophische und theologische Systeme errichtet und damit den Text von Gen 1 überfrachtet. Vor allem wurde dabei die Eigentümlichkeit der hebräischen Sprache verkannt, nämlich komplizierte Sachverhalte mit mehreren Begriffen sozusagen zu umkreisen. Weil gerade *keine* genaue Definition gegeben werden sollte, werden im Hebräischen die Begriffe *ṣelem* und *d*ᵉ*mut* gebraucht. Aber die lateinischen Theologen übersetzten ja auch nicht aus dem hebräischen, sondern bereits aus dem griechischen Text!

Der Mittelteil gibt die Ausführung an:

27 a Und es erschuf Gott ʿ*adam* als sein Bild,
b als Bild ʾ*elohims* erschuf er *ihn*,
c männlich und weiblich erschuf er *sie*.

In dieser dreiteiligen Ausführung wird der Mensch in den ersten beiden Zeilen im Singular bezeichnet, in der dritten Zeile steht ein Plural, wobei hier grammatisch eine gewisse Spannung entsteht. Zweimal fällt hier das Wort (*ṣelem*, Bild). Neu ist der Zusammenhang der Aussage „männlich und weiblich erschuf er sie" mit der Erschaffung als „Bild". Damit kommt der Satzteil „männlich und weiblich erschuf er sie" genau in die Mitte der Sätze über die Menschenschöpfung zu stehen. Ganz zentral ist somit auch hier – wie in der älteren Erzählung Gen 2, wo die Erschaffung der Frau in den Garten, in die gute Ordnung Gottes gehört – die

Differenzierung der menschlichen Geschlechter in die Schöpfung eingebunden. Sie gehört zu der persönlich von Gott ausgeführten Schöpfung, wie sie in diesem Vers dreimal mit dem Verb *bara'* = erschaffen ausgedrückt wird; dieses Verb wird ausschließlich vom voraussetzungslosen Schaffen Gottes gebraucht. Wie in Gen 2 Gott ausdrücklich selbst feststellte, dass es nicht gut sei für ʿ*adam*, dass er allein sei, so gehört hier die Bestimmung „männlich und weiblich" in die gute Ordnung Gottes. Sie gehört nicht nur in die Schöpfung, sondern noch enger in die Abbildlichkeit Gottes hinein. Damit wären schon grundsätzlich alle Auslegungen abgelehnt, die die Entdeckung der Geschlechtlichkeit oder die Leiblichkeit insgesamt als etwas Minderwertiges, als etwas, das der Mensch eigentlich überwinden müsste, ansieht. Die Leiblichkeit, die dann in einer späteren dualistischen und leibfeindlichen Tradition fast ausschließlich der Frau zugewiesen wurde, während der Mann auf die Seite des Geistes zu stehen kam, ist hier voll in der Schöpfung und der Aussage der Gottebenbildlichkeit integriert. Denn „männlich und weiblich" bezieht sich auf den *ganzen* Menschen. Eine Aufteilung des Menschen in Geist und Körper oder etwa eine Beschränkung der Gottebenbildlichkeit auf die Seele hätten die Verfasser von Gen 1 gar nicht verstanden, weil diese griechische Aufteilung des Menschen dem hebräischen Denken fremd war. Der Mensch *als Ganzes*, in seiner weiblichen und männlichen Ausprägung, ist Bild Gottes.

Der dritte Teil bringt die Folgen dieser Erschaffung, den Segen Gottes:

28 a Und es segnete sie '*elohim*,
b und es sprach zu ihnen '*elohim*:
c Seid fruchtbar und werdet zahlreich
d und füllet die Erde
e und unterwerft sie
f und herrscht über die Fische des Meeres und die Vögel
des Himmels und über alles Getier, das auf der Erde kriecht.

Die Aussagen dieses prägnanten Textes sind insgesamt nicht auf dem Hintergrund ihrer langen Interpretationsgeschichte, sondern zunächst auf ihrem *eigenen* zu lesen. Die Priesterschrift will nicht metaphysische Aussagen über den Menschen machen, sondern sie gibt Stellung und Aufgabe des Menschen auf dem Hintergrund altorientalischer Welt- und Menschenvorstellung an. Dabei sagt der Text selbst, was unter „Bild Gottes" zu verstehen ist: der Finalsatz in V. 26 gibt das *Herrschen* an, und dies ist am Schluss, in V. 28, wiederholt (wobei hier die Aufzählung der Tiere kürzer ist). Die Priesterschrift hat die altorientalische Königsideologie im Blick, wo der König als Stellvertreter der Gottheit auftritt. Solche Vorstellungen waren vor allem in Ägypten ausgeprägt. König oder Königin traten dort als Repräsentanten der Gottheit auf.[8] In Ägypten wird der König als Bild (*ḫntj*) eines Gottes bezeichnet, weil er als dessen „lebendiges Kultbild" gilt. „Ursprünglich bezeichnet es eine Statue, und zwar sowohl von Privatpersonen als auch von Königen und von Göttern, speziell die in der Prozession getragene Statue. Es besagt also zunächst, dass der König die öffentliche, sichtbare Erscheinungsform Gottes sei, die er auf Erden gegeben hat. Das Wort *ḫntj* wird in dieser Verwendung auch gern mit dem Attribut ‚lebend' versehen. So heißt Hatschepsut auf ihrem nördlichen Obelisken in Karnak ‚Sein lebendes Bild, König von Ober- und Unterägypten, Makare, das Gold der Könige'; in Deir el Bahari nennt Amun sie: ‚Mein lebendes Abbild auf Erden' und gibt späterhin Amenophis II. die gleiche Bezeichnung."[9] Dies wird auch durch neuere Untersuchungen neu bestätigt. Boyo Ockinga gibt weitere Beispiele in deutscher Übersetzung aus einer Inschrift Amenophis IV., wo der Gott Amun zum König spricht:

> Dieses Land habe ich in seiner Länge und Breite geschaffen
> um auszuführen,
> was mein Ka wünscht;
> Dir habe ich gegeben /// meine //// insgesamt;
> Du beherrschst es (das Land) als König, so wie (zu der Zeit) als ich König
> von Ober- und Unterägypten war;
> Du bewirtschaftest es für mich aus liebendem Herzen,
> denn du bist mein geliebter Sohn, der aus meinem Leibe
> hervorgegangen ist,
> mein Abbild, das ich auf Erden gestellt habe.
> In Frieden lasse ich dieses Land regieren,
> indem du die Häupter aller Fremdländer tilgst.[10]

Interessant ist, wie die Priesterschrift mit diesem vorgegebenen Material umgeht. Entscheidendes ist uminterpretiert: Während es sich in Israels Umwelt um herausragende Einzelpersonen handelt, ist für die Priesterschrift der Mensch *als Mensch* Stellvertreter Gottes. Dies wird besonders darin deutlich, dass das Herrschen als die besondere Füllung dieser Aussage zu sehen ist. Nicht in seinem „Geist", auch nicht in seiner „Seele" oder in seiner „aufrechten Gestalt" ist der Mensch Bild Gottes, sondern in seiner Funktion als Verwalter/in der Welt. Dieses Verwalten oder Herrschen wird bereits in der altorientalischen Tradition gern mit dem Bild

---

8 Vgl. *Eberhard K. Otto*, Der Mensch als Geschöpf und Bild Gottes in Ägypten (Probleme biblischer Theologie, FS Gerhard von Rad, Hg. Hans Walter Wolff), München 1971, 335-348.

9 Ebd. 345. Dass die Aussagen über die Gottebenbildlichkeit aus Ägypten stammen, darüber besteht Konsens.

10 Vgl. *Boyo Ockinga*, Die Gottebenbildlichkeit im Alten Ägypten und im Alten Testament (Ägypten und Altes Testament 7), Wiesbaden 1984, 146.

des Hirten dargestellt. Auch in Israel ist der gute König/die gute Königin *Hirte* des Volkes, so wie Jahwe, der sein Volk leitet und schützt (vgl. Ps 23). Solches „Herrschen" bedeutet somit nicht willkürliches Verfügen – dem steht gerade entgegen, dass die Menschen in der priesterschriftlichen Schöpfungsgeschichte die Tiere nicht verzehren dürfen; dies ist erst nach der Sintflut erlaubt –, sondern es heißt Verantwortung übernehmen: Die Menschen als Stellvertreter Gottes sind für die Geschöpfe zuständig wie Gott für die Schöpfung insgesamt.

Wie sieht nun Gen 1 die Aufgabe des Menschen? Da im Abbild das Abgebildete selbst präsent ist, ist somit Gott im Menschen anwesend, *wenn* dieser in Verantwortung seinem Gott gegenüber die Schöpfung leitet wie ein Hirte seine Herde. Wichtig ist zu betonen, dass hier die Menschen nur über die übrige Schöpfung herrschen, also nicht über andere Menschen! Das Herrschen über Menschen – wie es auch die altorientalischen Könige tun – ist Gott allein vorbehalten. Der Verfasser von Gen 1 hat somit Vorstellungen, die er aus seiner Umwelt übernommen hat, in gezielter Weise verschoben: einmal ist das Herrschen über Menschen ausgeschlossen, weiter sind die Menschen klar als männlich und weiblich qualifiziert. Damit ist in dieser Aussage auch die Herrschaft des Mannes über die Frau ausgeschlossen! Dass dies bis heute nie explizit ausgesprochen wurde, ist mehr als erstaunlich. Eine genaue Analyse der Formulierung von Gen 1,26-28 ergibt nämlich genau dies: Mann und Frau beherrschen/leiten die übrige Schöpfung, und dies schließt überaus deutlich ein, dass sich keines der beiden Geschlechter die Herrschaft über das andere anmaßen darf. Wenn also der Mann über die Frau herrscht und diese unter solcher Herrschaft und ihrer Bezogenheit auf den Mann zu leiden hat, so ist dies nach P *nicht* schöpfungsgemäß, dann handelt es sich um eine Perversion der Ordnung von Gen 1.

Bei der Redeweise „der Mensch" oder „die Menschen" gerät häufig aus dem Blick, dass es sich durchgehend um *beide* Geschlechter handelt, von denen hier die Rede ist. Ausdrücklich wird von der Priesterschrift *beiden* diese Leitungsfunktion übertragen, Mann und Frau. Die letzte Zeile des Mittelstücks („männlich und weiblich erschuf er sie") ist nicht nur für den Fruchtbarkeitssegen notwendig. Hier ist freilich die Frau unverzichtbar, aber der Auftrag des Herrschens wird in V. 28, und zwar im Plural, wiederholt! Mann und Frau haben somit *gemeinsam* den Auftrag, die Welt verantwortlich zu leiten und sich zu vermehren, die (noch) leere Erde anzufüllen. Dies heißt aber auch – betrachtet man dies von der anderen Seite –, dass Mann und Frau nur dort als Repräsentanten, als Bild Gottes fungieren, wo sie *gemeinsam* die Verantwortung tragen. Dies ist nicht individuell gemeint, als könnten die Menschen nur noch paarweise ihren Kulturauftrag ausführen, sondern grundsätzlich. Wenn ein Geschlecht allein die Welt be*herr*scht, kommt es zu einer Perversion der gemeinten theologischen Aussage. Es geht somit bei der Auslegung der Aussage über die Gottebenbildlichkeit, wie sie fast 2000 Jahre gängig war, nicht nur um einen *Anthropo*zentrismus, also eine starke Zuspitzung der gesamten Schöpfungsaussagen auf den Menschen, sondern es ist noch einseitiger: Es geht um einen *Andro*zentrismus, der *Mann* steht im Zentrum, wie es in dem Wort „*Herrschaft*sauftrag" deutlich zum Ausdruck kommt. Damit wird ja der Inhalt der Gottebenbildlichkeit gefüllt, die Funktion, die der Mensch in der Welt hat. Dieser *Männlichkeitswahn* – so will ich ihn mal abgekürzt nennen – der männliche Anspruch auf Herrschaft über Welt, Kosmos, Technik usw. ist in einer Weise verstanden worden, dass dem Menschen alles erlaubt sei, was er kann. Der Ausbeutung der Erde und ihrer Ressourcen, der Ausrottung von Tieren und Pflanzen wurde von der Aussage her „Macht euch die Erde untertan" keine Grenzen gesetzt. Der Satz wurde so ausgelegt, als würde er dem Menschen die Welt zu hemmungslosem Gebrauch übergeben. Von Gen 1 her ist dies ganz sicher nicht legitim.

Einmal steht dieser Haltung, die von ökologischer und feministischer Seite stark kritisiert wird, das altorientalische Bild vom Herrn oder der Herrin der Tiere entgegen. Ein Hirte, der fürsorglich für seine Herde sorgt – dieses Bild wird ja auch für den guten König gebraucht – steht hier als Muster. Zenger tritt vehement für diese Hirtenmetapher ein.

Weiter ist zu beachten, dass die Verfasser sich die Welt *am Anfang* vorstellen, die

a) noch leer ist,
b) in der viele Tiere noch wild, gefährlich und ungezähmt sind,
c) die Erde noch wüst und unkultiviert ist.

Ein Problem ist hier die Gewalt. Die Verben, die gebraucht werden für die Herrschaft über die Tiere haben auch einen Aspekt von gewalttätigem Erobern. Niedertreten usw. Dabei darf aber die vorgestellt Situation nie aus dem Auge verloren werden! Zum Auftrag der Menschheit gehört es auch, dass sie die wilden Tiere abwehren muss, auch mit Gewalt, dass sie Tiere zähmen muss usw. Bei dieser utopischen Vorstellung einer noch ungezügelten Natur haben wir nicht das romantische Bild einer idyllischen Welt vor uns, sondern eine, die Arbeit und Anstrengung, gelegentlich auch Gewalt erforderlich macht. Eine romantische Vorstellung von Natur ist unserem Text fremd, ist doch in der ganzen alttestamentlichen Zeit der Mensch in seinen Siedlungen immer bedroht von wilden Tieren: von Wölfen, Löwen, Bären, Hyänen und unzähligen Schlangen, und die Erde, die es zu kultivieren gilt, von Dornen und Disteln.

Helga Weippert sagt zu dem umstrittenen Herrschaftsauftrag: Es „sollten deshalb nicht unsere durchaus berechtigten Gegenwartssorgen um den Erhalt der Schöpfung dominieren, vielmehr sollten wir uns auch auf die antike Welterfahrung besinnen."[11] Beschränkungen, die den willkürlichen Gebrauch und die Aus-

[11] Helga Weippert, Altisraelitische Welterfahrung. Die Erfahrung von Raum und Zeit nach dem Alten

beutung der Welt verbieten, sind über das ganze Alte Testament hin verstreut. Als Beispiele möchte ich nur das Sabbatgebot anführen, wo verlangt wird, dass alle Menschen, auch die Knechte, Sklavinnen und Fremdlinge/Asylanten am Sabbat ruhen (eine ungeheure Wohltat und einmalig in der ganzen antiken Welt!), aber auch die Haustiere werden eingeschlossen, die für den Menschen arbeiten (vgl. Ex 20,8-11; Dtn 5,12-14). Die Felder soll man im 7. Jahr, dem sog. Sabbatjahr, brach liegen lassen, damit auch das Land sich erholen kann – einem dreschenden Ochsen soll man das Maul nicht zubinden (Dtn 25,4) – ein Böcklein darf man nicht in der Milch seiner Mutter kochen (Dtn 14,21) usw. Fast alle diese humanen Vorschriften stehen im Deuteronomium (5. Buch Mose), dies nur als knappe Ergänzungen zu einem uferlosen Thema, den ich hier abgekürzt den *Machbarkeitswahn* nennen möchte.

Was hat dies alles für Konsequenzen? Ich fasse dies kurz in einigen Punkten zusammen, wobei ich den Weg nach rückwärts gehe und mit den letztgenannten Problemen anfange.

1. Die Herauslösung eines einzigen Satzes („Macht euch die Erde untertan") aus Gen 1,26-28 hat sich zerstörerisch ausgewirkt. Wird daraus abgeleitet, der Mensch dürfe grundsätzlich alles, um die Erde auszubeuten, ist der Text verfälscht. Denn die Verse sind nicht in erster Linie Gebote, sondern sie stehen unter dem *Segen*. Segen ist in der Bibel ein überaus zentraler Begriff, er impliziert von vornherein eine positive, freundliche Sympathie dieses Gottes für alles Geschaffene. Der Mensch unter dem Segen dieses Schöpfergottes hätte also *Verantwortung* für diese Welt in gleicher Weise wahrzunehmen wie diese Gottheit selbst, d.h. pflegen, bewahren, schützen, entfalten usw., im Zweifelsfall auch verteidigen.
2. Der Text besteht aus einem Beziehungsgeflecht, er ist insgesamt dialogisch. Die Beziehungen spielen einmal zwischen Gleichen (hier: Menschen, konkret Mann und Frau), dann zwischen oben/unten (Gott/Menschheit) sowie nach unten zwischen Mensch- und Tierwelt. Dieses Beziehungsgeflecht ist durchaus hierarchisch, jedoch überaus kunstvoll aufeinander bezogen, es darf keine Ebene von der anderen abgelöst werden. *Weder kann die Menschheit ohne Gott existieren noch ohne die Tier- und Pflanzenwelt*. Wo immer dieser Dialog, diese Beziehungsebenen gestört sind, können auch die übrigen Aussagen nicht mehr zurecht in Anspruch genommen werden. Die Begründung, der Mensch dürfe die Welt in Besitz nehmen und kultivieren, liegt eben in seiner Rückbindung an

---

Testament, in: Ebenbild Gottes – Herrscher über die Welt (Hg. Hans-Peter Mathys) in: Biblisch-theologische Studien 33 (Neukirchen 1998), Zitat S. 17.

Vgl. auch Ute Neumann-Gorsolke, Herrschen in den Grenzen der Schöpfung. Ein Beitrag zur alttestamentlichen Anthropologie am Beispiel von Psalm 8, Genesis 1 und verwandten Texten (WMANT 101), Neukirchen 2004.

eine Gottheit, unter deren Segen er steht. Ohne diese Rückbindung hängt seine Verantwortung und sein Auftrag in der Luft. Für biblisches Denken ist eine Trennung von Weltverantwortung und Gottesglaube undenkbar.

3. Zenger fasst seine auf der ökologischen Krise basierende Fragestellung so zusammen: „Menschen, die die Erde als ‚Lebenshaus' zerstören, verfehlen ihr Menschsein. Eine Menschheit, die die Erde als Material ihrer Bedürfnisbefriedigung betrachtet, die die Tiere als rechtlose Kreaturen benutzt, die das Machbare zum Maßstab ihrer Entscheidungen macht (und erst *danach* über die Moral des Gemachten nachdenkt), die Waffen produziert, die den Biotop Erde insgesamt zerstören können – eine solche Menschheit handelt schöpfungswidrig … ".[12] Inzwischen muss man diese Sätze noch weiter ausdehnen: Der Mensch *selbst* steht ja zur Disposition, nicht nur die Erde, er ist einem Zugriff ausgesetzt, wie ihn frühere Zeiten nicht ausdenken konnten. Den Sätzen Zengers über das, was ich den Machbarkeitswahn genannt habe, möchte ich als 4. noch einen anderen Aspekt zufügen, den *Männlichkeitswahn.*
4. Was seit über 2000 Jahren in der Beschränkung des sog. Herrschaftsauftrags auf den Mann geschehen war und ist, zeigt sich gerade heute in seinen Konsequenzen als zerstörerisch. Es lässt sich nicht übersehen, dass ein Auftrag, der gleichmässig auf die ganze Menschheit, auf den männlichen und weiblichen Teil, verteilt war, in seinen praktischen Auswirkungen ein rein männlicher geworden ist. Dies zeigt sich in allen Bereichen, bes. auch in den modernen Auseinandersetzungen über Terror und Krieg. Wo ist hier die weibliche Beteiligung an der Gestaltung der Welt? Aus dem Schöpfungsauftrag von Gen 1 ist jedenfalls ein *Herrschaft*sauftrag, der fast ausschließlich männlich wahrgenommen wird, einseitig. Wenn Zenger in Bezug auf die Ökologie sagt: „Menschen, die die Erde als ‚Lebenshaus' zerstören, verfehlen ihr Menschsein … ", würde ich diesen Satz ergänzen: „Eine Menschheit, die den sog. Herrschaftsauftrag als einzig *männlichen* wahrnimmt, verfehlt diesen Auftrag, zerstört sich selbst und die Schöpfung, die auf einem Gleichgewicht beruht und nur als ein sehr fragiles Balancieren aller Interessen und gegenseitigem Rücksichtnehmen bestehen kann."
5. Für die Auslegung der Aussage über die *Gottebenbildlichkeit,* die seit der hellenistischen Zeit für den weiblichen Teil der Menschheit eingeschränkt, teilweise sogar ganz geleugnet wurde, wäre ein eigener Vortrag nötig. Alle Aussagen über Menschenrechte, Menschenwürde usw. gehen ja im Kern auf diese Sätze in Gen 1,27 zurück. Man beachte aber, dass noch das Schlagwort der Franz. Revolution „Freiheit, Gleichheit, *Brüderlichkeit*" sich nur auf den männlichen

---

[12] Zenger a.a.O. 180.

Teil der Menschheit beschränkte. Dies hat überaus einschneidende Konsequenzen bis in die heutige Theologie, die noch nicht aufgearbeitet sind.[13]

6. In den Weisheitstexten zur Schöpfung ist insgesamt eine größere Weite und Vielfalt zu erkennen. Auch sind sie nicht so monothon, sondern stärker poetisch verfasst, der Anthropozentrismus ist dort weniger ausgeprägt als in Gen 1. Aber auch im Gottesbild finden wir Unterscheide: Dem Schöpfergott steht eine weibliche Größe zur Seite, die *Sophia*, die aktiv am Schöpfungswerk beteiligt ist. Die nachexilische Theologie hatte keine Probleme, die Gottheit auch in ihrer weiblichen Ausprägung zu sehen. Auch das übrige Alte Testament insgesamt hat nicht ein so einseitig männliches Gottesbild, wie dies allgemein angenommen wird.
7. Bei allen biblischen Aussagen ist die andere Zeit, das andere Weltbild, der jeweilige Kontext und die Intention zu berücksichtigen. Auch die gemeinsamen altorientalischen Weltvorstellungen, die für das AT vorgegeben waren, spielen bei allen Schöpfungsaussagen eine große Rolle. Kein einzelnes Fach kann heute mehr alle fachspezifischen Probleme lösen, ohne in einen interdisziplinären Dialog mit andern zu treten. (Dies habe ich vor allem im Zusammenhang mit der Feministischen Theologie gelernt). Auch die Bibel selbst ist ja in ihrer langen Entstehungszeit das Ergebnis solchen „interdisziplinären Austausches", auch wenn man das nicht so nannte.
   Besonders betonen möchte ich, dass das Alte Testament kein Lehrbuch der Dogmatik ist, es gibt in der Bibel keine geschlossene, lehrmäßige Schöpfungslehre. Durch solches Missverständnis wird immer wieder das Verhältnis zwischen Exegese und Dogmatik belastet. Ich würde es begrüssen, wenn nicht nur die Gespräche mit den Naturwissenschaften ernsthaft geführt würden, sondern wenn auch Dogmatiker vermehrt die Anliegen und Ergebnisse der ExegetInnen ernst nehmen. Dies geschieht bisher nur am Rande.
8. und letztes: Wie sollen wir also heute die biblischen Schöpfungserzählungen lesen?
   Als Glaubenszeugnisse der Bibel, die die Grundlage der gesamten jüdisch-christlichen Kultur ist und bleibt. Die Texte sind in langen Entstehungsprozessen und unter Konflikten zustande gekommen – auch mit andern religiösen Ansätzen, vor allem dem Polytheismus – die unseren heutigen sicher kaum nachstehen.
   Sie bauen auf dem Glauben an einen einzigen Gott und Schöpfer auf und haben versucht, die Ergebnisse und Erkenntnisse ihrer Zeit über die kosmischen Zusammenhänge aufzugreifen und entsprechend ihres Gottesglaubens zu über-

[13] Vgl. dazu den Art. Gottebenbildlichkeit, in: Wörterbuch der Feministischen Theologie, Gütersloh 2. Aufl. 2002 (Helen Schüngel-Straumann/Elisabeth Gössmann), 257-263.

nehmen oder auch, sie umzugestalten. Vor allem sind die *Grenzen* zu beachten, die sie setzen: Alles, was nicht dem Leben dient bzw. das Zusammenspiel der gesamten Lebensordnungen bedroht, wird abgelehnt. Deswegen kann die Zunahme an naturwissenschaftlichen Erkenntnissen unser Staunen über die Vielfalt und Schönheit der Schöpfung vergrößern, anderseits müssen wir aber auch mit einer vom Glauben geschärften Vernunft Kritik anmelden, wo der Lebenszusammenhang bedroht oder zerstört wird.

12 Die männliche Angst vor der Frau – am Beispiel apokrypher Auslegungen alttestamentlicher Texte[1]

12.1 Einführung

Was kann die Bibel, insbesondere das AT, zu der Fragestellung „Gespenster der Angst – Provokation für die Theologie" beitragen?

Sicher gibt es viele Ängste, die Menschen zu allen Zeiten umgetrieben haben, so die Angst vor Kriegen mit ihren Folgen und Existenzängste verschiedenster Art. Doch von diesen soll nicht die Rede sein, sondern von Ängsten, die heute noch wirksam sind und mit der unterschiedlichen Behandlung und Bewertung der Geschlechter zusammenhängen. Auch wo solche Ungleichheiten rational aufgearbeitet sind oder werden, sind sie häufig unterschwellig noch weiter wirksam, denn Angst ist etwas Irrationales und kann weder durch Aufklärung allein noch durch fortschrittliche Gesetze einfach aus der Welt geschafft werden.

So ist es wichtig, solche Ängste bewusst zu machen, sie aufzuarbeiten, damit sie mit der Zeit ihre Wirkkraft verlieren.

Ich werde deswegen einige Texte aus der biblischen Urgeschichte (Gen 1-11)[2], bei denen das Verhältnis zwischen Männern und Frauen thematisiert wird, auswählen. Es handelt sich dabei um Menschheitstexte, die nicht nur allseits bekannt, sondern auch theologisch zentral sind. Sie haben vor allem das Frauenbild von Jahrhunderten, besser gesagt: Jahrtausenden, bestimmt und bestimmen es teilweise immer noch. Dabei sind frauenfeindliche, abwertende Beurteilungen von Frauen mit diesen Texten transportiert worden. Aber nicht die Texte selbst sind das eigentliche Problem, sondern insbesondere ihre Jahrhunderte lange Auslegung, die z.T. sehr viel negativer ausgefallen ist als die Aussagen der Texte selbst. Wie solche Texte in ihrer späteren Auslegung verändert und vergröbert werden, darüber sollen einige Beispiele Auskunft geben (bes. zur Rezeption von Gen 1-3 und 6,1-4).[3]

Die Bibel, wie sie uns schriftliche vorliegt, ist im wesentlichen das Werk von Männern. Männer haben ihre Glaubenserfahrungen, ihre Ansichten, ihre Perspektive, ihre (Macht)Vorstellungen u.a. in die Texte eingetragen. Ihre einseitige Sicht

---

1 Vortrag 2005/2006.

2 Vgl. hierzu Helen Schüngel-Straumann, Die Frau am Anfang. Eva und die Folgen, Freiburg 1989, jetzt 3. Auflage, Münster 1999, sowie: dies. Die Urgeschichte (Gen 1-11), in: Kompendium Feministische Bibelauslegung (Hg. Luise Schottroff/Marie-Theres Wacker), Gütersloh 1998, 1-11.

3 Vgl. zur Wirkungs- und Rezeptionsgeschichte das ganze Heft 1/1998 von „Bibel und Kirche" (Kath. Bibelwerk) zu EVA.

betrifft nicht nur die Bibel selbst, die Texte und ihre Auswahl, sondern auch alle wichtigen Übersetzungen, sowie fast die gesamte Auslegung über mehr als zweitausend Jahre. Eine „neutrale", unvoreingenommene Exegese gibt es nicht und hat es niemals gegeben. Jede Auslegung war und ist interessegeleitet. In der Vergangenheit waren es in den meisten Fällen die Interessen von Männern, die immer gewährleistet blieben.

Solche hermeneutischen Voraussetzungen müssen in jedem Fall mit-bedacht werden, insbesondere dann, wenn biblische Texte als Glaubenstexte, als verbindlich für alle vorgestellt werden. Gibt es zeitlos/allgemeingültige Aussagen oder sind alle theologischen Aussagen zeitbedingt, einseitig, kritisierbar, revisionsbedürftig? Lässt sich dies überhaupt säuberlich trennen? Oft bringen solche Einsichten und Fragen auch vielerlei Verunsicherung mit sich.

Eine feministisch orientierte Exegese hat seit über einem Vierteljahrhundert die einseitig androzentrische Sicht kritisiert, revidiert und eigene, neue Entwürfe vorgestellt. Dabei war und ist feministische Theologie schon seit Beginn gezwungen, interdisziplinär zu arbeiten. Obwohl die jeweilige Fachausrichtung erhalten bleibt, so gibt es doch eine viel stärkere Zusammenarbeit zwischen feministischen Theologinnen als sonst allgemein unter Theologen üblich. Viele neuen Fragestellungen waren auch von Anfang an fächerübergreifend, interdisziplinär, sodass die Kommunikation zwischen den verschiedenen Bereichen immer sehr ausgeprägt gewesen ist. Aus solcher Zusammenarbeit entstand z.B. das weltweit erste *Wörterbuch der Feministischen Theologie*, das nicht nur auf eine jahrelange interdisziplinäre Arbeit zurückging, sondern auch verschiedene Konfessionen umfasst (drei katholische und drei evangelische Autorinnen haben es herausgegeben).[4] Inzwischen ist die stark veränderte zweite Auflage mit einer größeren Zahl von Herausgeberinnen erschienen.[5]

Die vielen neuen Fragestellungen, die hier nicht erörtert werden können, auch die großen Fortschritte innerhalb von nur zehn Jahren, lassen sich an diesen beiden Standardwerken ablesen.

Im folgenden werde ich mich nicht auf die Auslegung der ursprünglichen Texte aus der Genesis konzentrieren – darüber liegt genügend Literatur vor –, sondern auf die spätere Rezeption und ihren Kontext. Ich verbleibe dabei überwiegend in der alttestamentlichen Zeit, bes. den letzten Jahrhunderten vor der Zeitenwende, in der es nötig wurde, die hebräischen Texte neu zu interpretieren.

---

[4] Elisabeth Gössmann/Elisabeth Moltmann-Wendel/Herlinde Pissarek-Hudelist, Ina Praetorius, Luise Schottroff, Helen Schüngel-Straumann (Hgg.) Wörterbuch der Feministischen Theologie, Gütersloh 1991.

[5] Elisabeth Gössmann/Helga Kuhlmann/Elisabeth Moltmann-Wendel/Ina Praetorius/Luise Schottroff/Helen Schüngel-Straumann/Doris Strahm/Agnes Wuckelt (Hgg.), Wörterbuch der Feministischen Theologie, 2. Auflage, Gütersloh 2002.

Dabei zeigt sich sehr deutlich, dass hinter der jeweiligen Rezeption ein bestimmtes, zeitbedingtes Frauenbild steht, das offenbar auch Ängste ausgelöst hat. Die Verfasser der apokryphen Auslegungen der alten Texte sind so gut wie immer anonym, so dass wir sie nicht personell fassen können, wohl aber werden Kreise und Tendenzen deutlich, aus denen solche Schriften stammen. Solche Tendenzen lassen sich schon an der Auswahl dessen erkennen, was immer wieder neu thematisiert und problematisiert wird, nämlich insbesondere Frauengestalten, ihre Schönheit, die Gefahr durch Verführung und deren Eingrenzung (Schleier, Verächtlichmachung von Schmuck, Schminke u.ä.).

12.2 Der Kontext der apokryphen Texte

In den letzten drei Jahrhunderten vor der Zeitenwende gab es eine Unzahl von heiligen Schriften, die in vielerlei Versionen zirkulierten, später aber nicht in den Kanon[6] aufgenommen wurden. Heute würde man sie vielleicht in die „religiöse Erbauungsliteratur“ einordnen. In der seit der Eroberung Alexanders des Großen hellenistisch geprägten Welt gab es verschiedene Neuheiten, die bei bestimmten religiösen jüdischen Kreisen Angst auslösen konnten: So eine größere Freizügigkeit in den allgemeinen Sitten, die sich überall breit machten, sogar in der jüdischen Hauptstadt Jerusalem. Bekannt ist hier u.a. die Diskussion um die Sportveranstaltungen in Jerusalem: Im hellenistischen Bereich waren die (männlichen) Kämpfer nackt, dies erregte Anstoß bei frommen Juden.[7] In Bezug auf Frauen, ihren Umgang, ihre Kleidung u.a. war eine gewisse Freizügigkeit zu erkennen, es gab in dieser Zeit bereits so etwas wie eine „Frauenbewegung“, vor allem in Städten wie Alexandria. Schon damals lebten mehr Juden in der Diaspora als im Kernland Palästina, und es gab immer wieder Spannungen bezüglich „moderner“ Sitten, Spannungen zwischen Anpassung und Widerstand.

Die allgemeine und schnelle Verbreitung neuer Ideen und Bräuche wurde begünstigt durch eine gemeinsame Sprache, das hellenistische Griechisch. Auf diese Weise war die neue Kultur fast überall gleichzeitig. Dieser Umstand ist deswegen besonders wichtig, weil diese Sprache später auch die Sprache des Neuen Testaments wurde; alle neutestamentlichen Schriftsteller bewegten sich in dieser hellenistischen Welt, was bekanntlich ein enormer Vorteil für die schnelle Verbreitung des frühen Christentums und seiner Schriften war.

---

[6] Einen Kanon der jüdischen Schriften gibt es wohl erst seit dem Ende des 1. Jhs (der christliche Kanon wird dann noch später festgelegt), d.h. noch zur Zeit Jesu gab es keine verbindliche Regel darüber, was nun „Hl. Schrift“ sei und was nicht. Über die Verbindlichkeit der *torah* gab es allerdings keinerlei Zweifel.

[7] Vgl. dazu Peter Schäfer, Geschichte der Juden in der Antike. Die Juden Palästinas von Alexander dem Grossen bis zur arabischen Eroberung, Stuttgart 1983, bes. 52ff.

Diese neue Sprache bedeutete aber auch, dass die alten hebräischen Heiligen Schriften übersetzt werden mussten, und so entstand denn auch in dieser Zeit zwischen 300 und 100 v. Chr. die erste vollständige Übersetzung der hebräischen Bibelteile, die Septuaginata (LXX), die versuchte, das Überkommene in diese neue, zeitgemäße Sprache, die alle verstehen konnten, zu übertragen. Denn zahlreiche Juden verstanden das Hebräische ihrer überlieferten Schriften nicht mehr.

In Zusammenhang mit dieser Neuinterpretation und Adaption entstehen nun apokryphe Schriften, z.T. in hebräischer oder aramäischer, häufig aber auch schon in griechischer Sprache. Die zahlreichen Varianten und Abschriften solcher Texte zeigen ihre Beliebtheit und ihre weite Verbreitung, später, in christlicher Zeit, auch in lateinischen Fassungen.

Wie jede Umbruchssituation lösten die neuen Bewegungen und die geänderte Großwetterlage Ängste aus, so besonders bei asketisch ausgerichteten Männerkreisen, die den rechten Glauben in Gefahr sahen. Dieser Bedrohung wollte man Herr werden durch in eine starke Abwertung von Frauen in bestimmten Schriften, durch frauenfeindliche Auslegungen von Texten, die ursprünglich viel ausgewogener gewesen waren. Dies soll an einigen wenigen Beispielen gezeigt werden. Da die apokryphen Texte ganze Bibliotheken füllen würden, ist die gezeigte Auswahl nur ein ganz kleiner Ausschnitt aus einer umfangreichen Schriftgattung.

12.3 Der erste Strang: Frauen abwertende Auslegungen von Gen 2 und 3

Die ersten Kapitel der Genesis sind die eigentlichen Schicksalstexte für Frauen über mehr als zweitausend Jahre gewesen. Jeder glaubt, die sog. Paradiesgeschichte (Gen 2) und die Geschichte vom sog. Sündenfall (Gen 3) zu kennen. Zumeist wird aber nicht das transportiert, was in den Texten selbst steht, sondern die durch eine lange Tradition vermittelte Auslegungs- und Rezeptionsgeschichte, so wie sie der älteren Generation auch noch durch den Religionsunterricht vermittelt wurde. Als Quintessenz dieser Auslegungsgeschichte kommt nicht viel anderes heraus als das, was eine islamische Wissenschaftlerin nach längerem Studium der christlichen Auslegungsgeschichte als „drei theologische Grundannahmen" folgendermassen zusammenfasst:

> „Diese drei Annahmen sind, dass das erste Wesen, das Gott erschaffen hat, ein Mann und nicht eine Frau war, da die Frau angeblich aus der Rippe des Mannes geschaffen wurde, daher abgeleitet und ontologisch sekundär ist; dass die Frau und nicht der Mann das Hauptwerkzeug dessen war, was meist als ‚der Sündenfall' oder ‚die Vertreibung aus dem Paradies' bezeichnet wird und daher allen *Evas*töchtern mit Hass,

> Misstrauen und Verachtung begegnet werden muss; und dass die Frau nicht nur aus dem Mann, sondern auch für den Mann geschaffen wurde, was ihre Existenz nur instrumental, nicht fundamental macht."[8]

Für solch abwertende Sicht der Frau sind nicht in erster Linie die christlichen Kirchenväter die Urheber – wenn sie auch diese Sicht teilweise verfestigt und dem Mittelalter übermittelt haben –, sondern sie setzt Jahrhunderte früher ein. Allerdings war diese Tendenz der apokryphen Texte den frauenfeindlichen Kreisen christlicher Theologen und Asketen willkommen, um die Überlegenheit des Mannes, seine größere Nähe zu Gott und seine geringere Anfälligkeit für die Sünde zu „beweisen". Die Auslegung von Gen 1-3 des Kirchenvaters Augustinus ist dafür geradezu klassisch.[9]

Die Hebräische Bibel selbst enthält keinen Text, der die größere Verführbarkeit der Frau, ihre größere Anfälligkeit für die Sünde und Schuld thematisiert. Kein einziger alttestamentlicher Prophet – und diese reden oft und deutlich von der Sünde Israels! – enthält auch nur die geringste Andeutung auf einen Zusammenhang von Sünde und Frau. Allerdings gibt es in einem späten Buch, dem Buch Jesus Sirach (das in den Kirchen der Reformation kein kanonisches Buch ist, wohl aber in den katholischen und orthodoxen Kirchen) einen Satz, der in der Rezeption regelmäßig zitiert wird, wenn es um die Minderwertigkeit der Frau geht:

> Von einer Frau nahm die Sünde ihren Anfang,
> ihretwegen müssen wir alle sterben. (Sir 25,26)

Nun lässt sich dieser Satz auch so lesen, dass sich das „Sterben" auf die „Sünde" zurückbezieht, nicht auf die Frau. Beide Termini sind sowohl im Hebräischen wie im Griechischen feminin, „Sünde" und „Frau". Zudem steht das Wort für „Sünde" im Text dem „Sterben" näher, so dass es vom Satzbau her logischer erscheint, die Konsequenz des Sterbenmüssens auf die *Sünde*, nicht auf die Frau zu beziehen. Ich kenne aber keine Auslegung in der christlichen Tradition, die den Zusammenhang *nicht* auf die Frau bezieht. Die Frau ist schuld an der Sünde wie am Tod, ja am ganzen Elend der Welt.

---

8 Riffat Hassan, „Feministische Interpretation des Islam", in: Feminismus – Islam – Nation (Hg. Claudia Schöningh-Kalender/Ayla Neusel), Frankfurt 1997, 217-233, Zitat S. 220.

9 Vgl. dazu seinen Genesiskommentar! Vgl. dazu zusammenfassend Helen Schüngel-Straumann, Die Frau am Anfang, 29-35.

12.3.1 Beispiel aus dem Jubiläenbuch (Jub) zur Erschaffung von Mann und Frau

Aus dem 2. Jh.v.Chr. ist das Jub zu erwähnen, das bes. viele Interpretationen aus der Genesis enthält. Zur Erklärung des Bösen wird eine Deutung der Adam-Eva-Geschichte gegeben. Die vielen Funde dieses Buches in Qumran (hebräisch) beweisen die Verbreitung in bestimmten Kreisen und sind ein wichtiger Beleg für den vorchristlichen Ursprung dieser Schrift. Das Jub liegt allerdings nicht vollständig in hebräischer Sprache vor, sondern in äthiopischer, es muss aber auf eine hebräische Urschrift zurückgehen, die dann zuerst ins Griechische übersetzt wurde.

Der besondere Akzent des Jub liegt auf der Hauptperson des Mose und der Sinaioffenbarung. Darum sind die Texte der Urgeschichte vor allem mit Hinblick auf die Beobachtung von Vorschriften und Geboten interpretiert. Für Gen 2 und 3 gibt es bezüglich der Erschaffung der Frau und des Sündenfalls kleinere Erweiterungen und Akzentverschiebungen, die im folgenden besprochen werden sollen. Nach der Erschaffung der Tiere heißt es:

> Und er war allein. Und es war keiner, den er für sich fand, der ihm half, der wie er war.
> 4 Und der Herr sagte zu uns (gemeint sind die Engel)): „Es ist nicht gut, dass der Mann allein sei. Wir wollen ihm eine Hilfe machen, die wie er ist."
> 5 Und der Herr, unser Gott, schickte einen Schlaf über ihn. Und er schlief. Und er nahm die Frau, mitten aus seinen Rippen eine Rippe. Und er baute Fleisch an ihrer Stelle, und er baute die Frau.
> 6 Und er weckte Adam aus seinem Schlaf. Und beim Aufwachen erhob er sich am sechsten Tage. Und er brachte sie hin zu ihm, und er erkannte sie und sagte zu ihr: „Dies ist jetzt Knochen von meinem Knochen und Fleisch von meinem Fleisch. Diese wird genannt werden meine Frau, denn von ihrem Mann ist sie genommen."
> 7 Deswegen wird der Mann verlassen seinen Vater und seine Mutter. Und er wird sich verbinden mit seiner Frau, und sie werden ein Fleisch sein.

> 8 In der ersten Woche ist geschaffen worden Adam und seine Seite, seine Frau. Und in der zweiten Woche zeigte er sie ihm. Und deswegen ist gegeben das Gebot, sieben Tage zu beachten für das Männliche und für das Weibliche zweimal sieben Tage in Unreinheit. 9 Und nachdem vollendet waren für Adam 40 Tage auf der Erde, auf welcher er geschaffen worden war, brachten wir ihn in den Garten Eden, damit er bebaue und bewahre. Und seine Frau brachten wir am 80. Tag. Und aus diesem Land kam sie in den Garten Eden. 10 Und deswegen ist geschrieben ein Gebot auf den Tafeln des Himmels in Bezug auf die Gebärende: Wenn sie ein Männliches geboren hat, soll sie sieben Tage bleiben in ihrer Unreinheit – entsprechend den anfänglichen sieben Tagen. Und 30 Tage und drei Tage soll sie bleiben im Blut ihrer Reinheit. Und alles Heilige soll sie nicht berühren. Ins Heiligtum soll sie nicht hineingehen, bis wenn sie vollendet hat die Tage, die bei einem Männlichen (angeordnet sind). 11 Und was das Weibliche betrifft: Zweimal sieben Tage entsprechend den zweimal sieben anfänglicher Unreinheit. 60 Tage und sechs Tage soll sie bleiben im Blute ihrer Unreinheit. Und es sollen sein im ganzen 80 Tage. (Jub III,4-11)[10]

Zunächst werden Adam und Eva hier als Eigennamen verstanden, eine nicht zu unterschätzende Neuinterpretation der Spätzeit gegenüber den Urtexten, wo nur von „Mann" und „Frau" als Typen gesprochen wird. Weiter ist die umständliche Beschreibung der Erschaffung aus der Rippe auffällig. Dem Verfasser genügt offenbar der kurze Bericht von Gen 2 nicht mehr, der das Wirken Gottes während des Tiefschlafs des Menschen so kurz wie möglich darstellt (weil das Wirken Gottes eigentlich geheimnisvoll, nicht beschreibbar ist!), sondern er weitet es aus und gibt darüber hinaus den Mann als „Ursprung der Frau" an. Bei dem Jubelruf des Mannes findet eine Verschiebung dahingehend statt, dass sie mit einem Possessivpronomen „*meine* Frau" genannt wird, „denn von *ihrem* Mann ist sie genommen." So soll dieser Text wohl die Ehe begründen, während Gen 2 grundsätzlich vom Verhältnis der Geschlechter berichtet, ohne speziellen Akzent auf eine Institution.

Gravierender aber ist, dass zwischen Adam und Eva, obwohl in der gleichen Woche geschaffen, eine Rangordnung dahingehend hergestellt wird, dass Eva erst in der zweiten Woche Adam gezeigt wird. Mann und Frau werden nicht gleichzeitig in den Garten Eden gebracht, sondern Eva 40 Tage später als Adam. Damit wird begründet, dass die Unreinheit der Frau bei der Geburt eines weiblichen Kindes doppelt so lang ist wie die bei einem männlichen. Aus dem gesetzlichen Anliegen des Jub heraus werden hier relativ späte kultisch-rituelle Vorschriften

[10] Übersetzung von Klaus Berger, Das Buch der Jubiläen (JSHRZ II/3), Gütersloh 1981, 298-300. Verf. verweist genau auf die Zeit zwischen 150 und 140 v.Chr., also auf die nachmakkabäische Zeit.

begründet, indem der Ursprungstext von Gen 2 in ihrem Sinne umgeformt wird. Obwohl die Genesistexte von solchen Reinheitsvorstellungen weit entfernt sind, werden sie in dieser Spätzeit ins Zentrum gerückt und in der Schöpfungsordnung begründet. Es liegt hier somit eine folgenreiche Patriarchalisierung der biblischen Schöpfungstexte mit entsprechender Disqualifizierung der Frau vor.

Im Übergang von Gen 2 zu Gen 3 fehlt im Jub der letzte Satz von Gen 2:

> Sie waren nackt und schämten sich nicht voreinander (Gen 2,25)

Dies ist kein Zufall, denn Jub III,16 sagt dies allein vom Mann aus:

> Und es war, als er bebaute, und er war nackt. Und er wusste es nicht, und er schämte sich nicht.

Das heißt, dass Adam seine Frau Eva nie nackt gesehen hat, auch nicht im Garten Eden. Dies hängt an dieser Stelle sicher mit der griechisch-hellenistischen Diskussion über Nacktheit zusammen, die eine große Rolle in der Auseinandersetzung zwischen jüdischer und griechisch-hellenistischer Kultur spielte.[11] Aber eine Spitze ist gegen die Frau enthalten: Offenbar ist ihre Nacktheit gefährlicher, während der Verfasser von Gen 2 diese ganz unbefangen sieht. Das Motiv kommt im Jub wieder beim Essen der Frucht. Dass die Frau isst und ihrem Mann gibt, und auch er isst, ist Gen 3,6 ein einziger Akt, ein einziger, kurzer Satz ohne ein Wort zuviel. Im Jub wird nun aber dazwischen geschoben, dass die Frau nach dem Essen ihre Scham bedeckt (Jub III,21), erst dann gibt sie Adam, und auch er isst. Somit hat Adam sie auch hier nicht nackt gesehen. Dieser sieht dann also folgerichtig nur seine eigene Nacktheit!

> Und seine Augen wurden geöffnet, und er sah, dass er nackt war.
> 22 und er nahm Feigenblätter und nähte (sie zusammen), und er bedeckte seine Scham. (Jub III,21f)

Entscheidende Verschiebungen sind hier geschehen, zudem wird hier die Solidarität der ersten Menschen im Ungehorsam auseinander gerissen, indem die Handlung sozusagen in zwei Akte aufgeteilt wird.

Das Jub ist deswegen ein wichtiger Schnittpunkt im Übergang zu immer größer werdenden Frauenfeindlichkeit in den letzten zwei Jahrhunderten vor der Zeiten-

---

[11] Auf die deutlichen Auseinandersetzungen mit hellenistischen Vorstellungen verweist auch George W. E. Nickelsburg, The Bible Rewritten and Expanded in: Michael E. Stone (Ed.), Jewish Writings of the Second Temple Period, 89-156, bes. 97ff. Nickelsburg setzt das Buch auch in dieser Zeit an (2. Jh.v.Chr.).

wende. Es „demonstriert sozusagen das Überhandnehmen der negativen Tradition in der frühjüdischen Literatur.“[12]

12.3.2 Beispiele aus den „Leben Adam und Evas“ (VitAd)[13]

Die verschiedenen Schriften mit dem Titel „Apokalypse des Mose“ und „Das Leben Adams und Evas“ gehen auf die letzte vorchristliche Zeit zurück, die erste war ursprünglich griechisch geschrieben, die zweite lateinisch, die erhaltenen Handschriften sind jedoch lateinisch, ein Beleg dafür, wie stark und wie häufig sie auch in christlicher Zeit benutzt und weiter geschrieben wurden. Die Texte der beiden Schriftgruppen sind ungefähr zur Hälfte identisch. Diese Schriften reflektieren vor allem den vergangenen Sündenfall und versuchen, das Leben der ersten Menschen *nach* der Vertreibung aus dem Paradies bis zu ihrem Tod weiter zu erzählen. In Rückblicken wird das verlorene Paradies betrauert, es werden Schuldzuweisungen ausgesprochen, die vor allem die Frau abwerten. Die lateinischen Fassungen haben zunehmend die Tendenz, Adam immer mehr zu idealisieren und Eva abzuwerten. Sie wird immer stärker zur alleinigen Ursache des Bösen in der Welt erklärt. Häufig geht dies sogar so weit, dass Eva in Selbstanklagen ausbricht, sie sei die Ursache für Adams Unglück. Ja, sie bittet ihn sogar, sie deswegen zu töten.

Dieser Strang lässt sich durch die Jahrhunderte weiterverfolgen bis zu Miltons „*Paradise Lost*“ (1667), dass der Frau die männliche Selbstrechtfertigung und eine negative Genesisinterpretation in den Mund gelegt wird.

Einige wenige Beispiele seien aus diesen Vitae zitiert:

> 2 Und Eva sprach zu Adam: „Mein Herr, hältst du es für richtig, so mache, dass ich sterbe, und vielleicht führt dich der Herr von neuem ins Paradies, weil er meinetwegen gegen dich zornig geworden ist. Willst du mich töten, dass ich sterbe? Und vielleicht wird dich Gott der Herr in das Paradies führen, weil du aufgrund meiner vertrieben worden bist.

---

[12] So Max Küchler, Schweigen, Schmuck und Schleier. Drei neutestamentliche Vorschriften zur Verdrängung der Frauen auf dem Hintergrund einer frauenfeindlichen Exegese des Alten Testaments im antiken Judentum (NTOA 1), Fribourg/Göttingen 1986. Hier finden sich zahlreiche antike Texte zu obigem Thema!

[13] Otto Merk/Martin Meiser, Das Leben Adam und Evas (JSHRZ II/5), Gütersloh 1998, hieraus sind auch die Übersetzungen genommen. In diesem Band werden die ApkMos und VitAd, die etwa zur Hälfte übereinstimmen, synoptisch dargeboten. Die ApkMos setzt aber erst mit den Kindern Adams ein. Erst beim Tod Adams erzählt dieser seinen Kindern die Geschichte der Verführung, und hier wird auch der Zusammenhang mit dem Tod (sein eigenes Sterbenmüssen) und dem Versagen Evas (!) hergestellt (VII,1ff) – möglicherweise schon eine frühe Interpretation zu Sir 25,26?

Neben den lateinisch erhaltenen Handschriften gibt es auch georgische, armenische und slawische.

Später beschließen Adam und Eva, Buße zu tun. Auch hier gibt es wieder einen großen Unterschied. Adam meint, Eva könne nicht so viel leisten wie er, daher wird er sich 40 Tage in den Jordan, Eva aber soll sich 37 Tage in den Fluss Tigris stellen. Doch nach 18 Tagen wird Eva schwach, der Satan in Gestalt eines Lichtengels bewegt sie dazu, vorzeitig aus dem Wasser zu steigen. Dann bringt sie der Teufel zu Adam, der in den Ruf ausbricht:

> O Eva, o Eva, wo ist das Werk deiner Reue? Wie bist du zum zweitenmal von unserem Feind verführt, durch den wir unsere Wohnung im Paradies und unserer geistlichen Freude entfremdet sind. (10,3)

Adam dagegen hält seine 40tägige Buße aus und Eva sagt zu ihm:

> Lebe du meinem Gott! Dir ist das Leben zugestanden, weil du nicht die erste und nicht die zweite Gebotsübertretung begangen hast, sondern ich bin zur Sünderin geworden und bin verführt worden, denn ich habe Gottes Gebot nicht gehalten. Und nun sondere mich vom Licht dieses Lebens ab, und ich will nach Westen gehen, und ich werde dort bleiben, bis ich sterbe. (18,1)

Zwischen diesem Dialog ist ein langer Disput Adams mit dem Teufel eingefügt, in dem Adam wissen will, warum dieser sie mit seinem Neid so verfolgt. Der Teufel gibt seinen Neid auf Adam zu, der (!) nach dem Bilde Gottes geschaffen ist. Weil er sich geweigert hatte, Adam, das Ebenbild Gottes, zu verehren, wird er aus der Herrlichkeit Gottes ausgeschlossen. Dieser „Engelfall" ist auch andernorts in den apokryphen Schriften weit verbreitet, wo ausführlich vom Sturz des Luzifer und anderer Engel gehandelt wird. Überhaupt sind die Engel, die himmlischen Wesen, ein beliebtes Thema in dieser Zeit.

Für unsere Fragestellung ist von besonderem Interesse, dass auch hier nur Adam (Eigenname!) als Bild Gottes geschaffen ist, Eva fehlt in diesem Zusammenhang völlig, denn dieses Ereignis fand *vor* der Erschaffung der Frau statt (vgl. 12,1ff).

So bleibt es auch in zahlreichen Apokryphen und ihrer Nachgeschichte bis in die Dogmatik des 19. Jh. hinein, wo immer noch von einer minderen Gottebenbildlichkeit der Frau (im Vergleich zum Mann) ausgegangen wird, ganz im Gegensatz zu Gen 1, wo keinerlei Unterschied in der Aussage der Gottebenbildlichkeit von Mann und Frau – weder inhaltlich noch zeitlich – auch nur angedeutet ist! Da hier vor allem die Auslegung von Gen 2 und 3 im Zentrum steht, kann auf die Thematik der Gottebenbildlichkeit, die ein eigenes Problem darstellt, nicht im einzelnen eingegangen werden.[14]

In den Aussagen der apokryphen Leben Adams und Evas gibt es somit zwei Sündenböcke: die Frau und der Teufel. Beide sind durch ihr Zusammenwirken schuld an der Sünde und dem Elend der Welt. Die verschiedenen Hinweise auf die Zusammenhänge von Sünde, Tod und Sexualität zeigen auch die Ängste der Zeit auf: die Angst vor dem Tod, die Erklärung des Bösen und ihre Verbindung mit der Sexualität (Sexualität mit der Frau gleichgesetzt), und die Wirksamkeit zahlreicher Kräfte zwischen Himmel und Erde, seien es Dämonen, Engel oder gefallene Engel (Teufel), wie sie auch im Neuen Testament eine große Rolle spielen. Das Neue Testament bewegt sich in dieser Welt, die von verschiedenen Vorstellungen dieser Art und ihren Ängsten beeinflusst ist.

Am schlimmsten wirken sich die Vorstellungen dort aus, wo man die beiden negativen Kräfte, Frau und Teufel, sexuell miteinander verbindet. Manche der zur Zeit Jesu verbreiteten apokryphen Schriften interpretieren die „Verführung“ Evas durch den Teufel als eine sexuelle, d.h. als eine sexuelle Verbindung Evas mit dem Satan.[15] Aus dieser Verbindung entsteht dann Kain (diametral entgegengesetzt zum biblischen Text von Gen 4,1!), der erste Mann, der geboren wird, und der erste Mörder. Elegant ist hier der männliche Anteil am sog. Sündenfall ausgeblendet: Eva ist die einzige Verführte, und Kain, der erste Mörder, ist eigentlich als Satanskind auch nicht voll verantwortlich. – Zu diesen sehr unappetittlichen apokryphen Ausführungen, die ich schon seit über 15 Jahren als „sakrale Pornographie“ bezeichne, gibt es leider auch Spuren im Neuen Testament, die diese ganze Diskussion spiegelt: 1 Tim 2,8-15, der in V 14f. die alleinige Verführung Evas (gegen den eindeutigen biblischen Text!) und die *ius talionis* -Verbindung von sexuellem Verkehr (Verführung) und Kindergebären (Sühne) erkennen lässt (V 15).[16]

Diese oft sehr umfangreichen und viele Details schildernden apokryphen Texte durchziehen wie ein unterirdischer Strom die christliche Geschichte, verbinden sich mit mancherlei magischen und heidnischen Aspekten und werden im Mittelalter neu zusammengestellt in dem 1487 erschienenen unseligen Machwerk des „Hexenhammers“.[17] Die Tradition zahlreicher frauenfeindlicher Argumente, die sich aus den verschiedensten Quellen speist, *eine* davon ist eine tendenziöse Auslegung der Bibel, ist noch nicht zusammenhängend dargestellt.

---

[14] Vgl. dazu u.a. den Art. Gottebenbildlichkeit im WFTh! (s.o. Anm. 4 und 5).

[15] Belege s. bei Küchler a.a.O. bes. 36ff.

[16] Vgl. zu 1 Tim 2,8-15 Die Frau am Anfang, 37-42. (s.o. Anm. 2).

[17] Vgl. den Abschnitt „Der Hexenhammer“ a.a.O., 15-21. Eine Textausgabe bietet dtv: Jakob Sprenger/Heinrich Institoris, Der Hexenhammer (Malleus maleficarum). Aus dem Lateinigschen übertragen und eingeleitet von J. W.R. Schmidt, München 1982.

12.4 Der zweite Strang: Frauen abwertende Auslegungen von Gen 6,1-4

Es gibt in der Urgeschichte nur noch einen Text, in dem Frauen eine Rolle spielen (außer den jeweils erwähnten Ehefrauen), und dies ist Gen 6,1-4. Dieses kurze Stück, das heute eher befremdet, hat in der hellenistischen Zeit eine immense Verbreitung erfahren, eben aus den bereits erwähnten Gründen, weil Frauen eine Rolle spielen. Diese wird nun „zeitgemäß" neu interpretiert. Der zweite Grund sind die Himmlischen, die „Göttersöhne" im Text, die in der Spätzeit zu Engeln werden. Engel und andere himmlische Zwischenwesen sind in vielen apokryphen Schriften ganz zentral.

Da der Text wenig bekannt ist, sollen die vier Verse hier in der Übersetzung von Westermann wiedergegeben werden:

> 1 Und es geschah, als die Menschen auf der Erdoberfläche sich zu mehren begannen und ihnen Töchter geboren wurden,
> 2 da sahen die Göttersöhne, wie schön die Menschentöchter waren. Und sie nahmen sich von ihnen allen zu Frauen, an welchen sie Gefallen fanden.
> 3 Und Jahwe sagte: Nicht soll mein Geist für immer in den Menschen bleiben, da sie doch Fleisch sind. Ihre Lebenszeit soll 120 Jahre betragen.
> 4 Die Riesen (*nepilim*) waren in jenen Tagen im Land und auch danach, als die Göttersöhne zu den Menschentöchtern kamen und sie ihnen (Kinder) gebaren; das sind die Helden, berühmte Männer, die es vor alters gab.[18]

Dieses mythische Stück hatte der Verfasser der älteren Sintfluterzählung eingeschoben, um das Anwachsen von Gewalt und Unrecht auf der Erde zu illustrieren. Unmittelbar darauf folgt der Beginn der Sintfluterzählung. Die Aktiven, die alleinigen Täter, sind die „Göttersöhne". Die Frauen bleiben in dem Stück nicht nur namenlos, sondern sie sind völlig passiv: sie sind einzig Opfer der Göttersöhne, die sie „nehmen", d.h. vergewaltigen.

Viele Beschreibungen, Ausdeutungen und Neuinterpretationen dieser kurzen Verse gibt es in der Spätzeit, als Beispiel sei hier das Buch Henoch herangezogen. In diesem Konglomerat von Texten geht es einmal stark um den bereits erwähnten Fall der Engel, deren Anführer Asaël ist, dann auch um die Frauen und die Weitergabe von (himmlischem) Wissen.

Das Buch Henoch ist eine der umfangreichsten und schwierigsten Stoffsammlungen innerhalb der apokryphen Tradition. Es ist zu verschiedenen Zeiten entstanden, Teile davon gehen jedoch schon auf das 3. Jh. v. Chr. zurück, es ist somit von den besprochenen Apokryphen das älteste. Zahlreiche aramäische Funde davon

[18] Claus Westermann, Genesis 1-11 (BK – AT I/1), Neukirchen 1974 (3. Aufl. 1983), S. 493.

in Qumran sprechen für den vorchristlichen Ursprung und für seine Verbreitung in bestimmten asketischen Kreisen. Ein vollständiger Text ist nur in äthiopischer Sprache erhalten, doch gibt es aramäische, syrische, koptische und griechische Fragmente. Die Urschrift war sicher semitisch. Bis ins Mittelalter hinein gab es immer neue griechische und lateinische Handschriften: Dies zeigt das große Interesse an diesem Buch, obwohl es nicht im Kanon der Großkirche steht. Wohl aber steht es im Kanon der äthiopisch-orthodoxen Kirche, daher wurde es in äthiopischer Sprache sorgfältig überliefert. Während das nachbiblische Judentum das Buch verworfen hat, war es in christlichen Kreisen sehr beliebt. Es beeinflusste auch zahlreiche christliche Visionsschriften im Mittelalter.

Die Hauptperson, nach der das Buch benannt ist, Henoch (vgl. Gen 5) ist eine der frühen Gestalten der Genesis; sie findet in dieser Zeit besonderes Interesse, weil sie in den Himmel aufgenommen wurde. Auch Jub 4,17 war Henoch erwähnt als der erste, der Schrift und Wissenschaft lehrte, als einer der Seher und endzeitlichen Offenbarer. Dies belegt wieder die Tendenz, Überkommenes neu zu interpretieren und an bestimmten Gestalten der biblischen Tradition festzumachen. Die Verfasser stehen asketischen Kreisen wie jenen von Qumran nahe. Zahlreiche frühchristliche Schriftsteller und Theologen wurden von diesem Buch beeinflusst.

Was die Fragestellung dieser Ausführungen betrifft, so befasst sich die Stoffsammlung vor allem mit der Entstehung des Bösen und der Vermittlung von Wissen. Beide Themen spielten in Gen 3 in anderer Form eine große Rolle, hier aber werden sie anhand von Gen 6,1-4 interpretiert. Wegen der außerordentlich schwierigen und weitschweifigen Textlage sollen die Texte nicht zitiert, sondern in einer Zusammenfassung wiedergegeben werden.

> Den vier Versen des Genesistextes steht hier ein 137 Einheiten umfassendes, eindrückliches Gemälde gegenüber, welches in dramatischer Weise von der Verschwörung und vom Herbstieg der ,Wächter vor der Sintflut' zu den schönen irdischen Frauen erzählt, von der Zeugung der Riesen und vom Verrat himmlischer Geheimnisse, dann von der Zerstörung der menschlichen, tierischen und pflanzlichen Welt bis zum Kannibalismus und schließlich von der vielfachen Bestrafung der Wächter, der Frauen, der Wächtersöhne und aller beteiligten Menschen in einem mehrfach gestaffelten göttlichen Gericht und von der Errichtung paradiesischer Zustände in der Zeit nach dem Ende.[19]

Während jedoch Gen 6,1-4 das Geschehen nur beschrieben war, und zwar sehr knapp, geht nun Hen zu eigentlichen Wertungen über. Durch die Verwendung anderer Verben, vor allem aber die Betonung der „Verunreinigung" kommt ein ganz

[19] So Küchler a.a.O. 228.

neuer Akzent in diese Erzählung. Nicht mehr die Grenzüberschreitung der Himmlischen ist hier der Kernpunkt, sondern die sexuelle Verführung, die nun immer breiter ausgemalt wird. Dabei wird die Verunreinigung zunehmend den Frauen angelastet.

> Mag man Hen 7,2 noch die allgemeine Vorstellung finden, dass sexuelle Kontakte schlechthin und deshalb Mann u n d Frau verunreinigen, so sind die beiden anderen Stellen ganz klar zu Ungunsten der Frau formuliert. Es ist die Frau, die die Unreinheit beim Geschlechtsverkehr mitteilt (9,8); dies verstärkt sich noch in 10,11, wo vom Verkehr der Wächter mit den Frauen zur Zeit der Menstruation, also der Unreinheit der Frau par excellence, gesprochen wird.[20]

Die weitere Rezeption des Henochtextes zeigt, dass diese Züge noch weiter vergröbert werden und die sexuelle Begierde mit der Frau gleichgesetzt wird. Durch diese Begierde kommt letztlich das Böse in die Welt.

Das Wissen, das Asaël (im Henochbuch einer der Anführer der Engelwesen) den Menschen bringt, wird in verkehrter Weise benutzt. Bei den Männern führt es zu Kriegen, bei den Frauen dient es der Unzucht und Verführung. Während aber in der weiteren Rezeption für Männer wegen ihrer vielen unstatthaften Kriege keine Nachteile entstehen, wird das unstatthafte Wissen der Frauen in Richtung Verführung immer stärker ausgewalzt und zur Begründung ihrer Minderwertigkeit und Unterordnung unter den Mann benutzt.

Auf diesem Hintergrund ist es somit nicht verwunderlich, dass auch manche neutestamentliche Schriften die Frau primär als Verführerin, und zwar vor allem im sexuellen Sinne, sehen, und die entsprechenden „Machtmittel" (Schminke, Schmuck, schöne Kleider) ablehnen. Als Kompensation, d.h. um die Gefahr durch die Frau zu verringern, ist dann der Schleier vorgesehen. Dieser ist somit schon in alttestamentlicher Zeit alles andere als ein beliebiges Accessoire, sondern ein wichtiges Mittel, die Frau als Verführerin zu entschärfen. Ihre Schönheit und Verführungskraft sowohl im Alten Orient wie auch im AT (z.T. auch heute noch im Islam) wird im Haar, besonders im langen, offen getragenen Haar lokalisiert. Darum ist der Schleier ein ganz wichtiges Mittel zur Domestizierung weiblicher Schönheit.

In diesem Zusammenhang ist unbedingt ein kurzer Blick auf 1 Kor 11 zu werfen, wo im Gegensatz zu den üblen Ausführungen in 1 Tim 2,8-15 in einem echten Paulusbrief Anleihen aus der apokryphen Tradition bezüglich Frauenschönheit und Verführung gemacht werden. 1 Kor 11,3-16 verlangte einen eigenen Aufsatz, denn dieser Text des Paulus über die Frau enthält die längste Argumentationskette

[20] A.a.O. 249.

über diese Thematik. Hier können aber nur die beiden Punkte herausgegriffen werden, die den Hintergrund der apokryphen Texte bezüglich der Engeltradition von Gen 6,1-4 und das Verschleiern der Frauen wiederspiegeln, nämlich V 10. Paulus vermischt hier zudem die Auslegungstradition von Gen 1 (Gottebenbildlichkeit) mit apokryphen Auslegungen von Gen 2f, wobei er immer die für Frauen ungünstigere Varianten auswählt: Die Frau ist weniger gottebenbildlich als der Mann, der allein Bild Gottes ist, während die Frau Abbild des Mannes ist (V 7). Wichtig ist ihm hier die Verhüllung ihres Hauptes, und zwar nicht immer, sondern nur beim Auftreten im Gottesdienst. Während für den Mann eine solche Verhüllung eine Entehrung wäre, ist sie für die Frau eine Ehre. Dass Paulus hier explizit auf die Auslegung von Gen 6,1-4 anspielt, wird deutlich am Ende von V 10: „... wegen der Engel". Mit dem Argument für den Schleier stützt sich Paulus eindeutig auf Bräuche im zeitgenössischen Judentum, wo es als schimpflich galt für eine (verheiratete) Frau, mit offenem Haar in der Öffentlichkeit aufzutreten (im Gegensatz zu den aus dem Heidentum stammenden Frauen aus Korinth, die sich wohl so verhielten). Für das Argument mit den Engeln ist deutlich, dass Paulus eine Gefahr sieht für die Himmlischen, wenn diese – wie in der Zeit vorgestellt – von oben, vom Himmel, auf die schönen Haare der Frauen schauen könnten. So hat der Schleier hier die Funktion, die Überirdischen vor den gefährlichen Übergriffen der schönen Erdenfrauen zu schützen, damit sie nicht zu Fall kommen wie schon zu Vorzeiten. Diese Interpretation wird reichlich durch apokryphe Texte belegt, die im einzelnen den bereits zitierten Werken zu entnehmen sind.[21] Auf dem Hintergrund der antiken Auslegungstradition von Gen 1-3 spielte hier noch zusätzlich eine Rolle, dass ausgerechnet die *Frau* verführt werden konnte, weil sie *nicht* gottebenbildlich geschaffen war. Beim Mann hätte es Satan gar nicht geschafft, darum wendet sich dieser an die (schwächere) Frau (so argumentiert später auch Augustinus). Auch dieses Muster lag Paulus vor. Danach ist der Schleier auch das Zeichen der Unterordnung, Zeichen der Herrschaft des Mannes über die Frau, ja geradezu *Ersatz* für die fehlende Gottebenbildlichkeit. Das ist die Tradition, in der Paulus sich bewegt, und so war es auch von Paulus gemeint.

Wenn die moderne Exegese in der Frage der Gottebenbildlichkeit nicht Paulus, sondern Gen 1 Recht gegeben hat, und zwar in voller Breite – kein Theologe kann heute mehr behaupten, die Frau sei *nicht* oder nur eingeschränkt gottebenbildlich geschaffen –, so bleibt doch diese lange Wirkungsgeschichte bestehen. Die Ausläufer der Minderbewertung der Frau, und zwar in so zentralen Fragen wie der Amtsfrage, sind immer noch wirksam.

Noch ein anderer Gesichtspunkt ist bei der apokryphen Tradtion wichtig und

[21] Vgl. Küchler a.a.O 73ff mit dem Titel „Abbild des Mannes und Gefahr für die Engel" sowie Schüngel-Straumann, Die Frau am Anfang 42-53.

neu im Vergleich zum Ursprungstext Gen 6. Dazu sollen exemplarisch einige Verse aus dem 15. Kapitel des äthiopischen Henochbuches zitiert werden, wo die Göttersöhne bzw. Engel folgendermaßen angesprochen werden:

> 3 Warum habt ihr den hohen, heiligen, ewigen Himmel verlassen und mit Frauen geschlafen und euch mit den Menschentöchtern verunreinigt, und habt euch Frauen genommen und wie die Kinder der Menschen gehandelt und habt Riesensöhne gezeugt?
>
> 4 Wo ihr doch heilig, geistig, des ewigen Lebens teilhaftig waret, habt ihr euch an den Frauen verunreinigt und mit dem Blut des Fleisches Kinder gezeugt und nach dem Blut des Menschen verlangt, und ihr habt Fleisch und Blut hervorgebracht, wie sie es tun, die sterblich und vergänglich sind ... [22]

Was hier überaus deutlich wird, ist eine Entgegensetzung von Fleisch und Geist, wie sie in der Hebräischen Bibel nirgends zu finden ist. Offenbar unter hellenistischen Einflüssen ist in dieser Zeit ein starker Dualismus ausgebildet worden, der zudem mit einer Wertung verbunden war. Denn was höher steht, ist deutlich: Geist steht himmelhoch über dem (menschlichen) Fleisch und daher auch das Männliche über dem Weiblichen; denn die Himmlischen, obwohl sie ja im Himmel keine Frauen haben, sind in der ganzen Bibel ausschließlich *männlich* qualifiziert, während die Menschentöchter das Fleisch und daran besonders die sexuelle Begierde verkörpern. Ein solcher Dualismus, der durch die ganze christliche Geschichte verheerend für ein christliches Frauenbild gewirkt hat, ist erst in der Krise der hellenistischen Zeit greifbar und hat keinerlei Anhalt in den biblischen Quellentexten. Leider wird dies in der gesamten christlichen Anthropologie noch lange nicht ausreichend korrigiert.

Mir drängt sich noch ein anderer Gedanke bei der Interpretation dieser schwierigen apokalyptischen Texte auf: Was für ein Gottesbild müssen diese Verfasser gehabt haben, wenn die (männlichen) Engel, die nach diesen Texten selbst die unmittelbare Schau des ewigen Gottes genießen, so leicht durch die einfachen und gewöhnlichen Erdenfrauen von ihrem Glück abgelenkt werden können? Ist in dieser Spätzeit nicht auch das Gottesbild, das ja immer mit dem Menschenbild Hand in Hand geht, außerordentlich verflacht? Oder zeigen gerade diese Schriften, die in weiten Teilen Phantasieprodukte von Männern sind, wie sehr diese ihre eigenen sexuellen Ängste und Vorstellungen in den Himmel projizieren?

[22] Übersetzung nach Siegbert Uhlig, Das Äthiopische Henochbuch (JSHRZ V/6), Gütersloh 1984, 541f.

12.5 Ausblick

Wie kann eine gesunde theologische Aufarbeitung solch diffuser Ängste, wie sie sich in den apokryphen Texten und ihrer langen Rezeptionsgeschichte zeigen, erfolgen? Dass diese Dinge aufgearbeitet werden müssen, steht außer Frage, weil sie ansonst immer weiterwirken, zumeist auch versteckt. Es soll hier nur angedeutet werden, wie dies angegangen werden könnte.

Ein zentraler Grund für zahlreiche verkehrte Weichenstellungen in der Rezeptions- und Interpretationsgeschichte ist die sträfliche Vernachlässigung des Alten Testaments in seinen *Grund*texten, und zwar vor allem in der katholischen Theologie.

Was die Feministische Theologie angeht, so gibt es eine große Zahl von Untersuchungen und Ergebnissen, vor allem in der Exegese, sowohl der eigentlich alttestamentlichen und neutestamentlichen Texte wie auch der Apokryphen,[23] aber diese Studien und Ergebnisse werden kaum rezipiert; im größeren Rahmen der Theologie werden sie zumeist schlicht „übersehen". Es scheint, dass Untersuchungen von Frauen nicht *wahr*genommen werden, höchstens am Rande oder bei kleinen Gruppen. Dies wird sich wohl erst ändern, wenn Frauen in vermehrter Zahl als bisher theologische Lehrstühle besetzen und ihre Ergebnisse in die allgemeinen Handbücher und Studienordnungen aufgenommen werden. Im Moment ist die Wahrnehmung der Frauenanliegen ein solches Randgebiet, dass die Mehrzahl der Studierenden ohne die geringste Kenntnis davon in die Praxis entlassen wird. Das ist ein skandalöser Zustand, der unbedingt geändert werden muss.

[23] Um nur ein Beispiel zu nennen: Kompendium Feministische Bibelauslegung (Hg. Luise Schottroff/Marie-Theres Wacker), Gütersloh 1998.

13 Maria von Magdala – *apostola apostolorum*[1]

Im ältesten Evangelium, bei Markus, wird im Kapitel über den Tod Jesu fast nebenbei erwähnt, dass Frauen da waren, die der Kreuzigung von weitem zuschauten (Mk 15,40f). Es werden dann mindestens drei Frauen namentlich aufgezählt: Maria aus Magdala, Maria, die Mutter von Jakobus dem Kleinen und Joses, sowie Salome. Ob es drei oder vier Frauen sind, ist nicht ganz geklärt. Wie dem auch sei, wir beschäftigen uns heute mit der ersten Frau, mit Maria von Magdala, auch die Magdalenerin genannt.

Der Text – möglichst wörtlich übersetzt – lautet nach der Kreuzigung Jesu:

> Es waren aber auch Frauen da, die von ferne zuschauten, unter ihnen Maria, die Magdalenerin, und Maria, die Mutter von Jakobus dem Kleinen und des Joses, sowie Salome. (Mk 15,40)

Darauf folgt die erstaunliche Bemerkung:

> Diese waren ihm schon nachgefolgt in Galiläa und hatten ihm gedient; und noch viele andere, die mit ihm heraufgezogen waren nach Jerusalem. (Mk 15,41)

Diese „vielen anderen“ sind auch Frauen, denn der Satz ist im Griechischen feminin formuliert; es ist also zu übersetzen „Und noch viele andere Frauen waren dabei, die mit ihm nach Jerusalem heraufgezogen waren.“

Das muss man sich zuerst geographisch vorstellen! Von Galiläa nach Jerusalem sind es mehrere Tagesreisen. Es waren viele Etappen durch Samaria hindurch zumeist durch gebirgiges Land mit schlechten Wegen. Diese Frauen fallen somit in Jerusalem nicht einfach vom Himmel. Sie müssen vielmehr die ganze Zeit mit Jesus mitgewandert sein, bis zu seinem Ende in Jerusalem. Der spätere Evangelist Mattäus hat fast wörtlich die gleiche Notiz (Mt 27,55f)

In allen früheren Erzählungen erwähnen aber die beiden älteren Evangelien Markus und Mattäus die Frauen nicht ausdrücklich. Sie haben deren Anwesenheit beim Tod Jesu offenbar eiener Tradition entnommen, die älter war als Markus. Es kann daher nicht bezweifelt werden, dass Frauen Jesus von Anfang an folgten, von seinem öffentlichen Auftreten in Galiläa an, auf dem Weg nach Jersusalem

[1] Predigtvortrag in der Karwoche 2013 in der katholischen Kirche Therwil (BL)

bis zu seinem Tod. Dass Jesus männliche und weibliche Jünger hatte, wird nicht mehr ernstlich bestritten, darum muss immer, wo von „Jüngern" die Rede ist, mit „Jünger und Jüngerinnen" übersetzt werden. Dies gilt nicht für „die Zwölf". Diese Gruppe – analog zu den 12 Söhnen Jakobs und den 12 Stämmen Israels bestand ausschließlich aus Männern. Die Jüngerinnen und Jünger, eine wohl größere Zahl, ist davon abzuheben. An manchen Stellen werden sie ausdrücklich unterschieden (Mk 3,13 4,10 u.a.).

Zum Aufsehen, ja zum Skandal, den Jesus bei den Frommen seiner Zeit, besonders den Führerpersönlichkeiten erregte, gehörte auch sein unbefangenes Verhalten Frauen gegenüber und der Tatsache, dass er auch in der Öffentlichkeit mit ihnen sprach. So spricht Jesus mit der Frau am Jakobsbrunnen (Joh 4), worüber sich die männlichen Jünger aufregen, oder er führt theologische Gespräche mit seinen Jüngerinnen Maria und Marta aus Betanien. Für Jesus war es einfach selbstverständlich, dass Frauen Menschen sind, und er hat sie als volle Menschen angesprochen, angenommen und in seinen Dienst berufen. Dass er auch Jüngerinnen in seinem Gefolge hatte, war vielleicht der größte Stein des Anstoßes: So etwas gehörte sich für einen jüdischen Rabbi nicht!

Das Verhalten Jesu hatte aber auch umgekehrt Wirkungen auf die Frauen: Diese konnten auf ihn ebenfalls anders reagieren. Weil Jesus jene fast typisch männliche Herablassung fehlte, die Männer häufig Frauen gegenüber an den Tag legten, brauchten sie ihre Kräfte nicht zur Überwindung solcher Schranken zu verausgaben, sondern konnten ihm ungeteilt „dienen" *(diakonein)*, wie es Mk 15,41 formulierte. Am deutlichsten zeigt sich in der Passionsgeschichte, dass die Frauen schneller und besser verstehen, worum es geht.

Markus hatte seine Passionsgeschichte begonnen mit der bedeutungsvollen Salbungshandlung einer Frau, deren Namen wir nicht kennen. Am Ende der Passionsgeschichte stehen Frauen am Grab Jesu. Anfang und Ende der Passion werden somit von Frauen gerahmt.

Zu Beginn und an mehreren Stellen machen Frauen das vor, was Jesus als Inhalt seiner Sendung bezeichnet hat:

> Der Menschensohn ist nicht gekommen, um sich bedienen zu lassen, sondern um zu dienen (*diakonein*). (Mk 10,45)

Damit bin ich bei einem Kernbegriff, der schon Mk 15,40 für die Frauen nach der Kreuzigung gefallen war: *diakonein.*

Nach diesen Vorbemerkungen nun zu der wichtigsten Frau in den Passionserzählungen, zu Maria von Magdala.

13.1 Maria von Magdala, *apostola apostolorum*

Unter den Jüngerinnen, die Markus bei der Kreuzigung Jesu erwähnt, ragt eine besonders hervor: Maria aus dem Ort Magdala am See Genesaret. So wie Petrus bei allen männlichen Jüngerlisten an erster Stelle steht, findet sich Maria aus M. bei allen Aufzählungen von Jüngerinnen als erste. Sie hat in der Frauengruppe um Jesus die führende Rolle gespielt. Ihre entscheidende Stunde kommt in den Berichten von Passion und Auferstehung Jesu. Alle männlichen Jünger sind am Karfreitag geflohen – so die übereinstimmende Aussage der beiden älteren Evangelien Markus und Mattäus. Einzig die Frauen halten den Anblick der Kreuzigung Jesu aus, wenn auch „von ferne“ (Mk 15,40), denn die Hinrichtungsstätte war von römischen Soldaten bewacht. Zwei Frauen achten darauf, wo Jesus begraben wird (Mk 15,47), nämlich Maria von M. und Maria die des Joses: zwei namentlich genannte Frauen. Das wäre das Mindestmaß an Zeugen – dies gilt aber im Judentum nur für Männer – um etwas rechtskräftig zu bezeugen.

Mk 15,40f ist nun etwas genauer zu betrachten anhand der sehr prägnanten Formulierungen. Mk verwendet hier drei Kernbegriffe, wie sie für echte Jüngerschaft charakteristisch sind. Der erste ist „nachfolgen“ (*akolythein*), terminus technicus für die echte Jesusnachfolge. Der zweite Begriff ist „dienen“ (*diakonein)*, der dritte „mit hinaufziehen“ (*synanabainein)*. Letzter kommt außer hier nur noch einmal im NT vor, nämlich Apg 13,31, und es bezeichnet diejenigen, die dem auferstandenen *kyrios* (Herrn) begegnet und seine Zeugen und Zeuginnen geworden sind.

Die Mk 15,40f aufgezählten Frauen werden somit als wahre Jüngerinnen und Nachfolgerinnen gezeichnet, sie sind apostolische Zeuginnen. Was sie genau zu bezeugen haben, wird am Ostermorgen deutlich.

Interessant ist nun, wie die beiden nachfolgenden Evangelisten Mt und Lk diese Szenen bringen. Mt hat praktisch den Text von Mk übernommen, er hat nur die Zahl der Frauen präzisiert, es sind dort drei.

Lk hat stärker in seine Vorlage eingegriffen, er sagt lediglich:

> Es waren auch dabei die Frauen, die da mitgekommen aus Galiläa mit ihm, und sie schauten sich an die Gruft, und wie sein Leib gelegt worden war: zurückgekehrt aber bereiteten sie wohlriechende Stoffe und Salböl; und am Sabbat ruhten sie nach dem Gebot. (Lk 23,55f)

Lukas schwächt hier die Position der Frauen ab. Am Schluss weist er darauf hin, dass sie Salböl zubereiten. Damit stehen für ihn die Frauen nur für das (weibliche) Geschäft der Totensalbung bereit. Zudem nennt er die Namen der Frauen nicht und sagt, dass sie nur „mit-gekommen“ waren aus Galiläa, er verweigert ihnen also den terminus technicus für die Nachfolge (*akolythein*), den Markus gebraucht hatte!

Wie geht es jetzt am Ostermorgen weiter?

Mk 16,1-8, der ursprüngliche Schluss des Markusevangeliums lautet so:

> Und als vergangen war der Sabbat kauften Maria, die Magdalenerin, und Maria, die des Jakobus, und Salome wohlriechende Stoffe, um ihn zu salben. Und sehr früh am ersten Tag der Woche kommen sie zu dem Grabe, als gerade die Sonne aufgegangen war. Und sie sagten zueinander: Wer wird wegwälzen uns den Stein aus dem Eingang der Gruft? Und aufblickend schauen sie, dass der Stein hinweg gewälzt war; er war nämlich sehr groß. Und wie sie hineingingen in die Gruft, sahen sie einen Jüngling sitzen zur Rechten, umgeworfen einen weißen Talar, und sie erschauerten. Der aber sagte zu ihnen: Ihr sollt nicht erschaudern, Jesus sucht ihr, den Nazarener, den Gekreuzigten?
> Auferweckt wurde er, nicht ist er hier!
> Siehe, die Stätte, wo sie ihn hingelegt haben! Sondern gehet hin, sprecht zu seinen Jüngern und Jüngerinnen und zu Petrus, dass er euch vorangeht nach Galiläa; dort werde ihr ihn sehen, wie er euch gesagt hat. Und sie gingen hinaus, flohen von der Gruft, denn Zittern und Entsetzen hatte sie gepackt; und niemandem sagten sie etwas, denn sie fürchteten sich. (Mk 16,1-8)

Es ist dies die einzige Ostererzählung, die alle drei Synoptikern Mk, Mt und Lk gemeinsam haben. Sie weisen trotzdem einige Unterschiede auf.

Bei allen gehen die Frauen, angeführt von Maria von M. zum Grab, bei Mk und Lk in der Absicht, den Leichnam Jesu zu salben. Der große Stein vor dem Grab dient als retardierendes Element der spannungsvoll aufgebauten Szene. Kern ist die Botschaft des Engels, die mit dem Bekenntnissatz

> A u f e r w e c k t w u r d e e r !

die älteste christliche Osterbotschaft enthält. Diese Formulierung, die das Handeln Gottes im Passiv ausdrückt, ist gesamtbiblisch. Sie verbindet hier ausdrücklich Jesus, den Gekreuzigten, mit dem Auferweckten. Der auferweckte Christus und der irdische, gekreuzigte Jesus, sind identisch. Die Botschaft ergeht an die genannten Frauen, die als Zeuginnen und handelnde Personen angesprochen und auch als solche ausgesandt sind. Sie erhalten einen expliziten Sendungsauftrag.

In der Erzählung des Markus vom Ostermorgen sehen also die Frauen den auferstandenen Jesus nicht, sie erhalten aber als erste die Osterbotschaft und den Auftrag, diese weiterzugeben. Dabei sind sie direkt mit angesprochen:

„Geht“ – „sprecht“ und „dort werdet ihr in sehen“! (in Galiläa)

Die Frauen sind also nicht nur „Briefträgerinnen“ für die männlichen Jünger, sondern sie sind – später – dabei, wenn Jesus in Galiläa erscheinen wird.

Was ist nun die eigentliche Osterbotschaft?

Der vorliegende Text enthält das älteste Osterbekenntnis *„Er ist auferweckt worden!“* Die Auferstehung Jesu hat niemand gesehen. Gottes Handeln geschieht immer im Verborgenen (in der Nacht). Hierfür gibt es auch keine Zeugen, aber der Engel gibt den Frauen die Auferstehungsbotschaft mit und den Auftrag, diese weiter zu verkünden.

Dieses älteste christliche Glaubensbekenntnis „Er ist auferweckt worden“ liegt auch dem – literarisch älteren – Text von 1 Kor 15,3f zugrund. Paulus, der rund zwanzig Jahre *vor* der Abfassung des Mk-Evangeliumns dieses Bekenntnis formuliert hat, hat bereits eine drei-gliedrige Formel, diese drei Glieder lauten:

- gestorben (für unsere Sünden)
- begraben
- auferweckt (am 3. Tag/erschienen)

Dieses wichtige Urbekenntnis muss glaubwürdig bezeugt werden. Da es dafür keine männlichen Jünger gibt, wird hier auf die historische Erinnerung an die Frauen zurück gegriffen, die sowohl Tod als auch Grablegung Jesu gesehen haben und als erste Verkünderinnen der Osterbotschaft aufgetreten sind. Darum ist die Notiz am Ende der Passion Jesu so wichtig, dass Maria, die Magdalenerin, und Maria, die des Joses, schauten, wohin er gelegt worden war. Der Schluss des Markus-Evangeliums entfaltet somit narrativ-erzählend das, was in der dreigliedrigen Auferweckungsformel, dem christlichen Urbekenntnis enthalten ist. Literarisch ist das Markus-Evangelium später als Paulus, sachlich geht es aber dem Paulustext voraus.

Das (vorläufige) Schweigen der Frauen am Ende des Textes ist ein Problem. Es kann verständlich gemacht werden aus dem im Markusevangelium insgesamt wichtigen Messiasgeheimnis. Es hängt aber auch mit der Problematik des Markusschlusses überhaupt zusammen, die hier nicht detailliert besprochen werden kann. Dieser Schluss ist jedenfalls schon sehr früh als so unbefriedigend empfunden worden, dass bereits im 2. Jh. verschiedentlich Zusätze und Ergänzungen angehängt wurden.

Zu der Ostererzählung des Markus ist abschließend zu sagen: Die Frauen, allen voran Maria von Magdala, spielen eine Schlüsselrolle als erste Osterzeuginnen und Apostolinnen dieser frohen Botschaft. Die Gemeinde des Markus bestand offensichtlich aus Männern und Frauen, die gleichberechtigt waren, so dass diese Aussagen für den Evangelisten kein Problem darstellten. Die Angst der Frauen am Schluss des Evangeliums spiegelt die Situation einer Gemeinde wider, die sich vor der römischen Verfolgung fürchtet.

Dass die Römer eine solche Botschaft nicht nur nicht glaubten, sondern dass sie für sie auch lächerlich war, gibt eine Notiz eines Römers namens Celsus wieder, der bei dem griechischen Kirchenvater Origenes zitiert wird (nach 200): „Was könnt ihr denn für Zeugen vorbringen? ein verrücktes Weib, das dies gesehen haben will… “. Damit ist Maria von Magdala gemeint – und die Stelle zeigt, wie sehr man sich in den ersten Jahrhunderten vor dem Spott der heidnischen Römer fürchten musste, und wie es dazu gekommen war, dass man solche Texte nicht allzu sehr betonte.

Wie geht nun Mt mit der Auferstehungsbotschaft um? Bei ihm sind es nur zwei Frauen, die zum Grab kommen, das Salbungsmotiv fehlt. Die erste ist wieder Maria von M. Wörtlich gleich wie bei Mk ist bei ihm die Auferstehungsbotschaft. Anders als bei Markus gehen nun aber die Frauen mit großer Freude hin, um die Botschaft den andern Jüngern und Jüngerinnen zu verkünden. Petrus ist hier nicht genannt.

Bei ihrem Wegeilen haben die Frauen dann selbst die erste Erscheinung des Auferstandenen. Sie ergreifen nicht nur seine Füße, sondern sie bekommen von dem Auferstandenen selbst den Auftrag, den anderen Jüngern und Jüngerinnen in Galiläa die Auferstehungsbotschaft auszurichten. Mattäus hat somit – etwa ein Jahrzehnt später als Mk – die Rolle der Frauen noch verstärkt. Sie sind nun nicht mehr bloß die ersten Verkünderinnen der Osterbotschaft, sondern werden auch als erste einer Erscheinung des Auferstandenen gewürdigt. Im Gegensatz zu den späteren Jüngererscheinungen zweifeln die Frauen hier nicht, sondern sie huldigen dem Auferstandenen und führen dessen Auftrag aus.

Wie sieht das bei Lukas aus? Dieser hat stärker in den Text eingegriffen, aber auch eindeutig die Rolle der Frauen verkleinert. Lukas nennt am Anfang die Namen der Frauen nicht, trägt diese aber am Ende nach, wobei wieder drei namentlich genannte Frauen, zuerst Maria von Magdala, dann „die übrigen mit ihnen“ erwähnt werden.

Literarisch hat Lukas eindeutig die Mk-Vorlage bearbeitet und gestrafft. Die Sache mit dem Stein fasst er in einen Satz zusammen: „Da fanden sie den Stein von der Gruft weggewälzt.“ In der Spätzeit, nahe der Jahrhundertwende, war dies nicht mehr so wichtig. Die Zahl der Engel wird verdoppelt, es sind jetzt zwei. Das ist ein häufiges Stilmittel.

Der ganze Text:

> Und es geschah, während sie ratlos waren darüber, siehe, zwei Männer traten zu ihnen in blitzenden Gewändern. Sie gerieten in Furcht und neigten das Angesicht zur Erde. Sie sprachen zu ihnen: Was sucht ihr den Lebenden unter den Toten? Er ist nicht hier, sondern *auferweckt wurde er*! Erinnert euch, wie er geredet hat zu euch, als er noch in Galiläa war:

> Dass der Menschensohn überliefert werden müsse in die Hände von sündigen Menschen, und gekreuzigt werden und am dritten Tag auferstehen werde. Und sie erinnerten sich seiner Rede und kehrten zurück von der Gruft, meldeten dies alles den Elf und all den übrigen. Es waren aber Maria, die Magdalenerin, Johanna und Maria, die des Jakobus, und die übrigen Frauen mit ihnen; sie sagten dies (alles) den Aposteln. Und diese Worte erschienen ihnen wie läppisches Gerede, und sie glaubten ihnen nicht. (Lk 24,4-11)

Entscheidend ist nun, was bei Lukas fehlt. Der Evangelist lässt die Ankündigung der Erscheinung in Galiläa einfach weg, das Stichwort „Galiläa" aber behält er, es wird gefüllt mit den Worten, die Jesus *früher* in Galiläa gesprochen hat. Damit entfallen auch die Frauen, die in diesen Erscheinungen immer mit-angesprochen waren. Lukas hat alle Erscheinungen Jesu nach Jerusalem verlegt, die heilige Stadt ist für ihn das Zentrum der jungen Christenheit, der Anfang einer neuen Zeit, der „Zeit der Kirche". Darum hat er auch die Jüngerflucht gestrichen. Denn Lukas braucht die Jünger in Jerusalem, wo er dann verschiedene Erscheinungserzählungen unterbringt. Historisch ist dies sicher nicht. Dass die Jünger nach dem Verrat nach Galiläa zurückgekehrt sind, ist viel wahrscheinlicher und auch viel fester bezeugt.

Man muss sich hier wieder die Distanz und die Reisewege vorstellen: Von Galiläa nach Jerusalem sind es mehrere Tagesreisen, und dass am Ostermorgen einer der Jünger in Jerusalem war, ist ganz unmöglich!

Am Gravierendsten ist aber der Schluss in V 9: Die Frauen melden die Botschaft der Engel „den Elf und all den übrigen" masc., also offenbar nur den männlichen Jüngern. Hier hat Lukas die ältere Vorlage dahingehend abgewandelt, dass nur noch Männer Empfänger der Osterbotschaft sind. In V 11 wird dann die Botschaft der Frauen noch dadurch abgewertet, dass den Jüngern deren Worte erschienen wie „läppisches Gerede" und sie nicht glaubten. Wenn auch ähnliches heute noch aus Männermund zu hören sein kann – „Weibergeschwätz", so erstaunt doch solche Frauenverachtung in einem Evangelium! Glauben findet – später – erst die Verkündigung durch Petrus, der dann für Lukas zum eigentlichen Osterzeugen wird: Noch bevor die Emmausjünger von ihrem Erlebnis berichten können, das Lukas an diese Perikope anschließt, war der Auferstandene bereits dem Simon erschienen (Lk 24,34). Danach tritt Jesus selbst unter die Jünger, die hinter verschlossenen Türen in Jerusalem versammelt sind, und hier sind wohl die Männer unter sich. So finden sie zum Osterglauben.

In diesen Schlussversen bei Lukas fällt nun aber auch ein Begriff, der in der Vorlage bei Markus (und auch bei Mt) fehlt und eine Besonderheit des Lukas darstellt: In V 10 mit den nachgetragenen Namen der Frauen *sprechen diese zu den Aposteln*. Dies ist ein ganz neuer Begriff und bedarf der Erklärung.

Ich mache deshalb hier einen kleinen Exkurs über den Aposteltitel. Denn ich habe ja in der Überschrift Maria von M. eine Apostolin genannt, und diese Idee stammt nicht von mir, sondern eine über tausendjährige Tradition nannte sie in der lateinischen Kirche *apostola apostolorum* (Apostolin der Apostel) und die griechischen Väter nannten sie *isapostolos*. Auch in der Kunst wird Maria von M. häufig so dargestellt, als Apostolin, die den übrigen die Osterbotschaft verkündet.

Was hat es mit dem „Apostel-Titel" auf sich? Im NT treffen wir Männer und Frauen, die so genannt werden. Apostel kommt ja vom griechischen Wort *apostellein* = senden. „Apostel" als griechischer Begriff kann nicht von Jesus stammen, denn dieser sprach aramäisch. – Wer wirklich von Jesus gesandt worden ist und in der Glaubensverkündigung arbeitet, hat diesen Titel getragen. Erst am Ende des 1. Jahrhunderts tritt eine Verengung ein. Paulus selbst ist der erste Zeuge, der über das „Apostelsein" schriftlich reflektiert. Er selbst bezeichnet sich mit Vehemenz als „Apostel Jesu Christi" – so in allen seinen Briefen (Vgl. bes. Gal 1 und 2). Das wurde durchaus nicht von allen seinen Zeitgenossen anerkannt. Denn Paulus hat ja den irdischen Jesus nicht gekannt und war ihm auch nicht aus Galiläa nachgefolgt. Dass es auch Apostolinnen gab, war für ihn selbstverständlich, hat er doch selbst solche benannt (z.B. Junia in Röm 16).

All die aufgezählten Kriterien bei Paulus treffen aber, und zwar in vorzüglicher Weise und als erste auf Maria von M. und auch die anderen Zeuginnen bei ihr zu. Es ist somit sicher, dass ihr der Apósteltitel, den ihr ja eine über tausendjährige Tradition verliehen hat, zu Recht zukommt. Es kann darum nicht bezweifelt werden, dass es bei allen früheren „Ämtern" Frauen und Männer gegeben hat, dass es neben Prophetinnen auch Apostolinnen gab, und zwar mehr als die zwei oder drei, von denen wir die Namen kennen.

Was ist nun geschehen in den rund 60 Jahren seit dem Tod Jesu – warum diese einschränkenden Formulierungen des Lukas?

Lukas hat einen andern Apostelbegriff als die Tradition vor ihm und vor allem einen andern als Paulus. Lukas ist es denn auch, der dem Völkerapostel diese Bezeichnung aufs heftigste bestreitet (was für manche vielleicht seltsam anmutet, denn Paulus ist für viele gerade der Apostel par excellence). Aber in der auch von Lukas verfassten Apostelgeschichte wird der Titel „Apostel" für Paulus strikt vermieden. Dies kann ich nun nicht im einzelnen vorführen, Sie können es leicht nachprüfen. Lukas schränkt den Apostelbegriff auf die Zwölf ein. Die Zwölf, die eine Gruppe für sich sind und nach der (symbolisch) verstandenen Zahl der Söhne Jakobs = der Stämme Israels zusammengestellt werden, waren ursprünglich nicht mit den Aposteln gleichgesetzt, es waren zwei Gruppen, die sich jedoch in einigen Personen überschneiden. Nun setzt Lukas am Ende des 1. Jhs „die Zwölf" mit „den

Albani Psalter, Psalter der Christina von Markyate, 12. Jahrhundert, Hildesheim.

Aposteln" gleich, und für ihn ist nur noch ein Apostel, wer zu den Zwölf gehörte. Somit ist auch klar, dass Paulus nicht dazu gehört, dann aber auch nicht mehr die Frauen. Da keine Frau zu den Zwölf gezählt werden kann, kann auch keine Frau eine *apostola* sein!

Dieses Konzept des Lukas hat sich später stark durchgesetzt, denn die Redeweise von den „zwölf Aposteln" ist in der kirchlichen Sprache fest verankert. Trotzdem ist die Aussage falsch, d.h. einseitig. Es ist ein vereinfachtes Konzept, das Konzept des Lukas, und es ist nicht das neutestamentliche Konzept!

Auf diese Weise kommt es, dass Lukas am Ende der Grabeserzählung Maria von M. und die Frauen den Elf (Judas fehlt) derart gegenüberstellt, dass die Frauen hier nur noch eine Art Botschafterinnen werden für die eigentlichen und wirklichen Zeugen, die nun nur noch aus Männern bestehen. Darauf folgt, dass Lukas die ursprüngliche Erzählung am meisten zuungunsten der Frauen verändert hat. Dies mag erstaunlich scheinen, hat doch gerade dieser Evangelist den Ruf, häufig die schönsten und bilderreichsten Erzählungen über Frauen zu bringen, er gilt sogar häufig als besonders frauenfreundlich. Aber lassen wir uns von diesem vordergründigen Eindruck nicht täuschen! Denn gerade die schlimmsten Frauenfeinde sind oft sehr wortreich, wenn es darum geht, die Würde und die Wichtigkeit von Frauen zu loben und zu preisen, wenn diese an den Orten verbleiben, die ihnen die Männer zuweisen. So auch Lukas. Seine Schilderungen der reichen und vornehmen Frauen, die Jesus begleiten, zeigen ja gerade nicht das Idealbild der Nachfolge – es ist also für ihn gar keine wirkliche Nachfolge –, denn wer Jesus wirklich nachfolgt, verkauft seinen Besitz und wird arm. Das gleiche Muster lässt sich auch zeigen bei der Einführung von Maria von M. in Lk 8. Lukas hat nämlich als einziger eine Erzählung, wie Maria und Jesus überhaupt zusammenkommen. Er bringt eine Heilungsgeschichte, in der Jesus Maria von Magdala von sieben Dämonen befreit (Lk 8.1-3), ein Zeichen wohl einer psychosomatischen Erkrankung. Neben Maria, die hier wieder als erste steht, erwähnt Lukas eine Johanna, Frau des Chusa, eines Beamten des Herodes, und als dritte Susanna und noch einige andere Frauen. Während aber Markus am Ende der Passion von den Frauen, die mit Jesus aus Galiläa gekommen waren, den terminus technicus für „Nachfolge", nämlich *akolythein,* verwendet, spricht Lukas hier nur von *diakonein* (dienen), aber sofort eingeschränkt mit dem Zusatz „die ihm mit ihrem Vermögen dienten". Es sind also reiche Wohltäterinnen, die damit für Lukas keine *Nachfolgerinnen* im spezifisch-theologischen Sinn darstellen.

Weil nun Lukas unmittelbar vor dieser Berufungsgeschichte der Frauen die Erzählung von der großen Sünderin bringt, die Jesus die Füße salbt, als er im Haus des Pharisäers Simon eingeladen ist, hat die spätere Tradition Maria von M. mit dieser Sünderin, die keinen Namen trägt, gleichgesetzt. Diese unheilvolle Vermischung hat sich überall, besonders auch in der Kunst, ausgewirkt:

Maria von M. wird zumeist als bekehrte Dirne, jung, schön und mit aufgelöstem langen Haar dargestellt. Für die Künstler ist dies natürlich hoch willkommen, denn Heilige, Märtyrinnen und besonders die Mutter Jesu mussten sehr züchtig dargestellt werden. Außer Eva im Paradies, die sogar nackt dargestellt werden durfte, war Maria von M. eine der wenigen, die solchen Wünschen der (männlichen) Künstler entgegenkamen. All dies hat in den Evangelien nicht die geringste Grundlage. Es wird auch nicht gesagt, Maria sei besonders jung gewesen. Wahrscheinlich war sie aber unverheiratet, weil der Ort und nicht der Name eines Ehemannes angegeben wird. Sicher scheint, dass Maria von M. die Frau gewesen ist, die Jesus am nächsten stand, aber alles, was darüber hinausgeht, sind phantasievolle Spekulationen.

Ähnlich wie die „große Sünderin“ von Lk 7 wurde auch die Frau, die Mk 14 an Jesus die Salbung vollzogen hat, mit Maria von M. identifiziert und ebenfalls zu einer Sünderin gemacht. Das einzige, was die drei Frauen gemeinsam haben, ist das *Salbgefäß*. Es drängt sich hier die Frage auf, warum Frauen immer nur unter bestimmten Aspekten in der Tradition weiter wirken und dargestellt werden. Offenbar ist die rein männliche Tradition und Interpretation nicht nur ein-seitig, sondern vor allem auch ver-einseitigend und ver-einheitlichend in einem ganz bestimmten, häufig auch erotisch-anzüglichen Sinn!

Nach diesem Ausblick in die spätere Tradition jetzt wieder zurück zu den Evangelien. Maria von M. spielt nämlich eine große Rolle auch im zeitlich letzten Evangelium, bei Johannes. Denn auch Johannes bringt eine Erscheinungsgeschichte mit Maria von M. im Zentrum. Das Johannesevangelium hängt nicht mit den Synoptikern zusammen, sondern hat eigene Quellen. Obwohl an der Wende vom 1. zum 2. Jahrhundert Frauen ja bereits zurückgedrängt werden, bringt Joh sie an ganz prägnanter Stelle in Kap. 20. In das Kapitel der Ostererscheinung vor Maria von M. ist ein Abschnitt über einen Wettlauf von zwei männlichen Jüngern zum Grab eingeschoben. Hier der lange Text ohne den Einschub:

1 Am ersten Tag der Woche kommt Maria, die Magdalenerin, früh – dunkel war es noch – zur Gruft und sieht den Stein weggenommen aus der Gruft…

11 Maria stand bei der Gruft, draußen und weinte. Wie sie nun weinte, vorbeugte sie sich in die Gruft,

12 und schaut zwei Engel mit weißen Kleidern da sitzen, einen beim Haupt, und einen bei den Füßen, wo gelegen hatte der Leib Jesu.

13 Und sagen ihr jene: Frau, was weinst du? Sagt sie ihnen: Weggenommen haben sie meinen Herrn, und weiß nicht, wohin sie ihn gelegt haben.

14 Dies sprach sie, wandte sich nach rückwärts und schaut Jesus stehen und wusste nicht, dass es Jesus ist.

15 Sagt ihr Jesus: Frau, was weinst du? Wen suchst du? Jene meint, dass es der Gärtner sei, sagt zu ihm: Wenn du ihn fortgetragen hast, sag mir, wohin du ihn gelegt hast, und ich will ihn wegnehmen.
16 Sagt ihr Jesus: Mariam! Wendet sich jene, sagt ihm auf hebräisch: Rabbuni (d.h. Lehrer).
17 Sagt ihr Jesus: Sollst mich nicht festhalten, denn noch nicht hinaufgestiegen bin ich zum Vater. Ziehe hin aber zu meinen Brüdern und sprich zu ihnen: Hinauf steige ich zu meinem Vater und zu eurem Vater und meinem Gott und eurem Gott.
18 Kommt Mariam, die Magdalenerin, meldet den Jüngern: Gesehen habe ich den Herrn, und dies habe er gesprochen zu ihr. (Joh 20,1.11-18)

Gerade weil dieser Text aus so später Zeit stammt, gibt ihm dies ein besonderes Gewicht. Denn die Erscheinung vor Maria von M. geschieht ja hier nicht deswegen, weil keine männlichen Jünger da sind, der eingeschobene Abschnitt gibt einen Wettlauf zwischen Petrus und dem Lieblingsjünger Jesu wieder. Zudem ist Maria hier allein, ohne andere Frauen. Jesus erscheint ihr, aber sie erkennt ihn zuerst nicht, hält ihn für den Gärtner. Daher sind alle Bilder und Darstellungen, die Maria M. und Jesus mit einer Schaufel zeigen, eine Erinnerung an diese Szene, ebenso alle, die das „noli-me-tangere-Motiv", also „Fass mich nicht an" bzw. „Halte mich nicht fest" darstellen. Alle diese Darstellungen gehen auf Joh 20 zurück.

Vermutlich hat das Joh-Evangelium ursprünglich mit diesem Bericht von der Erscheinung des Auferstandenen vor Maria von Magdala geschlossen. Im Unterschied zu den Synoptikern ist Maria bei Joh allein. Zu dem ursprünglichen Bestand der VV 1.11-18 wurde dann die Szene vom Wettlauf der beiden Jünger später eingefügt. Joh hätte also eine ältere Quelle vom Grabgang Marias allein gehabt. Was die beiden Jünger, Petrus und der sog. Lieblingsjünger hier für eine Rolle haben ist sehr umstritten, ebenso die Frage, wer denn dieser Lieblingsjünger sei.

Auch bei Joh bekommt Maria von Magdala einen Verkündigungsauftrag, den sie sogleich ausführt, und zwar mit den Worten, wie sie auch für die Bekenntnisse bei Paulus (z.B. 1 Kor 9,1) und des Petrus charakteristisch ist: Gesehen habe ich den Herrn (*kyrios*)! Maria ist somit auch bei Johannes (Erst)Zeugin der Auferstehung Jesu, *apostola* und Verkünderin der Osterbotschaft.

Zusammenfassend lässt sich zu den Ostererzählungen festhalten:

Alle vier Evangelisten berichten von dem Gang Marias zum Grab, zwei davon auch ausdrücklich von einer Erscheinung des Auferstandenen vor Maria von M. (Mattäus mit anderen Frauen, Joh vor Maria allein). Dies ist ganz außerordentlich, denn bei allen anderen Namen und Namenslisten in den Evangelien stimmen die Synoptiker nicht überein. Es gibt nicht einmal eine Liste der Zwölf, die in allen Namen deckungsgleich wäre. Hier haben wir aber eine Übereinstimmung zwischen den Synoptikern, den drei älteren Evangelien, sondern auch mit dem späteren Johannes, und zwar steht Maria von Magdala ohne Ausnahme an erster Stelle, so wie Petrus bei allen Aufzählungen der Zwölf an erster Stelle steht. Nun ist aber die Reihenfolge im NT immer auch eine Rangfolge. Darauf macht Martin Hengel aufmerksam. Er verweist auf die Jüngerkataloge, „in denen ausnahmslos Petrus an der Spitze steht, sei es, dass es sich um die Zwölf… , um die schon erwähnte Kerngruppe der Drei bzw. Vier… oder um die Aufzählung von sieben Jüngern… handelt. Die Reihenfolge in Aufzählungen ist nach alledem ein ähnliches Zeichen des Ranges wie die Lage des Sitzplatzes in den Synagogen und bei Gastmählern." Deshalb muss Maria von M. „in der frühen Urgemeinde ein einzigartiges Ansehen besessen haben… Wie nun die Stellung des Petrus im frühesten Jüngerkreis und in den Evangelien ohne die ihm zuteil gewordene Protophanie des Auferstandenen unverständlich wäre, so erklärt sich auch der besondere Rang Maria Magdalenas am besten durch ihre ‚Priorität in der Rangfolge der Epiphanien und Geschichte der apostolischen Osterbotschaft'."[2]

13.1.1 Weitere Entwicklungen in der Tradition

Mit Ostern ist ja nur der größte Wendepunkt erreicht – welche Rolle aber hat Maria von Magdala in der frühen Kirche gespielt? In allen zitierten Texten, sei es des Paulus oder auch in der Apg kommt Maria von M. nicht mehr vor. Was ist aus ihr geworden? Möglich ist auch, dass sie früh gestorben ist, aber wir hören im NT nichts mehr von ihr. Am ehesten dürfte sie nach Galiläa zurückgekehrt sein und dort gewirkt haben, denn Paulus war nie dort und nennt ihren Namen nicht. Er bewegte sich an den Küsten des Mittelmeers und in den Städten, während Petrus und andere aus den Zwölf in Jerusalem ihren Mittelpunkt hatten.

Der Einschub in Joh 20 mit dem Wettlauf des Petrus und Marias zeigt bereits, dass es eine eigenartige Konkurrenz gab zwischen Petrus einerseits und Marias auf der anderen Seite. Sie sind wohl die bedeutendsten Traditionsträger der Urkirche gewesen. Dies belegen eine Reihe von apokryphen Evangelien aus dem 2. Jh., die frühere Zeiten nicht kannten, da sie erst im 19./20. Jh. aus dem ägyptischen Sand ausgegraben wurden. Es gab von beiden, von Petrus und von Maria von Magdala je ein apokryphes Evangelium aus der Mitte des 2. Jhs. Man bedenke, dass wir hier nur ca. 50 Jahre vom Johannesevangelium entfernt sind. Diese Texte sind später von der Kirche nicht als kanonisch, d.h. als maßgebende Hl. Schrift anerkannt worden. Doch es lassen sich daraus Schlüsse ziehen über eine Diskussion von Geschlechterrollen bereits im 2. Jh.! Deutlich kommt hier die Rivalität der beiden Führungspersönlichkeiten zum Ausdruck.

---

2 Martin Hengel, Maria Magdalena und die Frauen als Zeugen, in: Abraham unser Vater (FS für O. Michel zum 60. Geburtstag), Leiden 1963, 243-256, Zitat S. 252.

Das Evangelium der Maria ist nicht vollständig, sondern nur in Fragmenten erhalten. Weil die Sachlage relativ kompliziert ist, fasse ich hier kurz zusammen. In diesem Evangelium wird Petrus mehrmals zurecht gewiesen, weil er sich immer wieder gegen Maria wendet. Wie kann Petrus – weil Maria eine Frau ist – diese herabwürdigen, wo sie doch Jesus selbst seiner Offenbarungen gewürdigt hat! Diese Auseinandersetzungen finden sich nicht nur im Evangelium der Maria, sondern auch schon im Thomasevangelium und in der Pistis Sophia. Es belegt, dass bis ins 4. Jh. hinein eine lebhafte Diskussion sowohl über die Person und das Amt des Petrus wie auch der Maria von Magdala geführt wurde.[3]

In der offiziellen kirchlichen Tradition wurde Maria von Magdala sehr stiefmütterlich behandelt, dafür ist sie umso stärker in die Legende abgewandert, dies vor allem in den romanischen Ländern. Nicht nur ist in Frankreich z.B. Marie-Madeleine ein sehr beliebter Name, es wurden ihr auch ungezählte Kirchen geweiht. Maria von Magdala wurde mit mehreren neutestamentlichen Frauengestalten in eins gesetzt. Vor allem die unselige Gleichsetzung mit der (namenlosen) Frau, die Jesus beim Pharisäer Simon die Füße gesalbt hat (vgl. Lk 7,36-50), wurde mit Maria von M. identifiziert. Diese Vermischung mit einer stadtbekannten Sünderin blieb bis ins 20. Jh. hinein wirksam, vor allem in der Kunst. Sie hat das Bild der wirklichen Maria von Magdala nachhaltig verfälscht.

Die Legende von ihrer Vertreibung aus dem Hl. Land und ihrer Landung bei Marseille mit Lazarus und anderen Frauen wurde breit erzählt. In dem Ort *Les Saintes Maries de la mer* wird sie bis heute jährlich mit einem großen Fest gefeiert. Ein beliebter Wallfahrtsort ist dabei die Höhle bei Aix en Provence, wo sie angeblich gestorben und von Engeln in den Himmel getragen worden sei.

Da diese nachbiblische Geschichte der Maria von Magdala einen eigenen Vortrag erforderte, sei hier hingewiesen auf die *Legenda Aurea* von*Jakobus de Veragine* aus dem Jahr 1263, in der sie mit vielen anderen Frauengestalten einen großen Raum einnimmt und auch Kunst und Literatur stark beeinflusst hat. Hier heißt es auch, Christus selbst habe sie wegen ihrer Salbungsabsicht am Grab, und weil er ihr zuerst erschienen sei, zur *apostola apostolorum* gemacht. Auch dass Maria von Magdala überall in Südfrankreich gepredigt, die Heiden bekehrt und zahlreiche Wunder gewirkt habe, wird mit vielen Beispielen erzählt.

Erst nach dem 13.Jh. verschwindet die Bezeichnung für Maria von Magdala als „Apostolin der Apostel“ aus der theologischen Literatur.

[3] Vgl. für die nur fragmentarisch erhaltenen Texte vor allem Hennecke/Schneemelcher, Neutestamentliche Apokryphen, Bd. I, Evangelien, Tübingen 4. Aufl. 1968.

14 Der Fels, auf dem die Kirche steht, ist die Bibel[1]

Papst Johannes XXIII. hat das Problem der Frauen als ein zentrales „Zeichen der Zeit" benannt. Leider ist das 2. Vaticanum nicht dazu gekommen, diese Thematik ausführlich zu behandeln. Zwar ist seit dem Konzil einiges erreicht worden – als eine Frau, die die Zeit vor dem 2. Vaticanum erlebt habe, besonders auch, was die religiösen Belange in der kath. Kirche betrifft, darf ich das wohl sagen. Aber es ist lange nicht genug, und die Probleme haben sich heute um ein Vielfaches zugespitzt.

Ich möchte aber nicht mit der Frauenfrage anfangen, sondern mit der Bibel. Nicht nur, weil mich als Bibelwissenschaftlerin die Bibel, bes. das AT, seit 50 Jahren sehr beschäftigt und bereichert. Die Bibel habe ich ins Zentrum gestellt, weil sie die Grundlage unseres Glaubens ist und weil sie, meine ich, nicht die Bedeutung, die Aufmerksamkeit hat, die ihr zukommt. Darum will ich mich nicht direkt der Frauenfrage nähern. Häufig kommt man besser ans Ziel, wenn man sich auf Umwege begibt. Denn die konkreten Forderungen, die immer wieder gestellt werden (Abschaffung des Zölibats, Frauenpriestertum usw.) sind nur die Spitze eines Eisbergs. Man kann nicht die Spitze abtragen, und der viel größere Teil, der unter Wasser liegt, schwimmt fröhlich weiter.

Am Anfang des letzten Jahres gab es eine kurze Notiz im CiG, was Rom für das Jahr des Glaubens vorschlägt:

> Der Vatikan hat für das „Jahr des Glaubens", das im Oktober in Erinnerung des Zweiten Vatikanischen Konzils vor fünfzig Jahren beginnt, Leitlinien veröffentlicht. Die „Note der Glaubenskongregation" empfiehlt insbesondere das Studium des Konzilsbeschlüsse sowie ein verstärktes Bemühen um die Glaubensweitergabe. Das Glaubenswissen soll mit Hilfe des Katechismus gefördert werden. Die Bischöfe werden aufgefordert, die jeweiligen landessprachlichen Katechismen anhand des 1997 publizierten sog. Weltkatechismus zu überprüfen und zu korrigieren, um die „volle Übereinstimmung" mit dem lateinischen Original „zu gewährleisten".

[1] Vortrag im Benediktinerkloster Einsiedeln/CH am Gründonnerstag 2013 auf Einladung von Abt Werlen vor dem Frauenrat der Schweizer Bischofskonferenz.

> Vorgeschlagen werden auch Pilgerfahrten nach Rom, ins Heilige Land sowie der Besuch des Weltjugendtags. Geistliche Schwerpunkte sollen die Eucharistie, das Gedenken der Heiligen und das Gebet sein. Auch zur Ökumene wird aufgefordert und eine bessere Beziehung zur Kunst angemahnt. Auffällig ist, dass an keiner Stelle ausdrücklich zur Lektüre der Bibel geraten wird."[2]

Diese Meldung hat mich so empört, dass ich sie zuerst gar nicht glauben konnte. Ich fragte den verantwortlichen Redakteur Jürgen Springer, ob das wirklich stimme, und er bestätigte es mir. Meiner Meinung nach ist die sträfliche Vernachlässigung der Bibel einer der Hauptgründe für die heutigen Krisen. *Dei Verbum* hatte dagegen das Studium der Heiligen Schrift „die Seele der Theologie" genannt (DV 24). Ist diese Seele verloren gegangen?

Ich war sehr wütend: Die Bibel kam nicht vor! Nur auf Umwegen, über Wallfahrten, Katechismus usw. können wir vielleicht kleine Stücke – aus dem Zusammenhang gerissen – aus der Bibel erfahren. Das, was hier auf den Kopf gestellt wurde, muss wieder auf die Füße kommen!

Selbstverständlich finden wir in der Bibel keine direkten Rezepte für moderne Fragen. Aber *die Grundlagen*, die gelegt wurden – und ich meine vor allem im Alten Testament – sind weitgehend vergessen.

Wenn ich nun gedacht habe, dies sei ein einmaliger Ausrutscher, so hatte ich mich getäuscht. Als ich in einer renommierten biblischen Zeitschrift gerade eine Rezension über das Jesusbuch von Joseph Ratzinger las, war ich bestürzt. Die Überschrift lautete: *Joseph Ratzinger verabschiedet die historisch-kritische Schriftauslegung!*[3]

Ich wollte mich selbst vergewissern und prüfte nach, ob diese Ausführungen stimmten. Es war so: Die wissenschaftlichen Ergebnisse der neutestamentlichen Forschung werden so gut wie vollständig ignoriert. Die beiden Kindheitsgeschichten bei Mattäus und Lukas werden als im vollen Sinne historisch hingestellt. Vor allem aber ist interessant, was alles fehlt. Während z.B. über den Stern von Betlehem, die Weisen aus dem Morgenland sowie die Flucht nach Ägypten sehr viele Seiten vorliegen, sind so gut wie alle Frauen – außer Maria, der Mutter Jesu – einfach weggelassen. Sie werden je mit einem Satz erwähnt: So die Prophetin Hanna, aber ebenso die Begegnung Marias mit Elisabeth, nicht einmal ein kleiner Abschnitt ist diesen Ereignissen gewidmet. Besonders auffallend ist dann noch, dass die beiden Psalmen, das Magnificat und das Benedictus, die Lukas in seinem Text an zentraler Stelle bringt, keiner Betrachtung wert sind. Dabei kommen diese beiden Texte im Stundengebet der Kirche täglich vor. Das Magnificat, das in der

---

[2] Christ in der Gegenwart 64 (2012) S. 30.

[3] Bibel und Kirche 68 (2013) S. 46f. von Michael Theobald, Tübingen.

Feministischen und der Befreiungstheologie eine zentrale Rolle spielt, wird nicht ausgelegt. Liegt das vielleicht daran, dass es so gefährlich ist, wenn die Niedrigen erhöht und die Mächtigen vom Thron gestoßen werden? Ich kann es immer noch kaum glauben.

Die wegweisenden Aussagen des Konzilsdokument *Dei Verbum* haben in zahlreichen Stellungnahmen zu dem Schlagwort „Gotteswort in Menschenwort" geführt. Dies hat mich schon früh dazu gebracht, dieses *Menschenwort* näher unter die Lupe zu nehmen. Denn historisch und theologisch ist dieses Menschenwort so gut wie immer „Männerwort" gewesen. Dieses *Männerwort* ist kritisch in den Blick zu nehmen.

Dabei ist es keineswegs so, dass man Gotteswort und Menschenwort strikt trennen könnte, so wie etwa bei einer chemischen Verbindung, dass dann eine Art „sauberes" Substrat herauskommt, nämlich das Gotteswort! So nicht! Wie bei der Gottheit und Menschheit Jesu ist es in keiner Weise säuberlich zu trennen.

Aber weil das Menschenwort, das Männerwort, immer in bestimmten geschichtlichen Zusammenhängen verortet und auch in entsprechende Sprache eingebunden ist, muss es analysiert und kritisiert werden. *Sprache* ist nämlich ein Kernbegriff in der Feministischen Theologie. Kirchensprache, liturgische Sprache, auch die Sprache der Bibel und ihrer Übersetzungen – alles ist fast ausschließlich androzentrisch (auf den Mann bezogen). Das ist ein ganz wichtiges Kapitel für die gesamte Theologie, für die Bibel noch besonders.

Zuerst muss ich sagen, wie ich Feministische Theologie verstehe. Grob gesagt ist es eine Patriarchats-, Kultur- und Theologiekritik aus der Sicht von Frauen. Kritik ist aber nur die eine Seite. Auf der andern stehen zahlreiche Entwürfe, Neuentdeckungen und neue Sichtweisen. Feministische Theologie ist auf keinen Fall eine Theologie von Frauen und für Frauen. Manche Männer verstehen das so, und lesen ihre Beiträge gar nicht. Feministische Theologie will vielmehr die Theologie insgesamt verändern, d.h. auf allen Gebieten muss die Perspektive von Frauen, die bisher weitgehend fehlte, in den Blick genommen werden. Das hat feministische Exegese sehr wirkungsvoll getan. Es gibt wenige Gebiete, wo so viele neuen Erkenntnisse, so viele Neueinsätze erfolgt sind wie in der Bibelwissenschaft, z.B. in der Gottesfrage.[4]

Leider werden diese Ergebnisse kaum in die Praxis umgesetzt. Betrachtet man z.B. das Lektionar, d.h. die Lesungen die aus dem AT zum Zuge kommen, in der Liturgie vorgelesen werden, so fehlen auch sehr wichtige Frauen aus der Bibel, auch andere Erkenntnisse von Alttestamentlerinnen. Es erscheint geradezu bösartig, wie die Texte aus dem AT ausgewählt, zusammengestückelt und oft gekürzt

4 Vgl. z.B. Helen Schüngel-Straumann, Denn Gott bin ich, und kein Mann. Gottesbilder im Ersten Testament, feministisch betrachtet, Mainz 1. und 2. Aufl. 1996.

werden, und zwar so, dass sie zu dem jeweiligen Evangelium passen. Es darf doch einfach nicht sein, dass biblische Sätze nur benutzt werden, um bereits feststehende dogmatische Aussagen zu untermauern!

Es gibt verschiedene Formen von Vernachlässigung bzw. Abwertung. Einmal kann dies geschehen, wenn man Ergebnisse diskutiert oder auch abstreitet, indem man die Verfasserinnen angreift, ihre Ergebnisse in Frage stellt oder lächerlich macht. In diesem Fall können die Betroffenen argumentieren, sich wehren. Es gibt aber noch eine schlimmere Form von Diskriminierung: einfach ignorieren, nicht zur Kenntnis nehmen. Das ist viel demütigender als ein direkter Affront, weil man gar nicht weiß, wie man sich dagegen wehren kann.

14.1 Beispiele aus dem Alten und Neuen Testament

14.1.1 Das AT – Die Frau am Anfang (Gen 1-3)[5]

Keine Prophetin, keine Einzelfrau aus dem AT, keine historische Gestalt möchte ich hier vorstellen, sondern eine, die mich jahrzehntelang auf Trab gehalten hat: Eva, die erste Frau in der Bibel. Bis heute ist es keinem Philosophen und keinem Theologen gelungen, das Rätsel des Bösen zu lösen. So hat man schon in vorchristlicher Zeit einen Sündenbock gefunden. Das Böse ist schwer zu erklären und schon gar nicht aus der Welt zu schaffen, auch nicht mit dem später in den Text von Gen 3 eingeführten Teufel. Lange hat mich die erste Frau in der Bibel beschäftigt, die als Verführerin, erste Sünderin, als Ursache für alle Übel der Welt, besonders für Sünde und Tod herhalten musste, und das über zweitausend Jahre! „Von einer Frau nahm die Sünde ihren Anfang, ihretwegen müssen wir alle sterben“ (Sir 25,26). Dieser Satz aus einem sehr späten Buch der Bibel, das von den Kirchen der Reformation nicht als kanonisch anerkannt wurde – auch nicht von den Juden – ist ein Satz, der in der gesamten Theologiegeschichte vorkommt, auch maßgeblich bei den Hexenverfolgungen ("Hexenhammer“ 1487) – obwohl die frauenfeindliche Interpretation falsch ist.

Aus einer sachlichen feministischen Exegese der Texte von Gen 1-3 geht kaum etwas von dem hervor, was eine einseitige männliche Wirkungsgeschichte daraus gemacht hat. Die Diskriminierung von Frauen hing und hängt auch heute noch ganz entscheidend von diesen ver-kehrten Interpretationen ab, die sich auch in der bildenden Kunst und anderswo niedergeschlagen hat, und zwar in verheerender Weise!

Als ich erstmals 1988 meine feministische Interpretation der ersten Kapitel der Bibel (Gen 1-3) auf den Salzburger Hochschulwochen vortrug, ist anschließend

[5] Vgl. Helen Schüngel-Straumann, Die Frau am Anfang. Eva und die Folgen, Freiburg 1989, 3. Auflage Münster 1996.

der Dogmatiker von Salzburg, Prof. Bachl, zu mir gekommen und meinte, er habe ja gewusst, dass die Wirkungsgeschichte schlimm sei, aber dass sie so fatal sei, wäre ihm erst jetzt aufgegangen. Er hat dann später zu diesem Thema ein Buch veröffentlicht und darin gesagt:

> Was mich beim Studium theologischer und spiritueller Texte im wachsenden Maß verblüfft, ist der enorme intellektuelle Aufwand für den Überlegenheitsbeweis, den die männlichen Theologen für den Primat des Mannes bringen, bis hin zu Karl Barth und Hans Urs von Balthasar.[6]

Mit diesen Sätzen ist natürlich auch die Tatsache angesprochen, dass man der Frau die in Gen 1 ausgesprochene Gottebenbildlichkeit bis in neueste Zeit teils abgeschwächt, verringert oder ganz geleugnet hat. Dies hatte verheerende Konsequenzen z.B. auf das Amtsverständnis. So hat bekanntlich Thomas von Aquin wegen der mangelhaften Gottebenbildlichkeit der Frau und ihrer schöpfungsmäßigen Unterordnung unter den Mann die Amtsunfähigkeit der Frau abgeleitet. Ein Geschöpf, das *qua* Schöpfungsordnung zur Unterordnung geschaffen sei, könne nicht ein Amt ausüben, das *per definitionem* zu Führungsaufgaben gedacht sei.[7]

14.2 Beispiele aus dem NT

Inzwischen sollte allgemein bekannt sein, dass Jesus Jüngerinnen hatte. Darum müsste meistens, wenn von Jüngern die Rede ist, ergänzt werden: „Jünger und Jüngerinnen", genau so wie bei „Brüdern" immer die „Schwestern" genannt werden müssen. Ich fühle mich als „Bruder" nicht angesprochen. Aber noch nicht einmal solche Selbstverständlichkeiten sind in der Praxis überall durchgesetzt.

Als Beispiel aus dem NT möchte ich die wichtigste Jüngerin Jesu kurz darstellen, die den ganzen Weg von Galiläa mit Jesus und anderen Jüngern und Jüngerinnen zurückgelegt hat bis zur Passion: Maria von Magdala. Sie war vermutlich unverheiratet, weil bei ihrem Namen der Ort, Magdala am See Genesaret, angegeben war und nicht der Name eines Ehemannes oder Vaters.

Nach der Kreuzigung Jesu finden wir Mk 15,40 eine erstaunliche Bemerkung. Der älteste Evangelist berichtet, dass Frauen da standen und schauten, wie Jesus

---

6 Gottfried Bachl, Gott schuf den Menschen als Mann und Frau, Hg. Paulus Gordan OSB, Salzburg 1989, S. 48.

7 Der Satz des Thomas, der diesen Grundsatz untermauert, lautet:
*Vir est principium et finis mulieris, sicut Deus est principium et finis totius creaturae (*Summa theol. I q.93 a.4)
("Der Mann ist Prinzip/Ziel der Frau, so wie Gott das Ziel/Prinzip jeglicher Kreatur ist").
Vgl. zum Thema Gottebenbildlichkeit die Artikel von Elisabeth Gössmann und Helen Schüngel-Straumann, in: Wörterbuch der Feministischen Theologie, Gütersloh 1991, 2. stark erweiterte Auflage Gütersloh 2002 (mit vielen Literaturangaben).

starb und wo er begraben wurde. Sie schauen „von Ferne“, denn die Hinrichtungsstätte war von römischen Soldaten bewacht. Danach werden drei Frauen namentlich aufgezählt, nämlich Maria aus Magdala, Maria, die Mutter von Jakobus dem Kleinen und Joses, sowie Salome. Dann folgt:

> Diese waren ihm schon nachgefolgt und hatten ihm gedient *(diakonein)*, seit er in Galiläa war, und noch viele andere Frauen, die mit ihm heraufgezogen waren nach Jerusalem.

Die Jüngerinnen werden vorgestellt mit den beiden Termini, die Jesus auch für die männlichen Jünger gebraucht, nämlich mit *akolythein* (nachfolgen) und mit *diakonein* (dienen), letzter ein Begriff, den Jesus auch für seine eigene Sendung bei Markus gebraucht, wenn er sagt:

> Der Menschensohn ist nicht gekommen, um bedient zu werden, sondern um zu dienen… (Mk 10,45)

Es geht hier um zwei qualifizierte Begriffe für die eigentliche „Nachfolge“.

Die Frauen sind klar in zwei Gruppen unterschieden: Einmal die namentlich genannte Dreiergruppe mit Maria von Magdala am Anfang, dann die übrigen Frauen, von denen wir keine Namen erhalten. Offenbar gab es sowohl unter den männlichen Jüngern wie auch unter den weiblichen jeweils eine Dreiergruppe, die besonders hervorragte (bei den Männern waren dies Petrus, Jakobus und Johannes). Offensichtlich hat Maria von Magdala die führende Rolle bei den Frauen gespielt, denn sie steht immer, wo sie vorkommt, an erster Stelle. (Drei ist in der Bibel immer eine heilige Zahl: Vollständigkeit, Vollkommenheit wird damit ausgedrückt – Jes 6!)

In allen früheren Erzählungen erwähnt aber Markus die Frauen nicht, die den ganzen Weg von Galiläa bis Jerusalem mitgegangen sein müssen. Zu dem Aufsehen, ja, dem Skandal, den Jesus bei den Frommen seiner Zeit hervorgerufen hatte, gehörte ja wesentlich sein unbefangenes Verhalten Frauen gegenüber und auch die Tatsache, dass er öffentlich mit ihnen spricht. So mit der Frau am Jakobsbrunnen (Joh 4) oder mit Maria und Marta aus Betanien, zwei von seinen wichtigen Jüngerinnen. Jedoch spricht er nicht über Alltagsdinge, sondern führt mit ihnen höchst theologische Diskussionen.

Ihre Hauptrolle finden die drei Frauen in den Passions- und Ostererzählungen. Alle männlichen Jünger waren in der Nacht zum Karfreitag geflohen – so die übereinstimmende Aussage der Synoptiker. Einzig die Frauen halten den Anblick der Kreuzigung Jesu aus. So darf mit Recht von einem „Vorsprung der Frauen vor den Jüngern an Ostern“ gesprochen werden, wie der kath. Neutestamentler Rudolf

Pesch sagt.[8] An diese Tatsache erinnerten sich die Männer der frühen Kirche später allerdings nur ungern.

Auch am Ostermorgen steht Maria von Magdala – wieder mit zwei anderen Frauen, vor dem Grab Jesu. Die Frauen wollen Jesus nachträglich salben, weil dies ja früher nicht möglich war (Mk 16,1f). Darum mussten sie ja auch wissen, wo er begraben war. Die Auferstehung Jesu selbst hat niemand gesehen – Gottes Handeln geschieht immer im Verborgenen –, aber den Frauen erscheint ein Engel, der ihnen die Auferstehungsbotschaft verkündet und Maria und den anderen Frauen den Auftrag gibt, diese Botschaft den übrigen Jüngern und Jüngerinnen zu verkünden. So sind die Frauen nicht nur die ersten Zeugen der Auferstehungsbotschaft, sondern auch die ersten Verkünderinnen. Das älteste christliche Glaubensbekenntnis besteht ja aus drei Gliedern:

GESTORBEN
BEGRABEN
AUFERWECKT (AM DRITTEN TAGE)

Dieses urchristliche Glaubensbekenntnis musste glaubwürdig bezeugt werden. Da es keine männlichen Zeugen gab, musste hier auf die Frauen zurückgegriffen werden, die sowohl Tod wie Grablegung Jesu gesehen haben und die ersten Verkünderinnen der Osterbotschaft wurden. (Vgl. 1 Kor 15: Paulus, älter als Markus, hat das gleiche Bekenntnis)

Maria von Magdala hat später – und zwar von maßgeblichen Kirchenvätern – und bis ins hohe Mittelalter den Titel *apostola apostolorum* erhalten. Dieser Titel ist nach dem 13. Jh. verschwunden.[9]

In der späteren Tradition ist dann sehr abwertend mit ihr umgegangen worden. Maria von M. wurde mit verschiedenen anderen Frauen im Neuen Testament verwechselt bzw. in eins gesetzt. Im NT gab es sieben Frauen mit dem Namen Maria/Mirjam. Am verheerendsten jedoch war die Vermischung mit der namenlosen Sünderin von Lk 7, die Jesus die Füße salbte und mit ihren Haaren trocknete, als er bei einem Simon zu Gast war. Das einzige, was die beiden Frauen gemeinsam hatten, war das Salbgefäß. Solche Verwechslungen und Vereinheitlichungen geschahen auch bei anderen Frauen – aber nie bei Männern! Maria von M. ging durch die Geschichte – besonders auch in der Kunst – als die bekehrte Dirne, die dann Jesus nachfolgte. Das hat nichts mit ihrer historischen Rolle zu tun. Nach Ostern hören wir nichts mehr von ihr, auch nicht bei Paulus, der sehr viele Frauen als Mitstreiterinnen aufzählt. Maria von M. ist in die Legende verdrängt worden.

---

8 Rudolf Pesch, Von Karfreitag bis Ostern. Die Umkehr der Jünger Jesu, Einsiedeln 1983.

9 Auch in der Legenda Aurea von Jacobus de Voragine (1263) ist Maria von Magdala noch als *apostola apostolorum* bezeichnet!

Es gibt aber im 2. Jh. ein apokryphes Evangelium der Maria. Leider ist es nicht vollständig erhalten, aber es ist darin eine große Konkurrenz zwischen Petrus und Maria von M. abzulesen. Eine Diskussion zwischen Männern und Frauen in der frühen Kirche ist deutlich angesprochen. Frauen haben sich offensichtlich gegen ihre Zurückdrängung zur Wehr gesetzt.

Vielleicht ist noch interessant anzumerken, dass Johannes, der um 100 das letzte der vier Evangelien schreibt, Maria von M. noch besonders hervor hebt. Er kennt sicher die Erzählungen der früheren Synoptiker. Er lässt Maria von M. auch als erster eine Erscheinung des Auferstandenen zuteil werden. Überall, wo bei Maria von M. Jesus mit einer Schaufel dargestellt wird, ist diese Szene von Joh 20 angesprochen, weil Maria zuerst Jesus mit einem Gärtner verwechselt.

Dies nur als Anmerkung. – Es gibt keine andere Person im NT, die in allen vier Evangelien in der Passions- und Auferstehungsgeschichte so im Zentrum steht wie diese Frau.

14.3 Tradition und Traditionen

Häufig wird gesagt, dies oder das sei eine Jahrhunderte alte Tradition, die nicht geändert werden könne. Es ist dann immer zu fragen, *was für eine Tradition* es ist, in einer Lehre, einem Brauch, einer Vorschrift usw. Häufig stellt sich dann heraus, dass die betreffende Tradition relativ neu ist. Ich denke dabei auch an die Begründungen für den Ausschluss von Frauen vom Weiheamt, die immer wieder wechseln.

Ich möchte hier zwei Traditionen anführen, die auch mit Frauen zu tun haben, die zudem sehr lange andauerten, aber heute nicht mehr aktuell sind. Ja, man würde sich lächerlich machen, wollte man sie wieder einführen.

14.3.1 Die Sklaverei

Das Alte und das Neue Testament setzen als selbstverständlich Sklaven und Sklavinnen voraus. Nirgendwo werden sie aus Glaubensgründen verboten, ja, im NT schickt Paulus einen Sklaven, der seinem Herrn entlaufen ist, wieder zurück (Brief an Philemon): Es gehöre zur Ordnung Gottes, dass Sklaven ihren Herren gehorchen. Ähnlich wurde bei Frauen argumentiert: Es gehöre zur Ordnung Gottes, zur Schöpfungsordnung, dass Frauen sich den Männern unterordnen müssten.

Nun ist die Sklaverei fast überall auf der Welt offiziell abgeschafft, und keiner könnte sich anmaßen, sie wieder einzuführen. Man kann natürlich einwenden, das sei keine theologische Frage. Aber wenn ernst damit gemacht würde, dass alle Menschen nach dem Bild Gottes geschaffen sind (Gen 1), kann dieser Einwand auch bezweifelt werden. – Wie dem auch sei, es hat lange genug gedauert, bis auch die Kirche jede Art von Sklaverei verboten hat (man denke an die Unterjochung der Kolonialvölker).

14.3.2 Die Lehrtätigkeit von Frauen

Wichtiger als die Frage nach sog. Ämtern war in den ersten Jahrhunderten der frühen Kirche das Problem, ob Frauen in der Öffentlichkeit sprechen/lehren dürften. Für Paulus war das keine Frage, vielmehr war es selbstverständlich. Eine der ersten Christinnen, man kann sie auch Apostolin nennen, war Priska, die Lehrerin des Apollos, eines Mit-Apostels des Paulus. Paulus verlangt in 1 Kor 11 von Frauen nur, dass sie, wenn sie öffentlich im Gottesdienst reden, ihre Haare bedecken. Es ist erstaunlich, wie viele Frauen von Paulus aufgezählt werden, Frauen, die Hauskirchen leiten und die oft nur kurze Anwesenheit der männlichen Missionare darin unterstützen, dass sie vor Ort nachher deren Werk vertiefen und dauerhaft festigen.

Am Ende des 1. Jahrhunderts, rund vierzig Jahre nach dem Tod des Paulus, wurde den Frauen ihre Tätigkeit von manchen Männern bestritten und eingeschränkt. Paulus war ja im Jahr 64 von den Römern hingerichtet worden, und die Christenverfolgung durch Rom war eine harte Prüfung für die jungen Gemeinden. Offensichtlich waren am Ende des 1. Jahrhunderts viele Frauen öffentlich tätig. Aus deren Kritik stammt der Einschub in den 1. Korintherbrief, der Frauen wieder auf das Haus beschränken will.

> Wie in allen Gemeinden der Heiligen sollen die Frauen in der Gemeinde (*ekklesia*) schweigen. Es ist ihnen nicht gestattet zu reden. Sie sollen sich unterordnen, wie auch das Gesetz fordert. Wenn sie etwas wissen wollen, dann sollen sie zu Hause ihre Männer fragen. (1 Kor 14,34f)

Dieser Einschub aus der Zeit und dem Geist der Pastoralbriefe, also wohl um oder nach dem Jahr 100 – wird immer wieder zitiert, sogar in der lateinischen Form: *mulier taceat in ecclesia!* Mit diesem Satz täte man Paulus unrecht, nein, er war nicht der Frauenfeind, als der er gelegentlich hingestellt wird. Aber er war ein jüdischer Mann in einer patriarchalen Tradition.

Wenn etwas mit so wackeligen Argumenten wie hier verboten werden muss, zeigt sie ein für damals aktuelles Problem: Frauen redeten nämlich öffentlich, sie lehrten usw. Damit erregten die Christen noch mehr Anstoß im Römerreich, als sie es sowieso schon taten. So wurde dann im 3./4. Jh. Frauen explizit verboten, zu lehren mit folgender lateinischer Formulierung: *Non decet neque necessarium est, ut mulieres doceant!* Mit diesem Titel gibt es einen wunderbaren Aufsatz von Rosemarie Nürnberg, aus dem ich zusammen fasse.[10] Das Ansehen des Wortes Gottes stehe auf dem Spiel, wenn Frauen es verkündeten. Es sei also nicht notwendig und auch nicht schicklich, wenn Frauen es vortragen. Große Theologen wie Origenes (nach 200) sagen, es sei für Männer beleidigend, wenn sie sich von einer Frau belehren lassen müssten. Die Gemeinde geriete in ein schiefes Licht, wenn Frauen öffentliche Lehrtätigkeit ausübten usw. Sogar Joh. Chrysostomos, der die in Röm 16 bezeichnete Apostolin Junia für eine Frau hielt und rühmte – im Gegensatz zum späten Mittelalter, wo man aus ihr einen Mann machte –, bleibt in der Frage der Lehrtätigkeit von Frauen in einer paradoxen Haltung stecken. Auch Ambrosius von Mailand hält z.B. die Verkündigung der Maria von M. als nur für die (andern) Jünger bestimmt, nicht aber für die öffentliche Verkündigung. Sogar Hieronymus, der Übersetzer der *Vulgata* (der lat. Bibelübersetzung für das ganze Mittelalter), der eine ausgezeichnete Schülerin hatte, Marcella, die er sogar *magistra* nannte, wich nicht davon ab, dass dem männlichen Geschlecht Unrecht zugefügt würde, weil es sowohl gegen ein natürliches als auch gegen ein positives Recht sei, wenn Frauen in *conventu virorum* (in der Versammlung der Männer) das Wort ergriffen (vgl. S. 71)

Das soll hier an Beispielen genügen dafür, dass die Tradition eines offiziellen Lehrverbots für Frauen über Jahrhunderte andauerte, die Tradition gilt aber heute nicht mehr.

Wegen der Anpassung an das streng patriarchal strukturierte Römerreich hat die frühe Kirche so verfügt, um sich nicht noch mehr zu exponieren. Es waren somit rein opportunistische und zeitbedingte Gründe, die man heranzog, um Frauen aus der Öffentlichkeit fernzuhalten. Dem Ansehen der Gemeinden und der Glaubwürdigkeit des Wortes Gottes wäre es geschuldet, Frauen auszuschließen. Rosemarie Nürnberg schließt dann ihren Aufsatz mit den Worten:

> Müsste man angesichts der zeitlosen Sorge um das Ansehen der Gemeinde bzw. die Glaubwürdigkeit des Wortes Gottes, die beide nur in zeitbedingten Formen aufrechtzuerhalten sind, nicht nach den heute zeitgemäßen Formen fragen?
>
> Entsprechend dem zeitbedingten Argument der Didaskalie und des Origenes, die Heiden würden nur lachen, wenn Frauen als Lehrer und Leiter in der Gemeinde fungierten, muss dann die Frage heute lauten: Werden die Heiden, die ‚Neu-Heiden', die Außenstehenden und Andersdenkenden nicht lachen, wenn Frauen in der (römisch-katholischen) Kirche von diesen Diensten ausgeschlossen sind? (S. 73)

Das wären meine Anmerkungen zu zwei Traditionen, die heute nicht mehr aktuell sind: Sklaverei und Lehrverbot für Frauen. Man kann sich über den Aufwand an Argumenten nur wundern, der für manche – heute fast selbstverständliche – Ge-

[10] Rosemarie Nürnberg, „Non decet neque necessarium est, ut mulieres doceant". Überlegungen zum altkirchlichen Lehrverbot für Frauen, in: Jahrbuch für Antike und Christentum 31 (1988) S. 57-73.

15 Das Gleichnis vom verlorenen Sohn (Lk 15) – feministisch betrachtet[1]

Die meisten Menschen, auch solche, die keine christlichen Gottesdienste mehr besuchen, kennen diese bekannte Geschichte aus dem Neuen Testament von dem Vater mit den zwei Söhnen. Der ältere Sohn ist „brav", der jüngere macht Probleme. Dieser hält es zu Hause nicht mehr aus, lässt sich sein Erbe auszahlen und zieht in die Fremde. Dort verprasst er das ganze Geld, teilweise in recht zweifelhafter Gesellschaft, und als er nichts mehr hat, verliert er auch seine angeblichen Freunde und landet bei den Schweinen. Solche Tiere zu hüten ist für einen Juden besonders schimpflich, sind sie doch unrein, und es gilt als schwerwiegendes Vergehen, Schweinefleisch zu essen – und dies bis heute bei konservativen Juden. Nicht einmal die Schoten, die für die Schweine bestimmt sind, bekommt er zu essen. Er ist also ganz unten angekommen, hat Hunger und beschließt, umzukehren und zu seinem Vater zurück zu gehen. Dort hätte er es als Tagelöhner besser als zur Zeit. So weit der erste Teil der Erzählung.

Der zweite Teil erzählt von der Rückkehr, von dem märchenhaft anmutenden Empfang durch den Vater, aber auch von dem ersten Sohn, von dem bisher nichts mehr zu erfahren war. Dieser ist unzufrieden mit der Behandlung, die dem verwahrlosten Rückkehrer zuteil wird, ja sogar das Mastkalb wurde für ihn geschlachtet. Dazu veranstaltet der Vater ein Fest, zu dem er den älteren Sohn nicht einmal ausdrücklich eingeladen hat. Als dieser nämlich vom Feld kommt, hört er Gesang und Festgelage und ist verständlicherweise beleidigt. Diesen Sohn zu betrachten würde sich lohnen, jetzt aber erst eine andere Spur.

Zunächst interessiert mich der Vater. Was ist das für ein Mann? Was mich schon immer gewundert hat: Warum hat gibt es in dieser interessanten Familie keine Frauen? Es kommt keine Mutter vor, aber auch keine Schwestern. Das ist ausgesprochen ungewöhnlich für eine jüdische Familie.

Bei der ganzen Erzählung muss man immer im Auge behalten, dass Jesus seine Bibel, das Alte Testament, im Rücken hat. Auch bei seinen Zuhörern und Zuhörerinnen setzt er dies voraus, er muss also nur antippen, und dann wissen sie, worauf er Bezug nimmt oder welche Szene er etwa vor sich hat. Für unser Gleichnis ist dies das Buch Tobit, ein sehr spätes Buch im Alten Testament. Hier muss der Sohn Tobias, das einzige Kind seiner Eltern, die in der Diaspora verarmt sind, eine lange Reise in das ferne Mesopotamien machen. Er soll das Geld zurückholen, das

[1] Kurzpredigt 2014

sein Vater einem Verwandten geliehen hat. Tobias kommt lange nicht zurück, und die Eltern sind in großer Sorge, er sei verunglückt oder umgekommen. Der alte Vater Tobit ist blind, er sitzt zu Hause und wartet. Seine Frau aber, Hanna, geht jeden Abend, bevor es dämmert, an die Straßenkreuzung vor dem Ort, um zu sehen, ob Tobias vielleicht auf dem Heimweg zu sehen ist. Jeden Abend, und immer vergeblich. Aber Tobias hat nicht nur das Geld, sondern auch eine Frau im Osten gefunden, und er bringt beides mit, er kommt also schließlich doch noch. Er, der einzige Sohn, fällt seiner Mutter um den Hals, und gemeinsam gehen sie nach Hause zum Vater. Tobias heilt seinen Vater von seiner Blindheit, stellt seine Frau vor, und es wird ein großes Fest gefeiert.

Was hat nun diese späte biblische Geschichte mit dem Gleichnis vom verlorenen Sohn zu tun? Was bei Lukas vom Vater erzählt wird, ist dort von der Mutter berichtet. Jesus setzt voraus, dass seine Zuhörer und Zuhörerinnen diese überlieferte Geschichte kennen. Warum also fehlt im Gleichnis vom Verlorenen Sohn die Mutter?

Wenn man die drei Gleichnisse vom Verlorenen, die Lukas hier zusammenstellt, genau auf ihr Gottesbild anschaut, könnte es eine Lösung geben. In allen drei Gleichnissen ist die Hauptperson ein Bild für Gott. Im ersten Gleichnis handelt es von dem guten Hirten, der ein verlorenes Schaf sucht und 99 andere dafür im Stich lässt. Der „Hirte“ ist im Alten Testament eine der beliebtesten Metaphern für JHWH, den Gott Israels (Ps 23 u.a.). Das ist wohlbekannt. Gott kümmert sich um das verlorene Schaf. Hier ist also Gott im männlichen Bild eines Hirten dargestellt.

Im zweiten Gleichnis ist die Hauptperson eine Frau, die ihre verlorene Drachme sucht. Sie stellt das ganze Haus auf den Kopf, und als sie das kostbare Geldstück findet, feiert sie ein Fest mit all ihren Freundinnen. Gott ist hier also im Bild einer Frau dargestellt. Mehrere mittelalterliche Theologinnen und Mystikerinnen, z.B. Hildegard von Bingen, haben dieses Gleichnis benutzt, um zu zeigen, dass Gott sowohl in männlicher wie in weiblicher Gestalt vorgestellt werden kann, und somit von Gott als Vater, aber auch als Mutter gesprochen werden darf. Weibliche Gottesbilder sind also keine Neu-Erfindung von feministischen Theologinnen.

Wie verhält es sich nun aber mit dem dritten Gleichnis, mit dem „Verlorenen Sohn“? Hier findet sich die Synthese, eigentlich eine Zusammenfassung der beiden vorherigen Geschichten: Gott ist beides, Vater und Mutter, so etwas wie eine Vater-Mutter. Von einem jüdischen Hausvater der damaligen Zeit wäre ein Verhalten wie hier geschildert, ganz unmöglich gewesen. Niemals wäre ein jüdischer Vater seinem entlaufenen Bengel auch noch entgegen gegangen! Von einer Mutter wäre solches eher zu erwarten gewesen, wie es im Buch Tobit beschrieben wird.

Die drei Gleichnisse ergeben somit ein sehr ausgeglichenes Gottesbild: einmal Gott als Hirte, dann als gut sorgende Hausfrau, schließlich als Vater-Mutter, die dem verlorenen Sohn entgegen geht und ihn sogar freudig wieder aufnimmt.

Diese Deutung ist mir einleuchtend klar geworden, als ich das Bild von Rembrandt über den „Verlorenen Sohn“ betrachtet habe: Der Sohn kniet vor dem Vater, der ihm die beiden Arme über die Schultern legt. Der eine Arm hat eine Männerhand, der andere eine Frauenhand. Vielleicht ist das auch anderen schon aufgefallen, ich weiß es nicht. So kann es sein, dass Künstler oft tiefere Einsichten haben als manche Exegeten. Das Gespür für ein ganz ungewöhnliches Verhalten dieses „Vaters“ lässt sich möglicherweise im Bild anschaulicher machen als durch viele Worte.

Bild von Rembrandt über den „Verlorenen Sohn".